#나의_사원증_미리_채우기

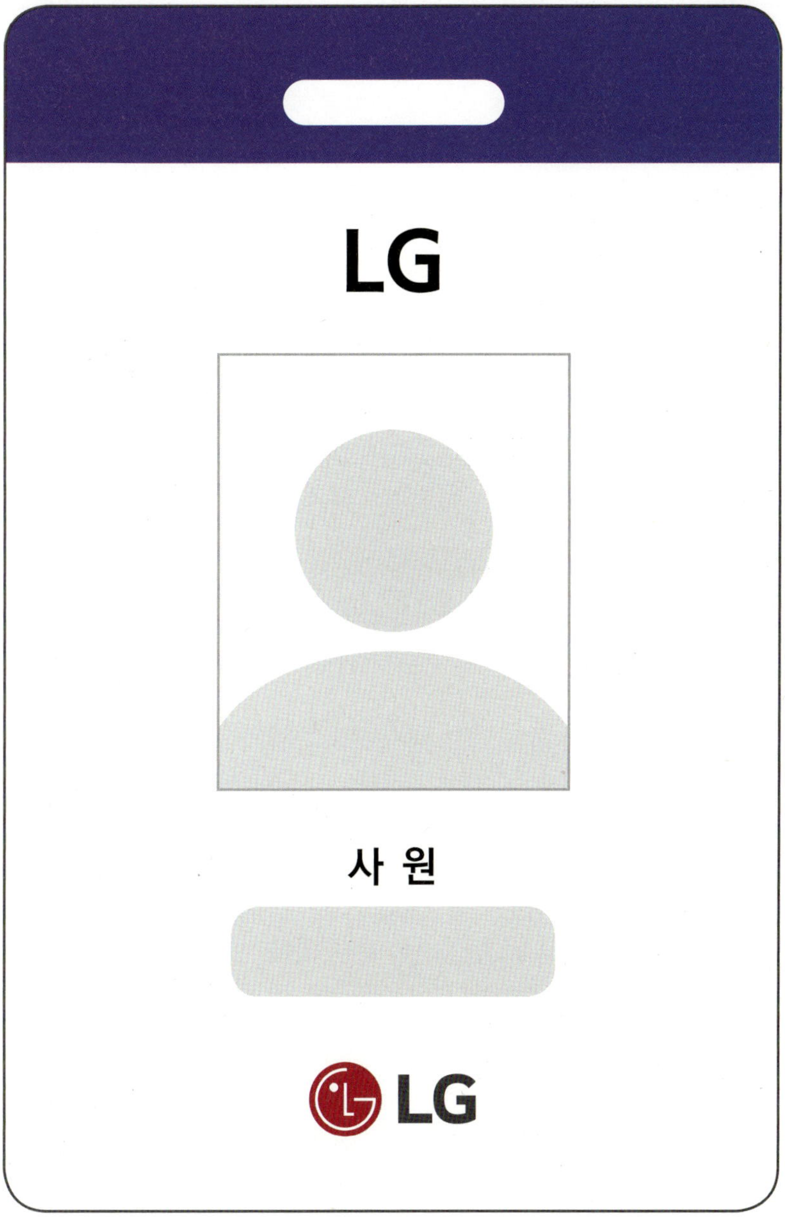

#취뽀성공 #합격은_나의_것 #올취완_올해취업완료 #LG_신입사원

사
이
다

사일 동안
이것만 풀면
다 합격!

LG그룹 온라인 적성검사

시대에듀

시대에듀 All-New 사이다 모의고사 LG그룹 온라인 적성검사

Always **with you**

사람의 인연은 길에서 우연하게 만나거나 함께 살아가는 것만을 의미하지는 않습니다.
책을 펴내는 출판사와 그 책을 읽는 독자의 만남도 소중한 인연입니다.
시대에듀는 항상 독자의 마음을 헤아리기 위해 노력하고 있습니다. 늘 독자와 함께하겠습니다.

머리말 PREFACE

LG그룹은 1947년 첫걸음을 내딛은 이래 수많은 '국내 최초'를 만들어 내며 우리 생활의 발전과 경영 패러다임의 변화를 주도해 왔으며, 1995년 이름을 LG로 바꾸고 여러 계열사를 거느린 글로벌 기업으로 '제2의 도약'을 이루어냈다. 이제 LG그룹은 우리 나라를 대표하는 기업으로 성장하여 내일을 향한 뜨거운 열정으로 1등 LG라는 목표를 달성하기 위해 '제3의 도약'을 시작하고 있다.

현재 LG그룹은 공채를 폐지하고 수시채용을 확대하여 계열사별로 필요에 따라 채용을 진행하고 있으며, 지원자가 업무에 필요한 역량을 갖추고 있는지를 평가하기 위해 인적성검사를 실시하여 회사와 직무에 적합한 맞춤인재를 선발하고 있다. 인적성검사는 LG임직원의 사고 및 행동 방식의 기본 틀인 LG Way에 적합한 인재를 선별하기 위한 LG만의 평가방식이다. 이는 모든 신입/인턴 지원자에게 공통으로 실시되는 시험으로, 신입사원으로 입사하기 위한 필수 단계이며 인성검사와 적성검사로 구성되어 있다.

이에 시대에듀에서는 수험생들이 LG그룹 온라인 인적성검사를 준비하는 데 부족함이 없도록 다음과 같은 특징을 지닌 본서를 출간하게 되었다.

도서의 특징

❶ 언어이해/언어추리/자료해석/창의수리 총 4개의 출제영역으로 구성된 모의고사 4회분을 수록하여 매일 1회씩 풀며 시험 전 4일 동안 자신의 실력을 최종적으로 점검할 수 있도록 하였다.

❷ 전 회차에 도서 동형 온라인 실전연습 서비스를 제공하여 실제로 온라인 시험에 응시하는 것처럼 연습할 수 있도록 하였다.

❸ 온라인 모의고사 2회분을 더해 부족한 부분을 추가적으로 학습할 수 있도록 하였다.

끝으로 본서가 LG그룹 채용을 준비하는 여러분 모두에게 합격의 기쁨을 전달하기를 진심으로 기원한다.

SDC(Sidae Data Center) 씀

LG그룹 기업분석 INTRODUCE

◇ 비전

일등LG는 LG의 궁극적인 지향점으로
시장에서 인정받으며 시장을 리드하는 선도기업이 되는 것을 의미한다.

고객들이 신뢰하는 LG	탁월한 품질과 브랜드 가치로 고객을 감동시켜 고객 스스로 LG가 최고라고 인정하게 만드는 것
투자자들에게 가장 매력적인 LG	높은 투자수익률로 투자자들에게 가장 매력적인 가치를 지닌 회사로 인정받는 것
인재들이 선망하는 LG	최고의 인재가 모여 주인의식을 가지고 신명나게 일할 수 있는 최고의 직장이 되는 것
경쟁사들이 두려워하면서도 배우고 싶어하는 LG	일등 경영을 통해 탁월한 성과를 창출함으로써 경쟁사들이 두려워하면서도 배우고 싶어하는 기업이 되는 것

◇ 행동방식

정도경영은 윤리경영을 기반으로
꾸준히 실력을 배양해 정정당당하게 승부하는 LG만의 행동방식이다.

정직	원칙과 기준에 따라 투명하게 일한다.
공정한 대우	모든 거래관계에서 공평하게 기회를 제공하고 공정하게 대우한다.
실력을 통한 정당한 경쟁	정정당당하게 경쟁하여 이길 수 있는 실력을 키운다.

◇ 경영이념

고객을 위한 가치창조	고객중시	• 경영의 출발점이 되는 고객을 최우선으로 생각한다. • 항상 최종 소비자 관점을 중시하여 판단하고 평가한다.
	실질적 가치 제공	• 고객의 잠재적 요구까지도 한발 앞서 찾아낸다. • 고객의 기대를 뛰어넘는 최고의 제품과 서비스를 제공한다.
	혁신을 통한 창조	• 기존의 틀을 깨는 차별화된 아이디어를 창출한다. • 끊임없이 더 나은 방식을 찾아 실행한다.
인간 존중의 경영	창의 · 자율	• 고정관념에서 탈피하여 새로운 생각과 시도를 추구한다. • 자기 책임과 권한에 따라 주인의식을 가지고 일한다.
	인간중시	• 개개인의 인격과 다양성을 존중한다. • 고객가치 창출의 원천인 구성원을 가장 중요한 자산으로 여긴다.
	능력 개발 및 발휘 극대화	• 스스로 세계 최고가 되겠다는 신념으로 일하고 능력을 개발한다. • 개개인의 잠재력이 최대한 발휘될 수 있도록 기회를 제공한다.
	성과주의	• 도전적인 목표를 세우고 지속적인 성과 창출에 노력한다. • 능력과 장 · 단기 성과에 따라 공정하게 평가하고 보상한다.

◇ CI

LG

심벌마크의 의미

세계, 미래, 젊음, 인간, 기술의 다섯 가지 개념과 정서를 형상화하였다. L과 G를 둥근 원 속에 형상화하여 인간이 그룹 경영의 중심에 있음을 상징하고, 세계 어디서나 고객과 친밀한 유대 관계로 고객 만족을 위해 최선을 다하는 LG인의 결의를 나타내고 있다.

신입사원 채용 안내 INFORMATION

◇ 모집시기

수시채용으로 계열사 또는 본부별로 신입사원 채용

◇ 지원방법

LG그룹 채용 포털(careers.lg.com) 접속 후 지원서 작성 및 제출

◇ 채용절차

서류전형	LG그룹에 대한 관심과 직무수행역량을 확인한다.
인적성검사	LG그룹 임직원의 사고 및 행동 방식의 기본인 LG Way에 적합한 인재를 선별하고자 진행하는 평가 방식이며, 온라인 시험으로 실시된다. ※ LG그룹 인적성검사의 유효 기간은 응시일 기준 12개월로, 기간 내에 LG 계열사의 채용공고에 재지원할 경우 이전 응시 결과를 적용할 수 있다.
면접전형	지원서에 작성한 내용을 바탕으로 지원자가 갖추고 있는 기본 역량과 자질을 확인한다. ※ 계열사별로 토론면접, PT면접, AI면접 등 다양한 방식의 면접을 시행한다. ※ AI면접의 경우 인적성검사와 함께 진행될 수 있다.

◇ 유의사항

❶ 각 부문에 따라 채용 프로세스가 달라질 수 있으며, 상황에 따라 유동적으로 운영될 수 있다.

❷ 지원서 작성 내용이 사실과 다르거나 증빙할 수 없는 경우, 합격 취소 또는 전형상의 불이익을 받을 수 있다.

❖ 채용절차는 채용유형 · 직무 · 시기 등에 따라 변동될 수 있으니 반드시 LG그룹 계열사에서 발표하는 채용공고를 확인하기 바랍니다.

2025년 상반기 기출분석 ANALYSIS

총평

2025년 상반기 LG그룹 온라인 적성검사는 이전 시험과 같이 영역별 20문항 20분으로 진행되었다. 영역별 문항 수가 늘어나면서 전반적으로 평이한 수준으로 출제되었다는 후기가 지배적이었다. 언어이해의 경우, 주제 찾기나 빈칸 추론 등 통상적인 유형의 문제에서 절약한 풀이 시간을 길이가 긴 지문의 문제에 활용하는 능력이 중요하게 작용하였다. 자료해석은 평이한 수준으로 출제되었으나, 문항 수 대비 짧은 제한시간이 체감 난도를 높였다. 그에 반해 언어추리와 창의수리는 지난 시험에 이어 고난도로 출제되는 경향을 유지했다. 언어추리는 제시된 조건 간의 모순 관계를, 창의수리는 소수점 이하 숫자에 적용되는 수열 규칙을 빠르게 파악하는 것이 관건이었다.

◇ 영역별 출제비중

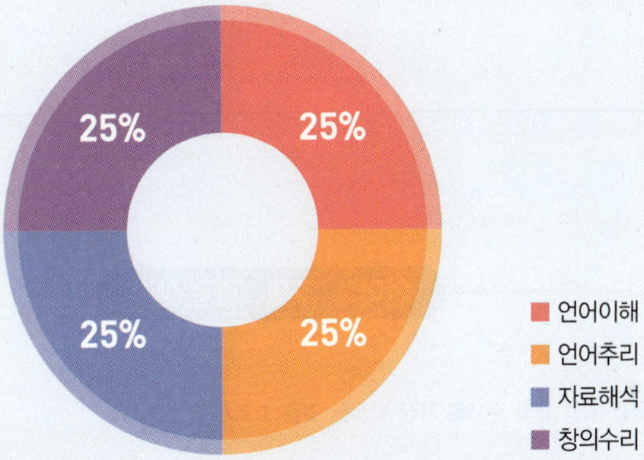

◇ 영역별 출제특징

구분	영역	출제특징
적성검사	언어이해	• 제시된 지문을 읽고 글의 주제를 고르는 문제 • 제시된 지문의 내용과 일치하는 것을 고르는 문제
	언어추리	• 제시된 명제 중 항상 참인 것을 고르는 문제 • 제시된 조건에 따라 진실만을 말하는 사람을 고르는 문제 • 제시된 조건에 따라 각 층에 거주하는 사람을 고르는 문제
	자료해석	• 제시된 자료에 대한 설명으로 옳은 것을 고르는 문제
	창의수리	• 터널을 지나는 기차의 속력을 구하는 문제 • 소수점 아래 둘째 자리의 수까지 규칙이 적용되는 수열 문제 • 서로 다른 농도의 용액을 섞어 만든 용액의 농도를 구하는 문제

주요 대기업 적중 문제 TEST CHECK

LG

창의수리 ▶ 수열

2025년 적중

01 일정한 규칙으로 수를 나열할 때, 빈칸에 들어갈 수로 알맞은 것은?

$$100\frac{50}{99} \quad 81\frac{49}{88} \quad 64\frac{46}{77} \quad 49\frac{41}{66} \quad (\quad) \quad 25\frac{25}{44} \quad 16\frac{14}{33} \quad 9\frac{1}{22}$$

① $36\frac{34}{55}$
② $36\frac{32}{55}$
③ $36\frac{31}{55}$
④ $36\frac{30}{55}$
⑤ $36\frac{29}{55}$

KT

언어 ▶ 주제 · 제목 찾기

2025년 적중

※ 다음 글을 읽고 글의 주제로 가장 적절한 것을 고르시오. [3~4]

03

오늘날 사회계층 간 의료수혜의 불평등이 심화되어 의료이용도의 소득계층별, 지역별, 성별, 직업별, 연령별 차이가 사회적 불만의 한 원인으로 대두되고, 보건의료서비스가 의・식・주에 이어 제4의 기본적 수요로 인식됨에 따라 의료보장제도의 필요성이 나날이 높아지고 있다.
의료보장제도란 국민의 건강권을 보호하기 위하여 요구되는 필요 보건의료서비스를 국가나 사회가 제도적으로 제공하는 것을 말하며 건강보험, 의료급여, 산재보험을 포괄한다. 이를 통해 상대적으로 과다한 재정의 부담을 경감시킬 수 있으며, 국민의 주인의식과 참여 의식을 고취할 수 있다.
의료보장제도는 의료수혜의 불평등을 해소하기 위한 사회적・국가적 노력이며, 예측할 수 없는 질병의 발생 등에 대한 개인의 부담능력의 한계를 극복하기 위한 제도이다. 또한 개인의 위험을 사회적・국가적 위험으로 인식하여 위험의 분산 및 상호부조 인식을 제고하기 위한 제도이기도 하다.
의료보장제도의 의료보험(National Health Insurance) 방식은 일명 비스마르크(Bismarck)형 의료제도라고 하는데, 개인의 기여를 기반으로 한 보험료를 주재원으로 하는 제도이다. 사회보험의 낭비를 줄이기 위하여 진찰 시에 본인 일부 부담금을 부과하는 것이 특징이라 할 수 있다. 반면, 국가보건서비스(National Health Service) 방식은 일명 조세 방식, 베버리지(Beveridge)형 의료제도라고 하며, 국민의 의료문제는 국가가 책임져야 한다는 관점에서 조세를 재원으로 모든 국민에게 국가가 직접 의료를 제공하는 의료보장방식이다.

① 의료보장제도의 장단점
② 의료보장제도의 개념과 유형
③ 의료보장제도의 종류
④ 의료급여제도의 필요성
⑤ 의료급여제도의 유형

삼성

수리 ▶ 확률

2025년 적중

01 서로 다른 2개의 주사위 A, B를 동시에 던졌을 때, 나온 눈의 곱이 홀수일 확률은?

① $\frac{1}{4}$
② $\frac{1}{5}$
③ $\frac{1}{6}$
④ $\frac{1}{8}$
⑤ $\frac{1}{10}$

SK

언어이해 ▶ 추론적 독해

2025년 적중

01 다음 글을 읽고 추론한 내용으로 가장 적절한 것은?

EU는 1995년부터 철제 다리 덫으로 잡은 동물 모피의 수입을 금지하기로 했다. 모피가 이런 덫으로 잡은 동물의 것인지, 아니면 상대적으로 덜 잔혹한 방법으로 잡은 동물의 것인지 구별하는 것은 불가능하다. 그렇기 때문에 EU는 철제 다리 덫 사용을 금지하는 나라의 모피만 수입하기로 결정했다. 이런 수입 금지 조치에 대해 미국, 캐나다, 러시아는 WTO에 제소하겠다고 위협했다. 결국 EU는 WTO가 내릴 결정을 예상하여, 철제 다리 덫으로 잡은 동물의 모피를 계속 수입하도록 허용했다.

또한 1998년부터 EU는 화장품 실험에 동물을 이용하는 것을 금지했을 뿐만 아니라, 동물실험을 거친 화장품의 판매조차 금지하는 법령을 채택했다. 그러나 동물실험을 거친 화장품의 판매 금지는 WTO 규정 위반이 될 것이라는 유엔의 권고를 받았다. 결국 EU의 판매 금지는 실행되지 못했다.

한편 그 외에도 EU는 성장 촉진 호르몬이 투여된 쇠고기의 판매 금지 조치를 시행하기도 했다. 동물복지를 옹호하는 단체들이 소의 건강에 미치는 영향을 우려해 호르몬 투여 금지를 요구했지만, EU가 쇠고기 판매를 금지한 것은 주로 사람의 건강에 대한 염려 때문이었다. 미국은 이러한 판매 금지 조치에 반대하며 EU를 WTO에 제소했고, 결국 WTO 분쟁패널로부터 호르몬 사용이 사람의 건강을 위협한다고 믿을 만한 충분한 과학적 근거가 없다는 판정을 이끌어 내는 데 성공했다. EU는 항소했다. 그러나 WTO의 상소 기구는 미국의 손을 들어주었다. 그럼에도 불구하고 EU는 금지 조치를 철회하지 않았다. 이에 미국은 1억 1,600만 달러에 해당하는 EU의 농업 생산물에 100% 관세를 물리는 보복 조치를 발동했고 WTO는 이를 승인했다.

① EU는 환경의 문제를 통상 조건에서 최우선적으로 고려한다.
② WTO는 WTO 상소기구의 결정에 불복하는 경우 적극적인 제재조치를 취한다.
③ WTO는 사람의 건강에 대한 위협을 방지하는 것보다 국가 간 통상의 자유를 더 존중한다.
④ WTO는 제품의 생산과정에서 동물의 권리를 침해한다는 이유로 해당 제품 수입을 금지하는 것을 허용하지 않는다.
⑤ WTO 규정에 의하면 각 국가는 타국의 환경, 보건, 사회 정책 등이 자국과 다르다는 이유로 타국의 특정 제품의 수입을 금지할 수 있다.

학습플랜 STUDY PLAN

1일 차 학습플랜 1일 차 기출응용 모의고사

____월 ____일			
언어이해	언어추리	자료해석	창의수리

2일 차 학습플랜 2일 차 기출응용 모의고사

____월 ____일			
언어이해	언어추리	자료해석	창의수리

3일 차 학습플랜 3일 차 기출응용 모의고사

_____월 _____일			
언어이해	언어추리	자료해석	창의수리

4일 차 학습플랜 4일 차 기출응용 모의고사

_____월 _____일			
언어이해	언어추리	자료해석	창의수리

취약영역 분석 WEAK POINT

1일 차 취약영역 분석

시작 시간	:	종료 시간	:
풀이 개수	개	못 푼 개수	개
맞힌 개수	개	틀린 개수	개
취약영역 / 유형			
2일 차 대비 개선점			

2일 차 취약영역 분석

시작 시간	:	종료 시간	:
풀이 개수	개	못 푼 개수	개
맞힌 개수	개	틀린 개수	개
취약영역 / 유형			
3일 차 대비 개선점			

3일 차 취약영역 분석

시작 시간	:	종료 시간	:
풀이 개수	개	못 푼 개수	개
맞힌 개수	개	틀린 개수	개
취약영역 / 유형			
4일 차 대비 개선점			

4일 차 취약영역 분석

시작 시간	:	종료 시간	:
풀이 개수	개	못 푼 개수	개
맞힌 개수	개	틀린 개수	개
취약영역 / 유형			
시험일 대비 개선점			

이 책의 차례 CONTENTS

문제편 LG그룹 온라인 적성검사

해설편 정답 및 해설

1일 차
기출응용 모의고사

〈문항 수 및 시험시간〉

LG그룹 온라인 적성검사		
영역	문항 수	시험시간
언어이해	20문항	20분
언어추리	20문항	20분
자료해석	20문항	20분
창의수리	20문항	20분

LG그룹 온라인 적성검사

1일 차 기출응용 모의고사

문항 수	: 80문항
시험시간	: 80분

제 1 영역 언어이해

01 다음 글의 주제로 가장 적절한 것은?

아이슬란드에는 각종 파이프와 열교환기, 화학물질 저장탱크, 압축기로 이루어져 있는 '조지 올라 재생가능 메탄올 공장'이 있다. 이곳은 이산화탄소로 메탄올을 만드는 첨단 시설로, 과거 2011년 아이슬란드 기업 '카본리사이클링인터내셔널(CRI)'이 탄소 포집·활용(CCU) 기술의 실험을 위해서 지은 곳이다.

이곳에서는 인근 지열발전소에서 발생하는 적은 양의 이산화탄소(CO_2)를 포집한 뒤 물을 분해해 조달한 수소(H_2)와 결합시켜 재생 메탄올(CH_3OH)을 제조하였으며, 이때 필요한 열과 냉각수 역시 지열발전소의 부산물을 이용했다. 이렇게 만들어진 메탄올은 자동차, 선박, 항공 연료는 물론, 플라스틱 제조 원료로 활용되는 등 여러 곳에서 활용되었다.

하지만 이렇게 메탄올을 만드는 것이 미래 원료 문제의 근본적인 해결책이 될 수는 없었다. 왜냐하면 메탄올이 만드는 에너지보다 메탄올을 만드는 데 들어가는 에너지가 더 필요하다는 문제점에 더하여 액화천연가스(LNG)를 메탄올로 변환할 경우 이전보다 오히려 탄소배출량이 증가하고, 탄소배출량을 감소시키기 위해서는 태양광과 에너지 저장장치를 활용해 메탄올 제조에 필요한 에너지를 모두 조달해야만 하기 때문이다.

또한 탄소를 포집해 지하에 영구 저장하는 탄소포집 저장방식과 달리, 탄소를 포집해 만든 연료나 제품은 사용 중에 탄소를 다시 배출할 가능성이 있어 이에 대한 논의가 분분한 상황이다.

① 탄소 재활용의 득과 실
② 재생에너지 메탄올의 다양한 활용
③ 지열발전소에서 탄생한 재활용 원료
④ 탄소 재활용을 통한 미래 원료의 개발
⑤ 미래의 에너지 원료로 주목받는 재활용 원료, 메탄올

02 다음 글의 제목으로 가장 적절한 것은?

> 중세 유럽에서는 토지나 자원을 왕실이 소유하고 있었다. 사람들은 이러한 토지나 자원을 이용하려면 일정한 비용을 지불해야 했다. 예를 들어 광산을 개발하거나 수산물을 얻는 사람들은 해당 자원의 이용에 대한 비용을 왕실에 지불하였고 이는 왕실의 권력과 부의 유지를 돕는 동시에 국가의 재정을 보충하는 역할을 하였는데, 이때 지불한 비용이 바로 로열티이다.
> 로열티의 개념은 산업혁명과 함께 발전하였다. 산업혁명을 통해 특허, 상표 등의 지적 재산권이 보호되기 시작하면서 기업들은 이러한 권리를 보유한 개인이나 조직에게 사용에 대한 보상을 지불하게 되었다. 지적 재산권은 기업이 특정한 기술, 디자인, 상표 등을 보유하고 있을 때 그들에게 독점적인 권리를 제공하고 이러한 권리의 보호와 보상을 위해 로열티 제도가 도입되었다.
> 로열티는 기업과 지적 재산권 소유자 간의 계약에 의해 설정되는 형태로 발전하였다. 기업이 특정 제품을 판매하거나 특정 기술을 이용하는 경우 지적 재산권 소유자에게 계약에 따라 정해진 로열티를 지불하게 된다. 이로써 지적 재산권을 보유한 개인이나 조직은 자신들의 창작물이나 기술의 사용에 대한 보상을 받을 수 있으며, 기업들은 이러한 지적 재산권의 이용을 허가받아 경쟁 우위를 확보할 수 있게 되었다.
> 현재 로열티는 제품 판매나 라이선스, 저작물의 이용 등 다양한 형태로 나타나며 지적 재산권의 보호와 경제적 가치를 확보하는 중요한 수단으로 작용하고 있다. 로열티는 지식과 창조성의 보상으로서의 역할을 수행하며 기업들의 연구 개발을 촉진하고 혁신을 격려한다. 이처럼 로열티 제도는 기업과 지적 재산권 소유자 간의 상호 협력과 혁신적인 경제 발전에 기여하는 중요한 구조적 요소이다.

① 지적 재산권의 정의
② 로열티 제도의 모순
③ 로열티 지급 시 유의사항
④ 로열티 제도의 유래와 발전
⑤ 지적 재산권을 보호하는 방법

※ 다음 글을 읽고 추론한 내용으로 가장 적절한 것을 고르시오. [3~4]

03

최근 비즈니스 세계에서 라이코노믹스라는 용어가 부쩍 회자되고 있다. 여기서 '호감경제학'으로 번역된 '라이코노믹스(Likeonomics)'란 'Like(호감)'와 'Economics(경제학)'를 합성해 만든 신조어이다. 이는 우리가 내리는 거의 모든 결정에 영향을 미치는 것은 논리가 아니라 관계이며, 이것의 기반은 대상을 향한 높은 호감도라는 개념을 내포한다. 세계적인 마케팅 권위자 로히트 바르가바 교수는 그의 책 『호감이 전략을 이긴다』에서 라이코노믹스의 중요성을 강조한다. 그는 경쟁사회에서 신뢰를 얻고 경쟁력 우위를 점할 수 있는 방법은 "호감을 얻어 인간적이고 친밀한 유대 관계를 맺는 것뿐"이라고 말하며 그 수단으로 5가지 원칙을 꼽았다. 바로 진실성(Truth), 관련성(Relevance), 이타성(Unselfishness), 단순성(Simplicity) 그리고 타이밍(Timing)이다.

① 라이코노믹스는 기존의 경제학보다 복잡하다.
② 라이코노믹스는 전략적으로 호감을 얻어야 한다고 주장한다.
③ 라이코노믹스는 소비자의 호감을 얻기 위해 논리성을 강조한다.
④ 라이코노믹스는 논리보다 관계가 더 중요하다는 것을 보여준다.
⑤ 로히트 바르가바 교수는 경쟁사회에서 이기는 것은 무의미하다고 생각한다.

04

미국 사회에서 동양계 미국인 학생들은 '모범적 소수 인종(Model Minority)', 즉 미국의 교육체계 속에서 뚜렷하게 성공한 소수 인종의 전형으로 간주되어 왔다. 그리고 그들은 성공적인 학교 생활을 통해 주류 사회에 동화되고 이것에 의해 사회적 삶에서 인종주의의 영향을 약화시킨다는 주장으로 이어졌다. 하지만 동양계 미국인 학생들이 이렇게 정형화된 이미지처럼 인종주의의 장벽을 넘어 미국 사회의 구성원으로 참여하고 있는가는 의문이다. 미국 사회에서 동양계 미국인 학생들의 인종적 정체성은 다수자인 '백인'의 특성이 장점이라고 생각하는 것과 소수자인 동양인의 특성이 단점이라고 생각하는 것의 사이에서 구성된다. 그리고 이것은 그들에게 두 가지 보이지 않는 결과를 제공한다. 하나는 대부분의 동양계 미국인 학생들이 인종적인 차이에 대한 그들의 불만을 해소하고 인종 차이에서 발생하는 차별을 피하고자 백인이 되기를 원하는 것이다. 다른 하나는 다른 사람들이 자신을 동양인으로 연상하지 않도록 자신 스스로 동양인들의 전형적인 모습에서 벗어나려고 하는 것이다. 그러므로 모범적 소수 인종으로서의 동양계 미국인 학생은 백인에 가까운 또는 동양인에서 먼 '미국인'으로 성장할 위험 속에 있다.

① '동양계 미국인 학생들'의 성공은 일시적이고 허구적인 것이다.
② '모범적 소수 인종'은 특유의 인종적 정체성을 내면화하고 있다.
③ 여러 집단의 인종은 사회에서 한정된 자원의 배분을 놓고 갈등하고 있다.
④ 다인종 사회에서 다수파 인종은 은폐된 형태로 인종 차별을 지속시키고 있다.
⑤ 모든 소수 인종 집단은 인종 차이가 초래할 부정적인 효과에 대해 의식하고 있다.

※ 다음 글을 읽고 추론한 내용으로 적절하지 않은 것을 고르시오. **[5~6]**

05

레이저 절단 가공은 고밀도, 고열원의 레이저를 절단하고자 하는 소재에 쏘아 절단 부위를 녹이고 증발시켜 소재를 절단하는 최첨단 기술이다. 레이저 절단 가공은 일반 가공법으로는 작업이 불가능한 절단면 및 복잡하고 정교한 절단 형상을 신속하고 정확하게 절단하여 가공할 수 있고, 절단하고자 하는 소재의 제약도 일반 가공법에 비해 자유롭다. 또한 재료와 직접 접촉하지 않으므로 절단 소재의 물리적 변형이 적어 깨지기 쉬운 소재도 다루기 용이하고, 다른 열 절단 가공에 비해 열변형의 우려가 적다. 이런 장점으로 반도체 소자가 나날이 작아지고 더욱 정교해지면서 레이저 절단 가공은 반도체 산업에서는 이제 없어서는 안 될 필수적인 과정이 되었다.

① 레이저 절단 가공 작업 중에는 기체가 발생한다.
② 레이저 절단 가공은 절단 부위를 녹이므로 열변형의 우려가 큰 가공법이다.
③ 과거 반도체 소자의 정교함은 현재 반도체 소자에 미치지 못하였을 것이다.
④ 현재 기술력으로는 다른 가공법을 사용하여 반도체 소자를 다루기 힘들 것이다.
⑤ 두께가 얇아 깨지기 쉬운 반도체 웨이퍼는 레이저 절단 가공으로 가공하여야 한다.

06

외래어는 원래의 언어가 가졌던 모습을 잃어버리고 새 언어에 동화되는 속성을 가지고 있다. 외래어의 동화 양상을 음운, 형태, 의미적 측면에서 살펴보자.
첫째, 외래어는 국어에 들어오면서 국어의 음운적 특징을 띠게 되어 외국어 본래의 발음이 그대로 유지되지 못한다. 자음이든 모음이든 국어에 없는 소리는 국어의 가장 가까운 소리로 바뀌고 만다. 프랑스의 수도 'Paris'는 원래 프랑스어인데 국어에서는 [파리]가 된다. 프랑스어 [r] 발음은 국어에 없는 소리여서 비슷한 소리인 [ㄹ]로 바뀌고 마는 것이다. 그 외에 장단이나 강세, 성조와 같은 운율적 자질도 원래 외국어의 모습을 잃어버리고 만다.
둘째, 외래어는 국어의 형태적인 특징을 갖게 된다. 외래어의 동사와 형용사는 '-하다'가 반드시 붙어서 쓰이게 된다. 영어 형용사 'smart'가 국어에 들어오면 '스마트하다'가 된다. '아이러니하다'라는 말도 있는데 이는 명사에 '-하다'가 붙어 형용사처럼 쓰인 경우이다.
셋째, 외래어는 원래 언어의 의미와 다른 의미로 쓰일 수 있다. 일례로 프랑스어 'madame'이 국어에 와서는 '마담'이 되는데 프랑스어에서의 '부인'의 의미가 국어에서는 '술집이나 다방의 여주인'의 의미로 쓰이고 있다.

① 원래의 외국어와 이에 대응하는 외래어는 의미가 전혀 다를 수 있다.
② 서울의 로마자 표기 'Seoul'은 실제 우리말 발음과 다르게 읽어야 한다.
③ '-하다'는 외국어의 형용사와 명사에 붙어 형용사를 만드는 기능이 있다.
④ 외국어의 장단, 강세, 성조와 같은 운율적 자질은 국어의 체계와 다를 수 있다.
⑤ 외래어로 만들고자 하는 외국어의 발음이 국어에 없는 소리일 때는 국어에 있는 비슷한 성질의 음운으로 바뀐다.

※ 다음 글의 내용으로 가장 적절한 것을 고르시오. [7~8]

07

만우절의 탄생과 관련해서 많은 이야기가 있지만, 그중 가장 많이 알려진 것은 16세기 프랑스 기원설이다. 16세기 이전부터 프랑스 사람들은 3월 25일부터 일주일 동안 축제를 벌였고, 축제의 마지막 날인 4월 1일에는 모두 함께 모여 축제를 즐겼다. 그러나 16세기 말 프랑스가 그레고리력을 받아들이면서 달력을 새롭게 개정했고, 이에 따라 이전의 3월 25일을 새해 첫날(New Year's Day)인 1월 1일로 맞추어야 했다. 결국 기존의 축제는 달력이 개정됨에 따라 사라지게 되었다. 그러나 몇몇 사람들은 이 사실을 잘 알지 못하거나 기억하지 못했다. 사람들은 그들을 가짜 파티에 초대하거나, 그들에게 조롱 섞인 선물을 하면서 놀리기 시작했다. 프랑스에서는 이렇게 놀림감이 된 사람들을 '4월의 물고기'라는 의미의 '푸아송 다브릴(Poisson d'Avril)'이라 불렀다. 갓 태어난 물고기처럼 쉽게 낚였기 때문이다. 18세기에 이르러 프랑스의 관습이 영국으로 전해지면서 영국에서는 이날을 '오래된 바보의 날(All Fool's Day*)'이라고 불렀다.

*All은 'Old'를 뜻하는 'Auld'의 변형 형태(스코틀랜드)임

① 만우절은 프랑스에서 기원했다.
② 프랑스에서는 만우절을 '4월의 물고기'라고 불렀다.
③ 영국의 만우절은 18세기 이전 프랑스에서 전해졌다.
④ 프랑스는 16세기 이전부터 그레고리력을 사용하였다.
⑤ 16세기 말 이전 프랑스에서는 3월 25일부터 4월 1일까지 축제가 열렸다.

08

사람의 목숨을 좌우할 수 있는 형벌 문제는 군현(郡縣)에서 항상 일어나는 것이고 지방관리가 되면 늘 처리해야 하는 일인데도, 사건을 조사하는 것이 항상 엉성하고 죄를 결정하는 것이 항상 잘못된다.
옛날에 자산이라는 사람이 형벌 규정을 정한 형전(刑典)을 새기자 어진 사람들이 그것을 나무랐고, 이회가 법률서적을 만들자 후대의 사람이 그를 가벼이 보았다. 그 뒤 수(隋)나라와 당(唐)나라 때에 와서는 이를 절도(竊盜)·투송(鬪訟)과 혼합하고 나누지 않아서, 세상에서 아는 것은 오직 한패공(漢沛公)*이 선언한 '사람을 죽인 자는 죽인다.'는 규정뿐이었다.
그런데 선비들은 어려서부터 머리가 희어질 때까지 오직 글쓰기나 서예 등만 익혔을 뿐이므로 갑자기 지방관리가 되면 당황하여 어찌할 바를 모른다. 그래서 간사한 아전에게 맡겨 버리고는 스스로 알아서 처리하지 못하니, 저 재화(財貨)만을 숭상하고 의리를 천히 여기는 간사한 아전이 어찌 이치에 맞게 형벌을 처리할 수 있겠는가?

– 정약용, 『흠흠신서(欽欽新書)』 서문

*중국 한(漢)나라를 건국한 창업군주이자 초대 황제인 고조를 지칭함. 본명은 유방(劉邦)

① 고대 중국에서는 형벌 문제를 중시하였다.
② 아전을 형벌 전문가로서 높이 평가하고 있다.
③ 선비들은 이치에 맞게 형벌을 처리할 수 있었다.
④ 조선 시대의 사대부들은 형벌에 대해 잘 알지 못한다.
⑤ 지방관리들은 인명을 다루는 사건을 현명하게 처리하고 있다.

※ 다음 글의 내용으로 적절하지 않은 것을 고르시오. [9~10]

09

골격근에서 전체 근육은 근육섬유를 뼈에 연결시키는 주변 조직인 힘줄과 결합조직을 모두 포함한다. 골격근의 근육섬유가 수축할 때 전체 근육의 길이가 항상 줄어드는 것은 아니다. 근육 수축의 종류 중 근육섬유가 수축함에 따라 전체 근육의 길이가 변화하는 것을 '등장수축'이라 하는데, 등장수축은 근육섬유 수축과 함께 전체 근육의 길이가 줄어드는 '동심 등장수축'과 전체 근육의 길이가 늘어나는 '편심 등장수축'으로 나뉜다.
반면에 근육섬유가 수축함에도 불구하고 전체 근육의 길이가 변하지 않는 수축을 '등척수축'이라고 한다. 예를 들어 아령을 손에 들고 팔꿈치의 각도를 일정하게 유지하고 있는 상태에서 위팔의 이두근 근육섬유는 끊임없이 수축하고 있지만, 이 근육에서 만드는 장력이 근육에 걸린 부하량, 즉 아령의 무게와 같아 전체 근육의 길이가 변하지 않기 때문에 등척수축을 하는 것이다. 등척수축은 골격근의 주변 조직과 근육섬유 내에 있는 탄력섬유의 작용에 의해 일어난다. 근육에 부하가 걸릴 때, 이 부하를 견디기 위해 탄력섬유가 늘어나기 때문에 근육섬유는 수축하지만 전체 근육의 길이는 변하지 않는 등척수축이 일어날 수 있다.

① 골격근은 힘줄과 결합조직을 모두 포함한다.
② 등척수축은 탄력섬유의 작용에 의해 일어난다.
③ 근육에 부하가 걸릴 때, 부하를 견디기 위해 탄력섬유가 늘어난다.
④ 등장수축에서는 근육섬유가 수축할 때, 전체 근육 길이가 줄어든다.
⑤ 등척수축에서는 근육섬유가 수축할 때, 전체 근육 길이가 변하지 않는다.

10

경제학자인 사이먼 뉴컴이 소개한 화폐와 실물 교환의 관계식인 '교환방정식'을 경제학자인 어빙 피셔가 발전시켜 재소개한 것이 바로 '화폐수량설'이다. 사이먼 뉴컴의 교환방정식은 'MV=PQ'로 나타나는데, 여기서 M(Money)은 화폐의 공급, V(Velocity)는 화폐유통속도, P(Price)는 상품 및 서비스의 가격, Q(Quantity)는 상품 및 서비스의 수량이다. 즉, 화폐 공급과 화폐유통속도의 곱은 상품의 가격과 거래된 상품 수의 곱과 같다는 항등식이다.
어빙 피셔는 이러한 교환방정식을 인플레이션율과 화폐공급의 증가율 간 관계를 나타내는 이론인 화폐수량설로 재탄생시켰다. 이 중 기본 모형이 되는 피셔의 거래모형에 따르면 교환방정식은 'MV=PT'로 나타나는데, 이때 M은 명목화폐수량, V는 화폐유통속도, P는 상품 및 서비스의 평균가격, T(Trade)는 거래를 나타낸다. 다만 거래의 수를 측정하기 어렵기 때문에 최근에는 총거래 수인 T를 총생산량인 Y로 대체하여 소득모형인 'MV=PY'로 사용되고 있다.

① 교환방정식 'MV=PT'는 화폐수량설의 기본 모형이 된다.
② 사이먼 뉴컴의 교환방정식 'MV=PQ'에서 Q는 상품 및 서비스의 수량을 의미한다.
③ 어빙 피셔의 화폐수량설은 최근 총거래 수를 총생산량으로 대체하여 사용되고 있다.
④ 어빙 피셔의 교환방정식 'MV=PT'의 V는 교환방정식 'MV=PY'에서 Y와 함께 대체되어 사용되고 있다.
⑤ 어빙 피셔는 사이먼 뉴컴의 교환방정식을 인플레이션율과 화폐공급의 증가율 간 관계를 나타내는 이론으로 재탄생시켰다.

※ 다음 제시된 문단을 논리적 순서대로 바르게 나열한 것을 고르시오. **[11~12]**

11

(가) 정해진 극본대로 연기를 하는 연극의 서사는 논리적이고 합리적이다. 그러나 연극 밖의 현실은 비합리적이고, 그 비합리성을 개인의 합리에 맞게 해석한다. 연극 밖에서도 각자의 합리성에 맞춰 연극을 하고 있는 것이다.
(나) 사전적 의미로 불합리한 것, 이치에 맞지 않는 것을 의미하는 부조리는 실존주의 철학에서는 현실에서 전혀 삶의 의미를 발견할 가능성이 없는 절망적인 한계상황을 나타내는 용어이다.
(다) 이것이 비합리적인 세계에 대한 자신의 합목적적인 희망이라는 사실을 깨달았을 때, 삶은 허망해지고 인간은 부조리를 느끼게 된다.
(라) 부조리라는 개념을 처음 도입한 대표적인 철학자인 알베르 카뮈는 연극에 비유하여 부조리에 대해 설명한다.

① (가) – (다) – (나) – (라)
② (가) – (라) – (나) – (다)
③ (나) – (가) – (다) – (라)
④ (나) – (다) – (가) – (라)
⑤ (나) – (라) – (가) – (다)

12

(가) 또 그는 현대 건축 이론 중 하나인 '도미노 이론'을 만들었는데, 도미노란 집을 뜻하는 라틴어 '도무스(Domus)'와 혁신을 뜻하는 '이노베이션(Innovation)'을 결합한 단어이다.
(나) 그는 이 이론의 원칙을 통해 인간이 효율적으로 살 수 있는 집을 꾸준히 연구해 왔으며, 그가 제안한 건축방식 중 필로티와 옥상정원 등이 최근 우리나라 주택에 많이 쓰이고 있다.
(다) 최소한의 철근콘크리트 기둥들이 모서리를 지지하고 평면의 한쪽에서 각 층으로 갈 수 있게 계단을 만든 개방적 구조가 이 이론의 핵심이다. 건물을 돌이나 벽돌을 쌓아 올리는 조적식 공법으로만 지었던 당시에 이와 같은 구조는 많은 이들에게 적지 않은 충격을 주었다.
(라) 스위스 출신의 프랑스 건축가 르 꼬르뷔지에(Le Corbusier)는 근대주택의 기본형을 추구했다는 점에서 현대 건축의 거장으로 불린다. 그는 현대 건축에서의 집의 개념을 '거주 공간'에서 '더 많은 사람이 효율적으로 살 수 있는 공간'으로 바꿨다.

① (나) – (다) – (라) – (가)
② (나) – (라) – (다) – (가)
③ (다) – (가) – (라) – (나)
④ (라) – (가) – (다) – (나)
⑤ (라) – (나) – (가) – (다)

※ 다음 글의 빈칸에 들어갈 문장으로 가장 적절한 것을 고르시오. [13~14]

13

아파트에서는 부엌이나 안방이나 화장실이나 거실이 다 같은 높이의 평면 위에 있다. 그것보다 밑에 또는 위에 있는 것은 다른 사람의 아파트이다. 좀 심한 표현을 쓴다면 아파트에서는 모든 것이 평면적이다. 깊이가 없는 것이다. 자연히 사물은 아파트에서 그 부피를 잃고 평면 위에 선으로 존재하는 그림과 같이 되어 버린다. 모든 것은 한 평면 위에 나열되어 있다. 그래서 한눈에 들어오게 되어 있다. 아파트에는 사람이나 물건이나 다 같이 자신을 숨길 데가 없다.

땅집에서는 사정이 전혀 딴판이다. 땅집에서는 모든 것이 자기 나름의 두께와 깊이를 가지고 있다. 같은 물건이라도 그것이 다락방에 있을 때와 안방에 있을 때와 부엌에 있을 때는 거의 다르다. 집 자체가 인간과 마찬가지의 두께와 깊이를 가지고 있다. 땅집이 아름다운 이유는 ________________ 다락방은 의식이며 지하실은 무의식이다.

① 안정을 뜻하기 때문이다.
② 인간을 닮았기 때문이다.
③ 세상을 조망할 수 있기 때문이다.
④ 어딘가로 떠날 수 있기 때문이다.
⑤ 휴식과 안락을 제공하기 때문이다.

14

미학은 자연, 인생, 예술에 담긴 아름다움의 현상이나 가치 그리고 체험 따위를 연구하는 학문으로, 미적 현상이 지닌 본질이나 법칙성을 명백히 밝히는 학문이다. 본래 미학은 플라톤에서 비롯되었지만, 오늘날처럼 미학이 독립된 학문으로 불린 것은 18세기 중엽 독일의 알렉산더 고틀리프 바움가르텐(Alexander Gottlieb Baumgarten)의 저서 『미학』에서 시작된다. 바움가르텐은 '미(美)'란 감성적 인식의 완전한 것으로, 감성적 인식의 학문은 미의 학문이라고 생각했다. 여기서 근대 미학의 방향이 개척되었다.

미학에 대한 연구는 심리학・사회학・철학 등 다양한 각도에서 시도할 수 있다. 또한 미적 사실을 어떻게 보느냐에 따라서 미학의 성향도 달라지며, ________________ 예컨대 고전 미학은 영원히 변하지 않는 초감각적 존재로서의 미의 이념을 추구하고, 근대 미학은 감성적 인식 때문에 포착된 현상으로서 미적인 것을 대상으로 한다. 여기서 미적인 것은 우리들의 인식에 비치는 아름다움을 말한다.

미학을 연구하는 사람들은 이러한 미적 의식 및 예술의 관계를 해명하는 것을 주된 과제로 삼는다. 그들에게 '아름다움'을 성립시키는 주관적 원리는 가장 중요한 것으로 미학은 우리에게 즐거움과 기쁨을 안겨주며, 인생을 충실하고 행복하게 해준다. 더 나아가 오늘날에는 이러한 미적 현상의 해명에 사회학적 방법을 적용하려는 '사회학적 미학'이나, 분석 철학의 언어 분석 방법을 미학에 적용하려고 하는 '분석미학' 등 다채로운 연구 분야가 개척되고 있다.

① 다른 학문과 달리 미학의 경계는 모호하다.
② 추구하는 이념과 대상도 시대에 따라 다르다.
③ 최근에는 미학의 새로운 분야를 개척하고 있다.
④ 따라서 미학은 이분법적인 원리로 적용할 수 없다.
⑤ 근대 미학은 고전 미학의 개념에서 부분적으로 응용한 것이다.

15 다음 글을 읽고 乙의 주장 방식으로 가장 적절한 것을 고르면?

- 甲 : 공기업은 정부 지원 아래 독점 시장을 운용하기 때문에 효율성이 떨어지고 서비스의 질 또한 하락할 수밖에 없다. 실제로 현재 공기업들의 부채 총액은 400조 원 이상을 육박하여 이자만으로도 국민의 세금을 막대하게 낭비함으로써 국민들에게 부담을 주고 있다. 만약 공공 부문을 민영화한다면 불필요한 세금의 낭비를 막을 수 있다. 동시에 시장 경쟁 체제에서 기업의 효율성과 서비스의 질 향상 또한 기대할 수 있을 것이다.
- 乙 : 공공 부문은 국민의 삶에 필수적이고 직접적인 영향을 미친다. 전기세나 가스비가 갑자기 오른다면 대다수 가정에 치명타로 작용할 것이다. 공공 부문의 운영을 국가가 독점적으로 맡는 것은 이러한 이유 때문이다. 공공 부문은 비용적 효율성보다도 국민들에게 필수적인 소비재를 낮은 가격에 공급하는 것이 중요하다. 만약 공기업이 민영화되어서 기업의 이익을 위해 공공재가 높은 가격에 판매된다면 기존의 세금 낭비보다도 더 막대한 부담이 가정에 닥칠 것이다.

① 甲의 주장이 미래에 끼치는 영향을 제시하여 甲의 주장을 강화하고 있다.
② 甲이 주장하는 상황의 부정적 사례를 제시하여 甲의 주장을 약화시키고 있다.
③ 甲이 중시하는 가치보다 다른 가치를 강조함으로써 甲의 주장을 약화시키고 있다.
④ 甲이 제시한 통계적 자료의 부적절성을 드러냄으로써 甲의 주장을 약화시키고 있다.
⑤ 甲이 제시하는 근거들이 서로 모순됨을 드러냄으로써 甲의 주장을 약화시키고 있다.

16 다음 글의 주장에 대한 반박으로 적절하지 않은 것은?

> 문화재 관리에서 가장 중요한 개념은 복원과 보존이다. 복원은 훼손된 문화재를 원래대로 다시 만드는 것을, 보존은 더 이상 훼손되지 않도록 잘 간수하는 것을 의미한다. 이와 관련하여 훼손된 탑의 관리에 대한 논의가 한창이다.
> 다음과 같은 근거에서 복원보다는 보존이 더 적절하다. 우선, 탑을 보존하면 탑에 담긴 역사적 의미를 온전하게 전달할 수 있어 진정한 역사 교육이 가능하다. 탑은 백성들의 평화로운 삶을 기원하기 위해 만들어졌고, 이후 역사의 흐름 속에서 전란을 겪으며 훼손된 흔적들이 더해져 지금 모습으로 남아 있다. 그런데 탑을 복원하면 이런 역사적 의미들이 사라져 그 의미를 온전하게 전달할 수 없다.
> 다음으로, 정확한 자료가 없이 탑을 복원하면 이는 결국 탑을 훼손하는 것이 될 수밖에 없다. 따라서 원래의 재료를 활용하지 못하고 과거의 건축 과정에 충실하게 탑을 복원하지 못하면 탑의 옛 모습을 온전하게 되살리는 것은 불가능하므로 탑을 보존하는 것이 더 바람직하다.
> 마지막으로, 탑을 보존하면 탑과 주변 공간의 조화가 유지된다. 전문가에 따르면 탑은 주변 산수는 물론 절 내부 건축물들과의 조화를 고려하여 세워졌다. 이런 점을 무시하고 탑을 복원한다면 탑과 기존 공간의 조화가 사라지기 때문에 보존하는 것이 적절하다.
> 따라서 탑은 보존하는 것이 복원하는 것보다 더 적절하다. 건축 문화재의 경우 복원보다는 보존을 중시하는 국제적인 흐름을 고려했을 때도, 탑이 더 훼손되지 않도록 지금의 모습을 유지하고 관리하는 것이 문화재로서의 가치를 지키고 계승할 수 있는 바람직한 방법이다.

① 탑을 복원하는 비용보다 보존하는 비용이 더 많이 든다.
② 탑을 복원하더라도 탑에 담긴 역사적 의미는 사라지지 않는다.
③ 주변 공간과의 조화를 유지하는 방법으로 탑을 복원할 수 있다.
④ 탑 복원에 필요한 자료를 충분히 수집하여 탑을 복원하면 탑의 옛 모습을 되살릴 수 있다.
⑤ 탑을 복원하면 형태가 훼손된 탑에서는 느낄 수 없었던 탑의 형태적 아름다움을 느낄 수 있다.

17 다음 기사를 읽고 이해한 내용으로 가장 적절한 것은?

> 녹내장은 안구 내 여러 가지 원인에 의하여 시신경이 손상되고, 이에 따른 시야결손이 발생하는 진행성의 시신경 질환이다. 녹내장 발병 원인에 대한 많은 연구가 진행되었으나, 지금까지 가장 확실한 원인은 안구 내 안압의 상승이다. 상승된 안압이 망막시신경섬유층과 시신경을 압박함으로써 시신경이 손상되거나 시신경으로 공급되는 혈류량이 감소됨으로써 시신경 손상이 발생될 수 있다.
> 녹내장은 일반적으로 주변시야부터 좁아지는 것이 주된 증상이며 초기에는 환자가 느낄 수 있는 자각증상이 없는 경우가 대부분이다. 그래서 결국은 중심시야까지 침범된 말기가 돼서야 병원을 찾는 경우가 많다. 녹내장은 제대로 관리되지 않으면 각막혼탁, 안구로, 실명의 합병증이 동반될 수 있다.
> 녹내장을 예방할 수 있는 방법은 아직 알려져 있지 않다. 단지 녹내장은 대부분 장기간에 걸쳐 천천히 진행되는 경우가 많으므로 조기에 발견하는 것이 가장 좋은 예방법이라고 할 수 있다. 정기적인 검진으로 자신의 시신경 상태를 파악하고 그에 맞는 생활패턴의 변화를 주는 것이 도움이 된다. 녹내장으로 진단이 되면 금연을 해야 하며 가능하면 안압이 올라가는 상황을 피하는 것이 좋다. 예를 들어 무거운 물건을 든다든지, 목이 졸리게 넥타이를 꽉 맨다든지, 트럼펫과 같은 악기를 부는 것은 병의 경과를 악화시킬 가능성이 있으므로 피해야 한다.

① 녹내장의 발병을 예방할 수 있는 방법은 아직 없다.
② 녹내장은 단기간에 빠르게 진행되는 경우가 대부분이다.
③ 녹내장 진단 후 안압이 하강할 수 있는 상황은 되도록 피해야 한다.
④ 녹내장은 일반적으로 중심시야부터 시작하여 주변시야로 시야결손이 확대된다.
⑤ 상승된 안압이 시신경으로 공급되는 혈류량을 증폭시켜 시신경 손상이 발생한다.

18 다음 글의 집필 의도로 가장 적절한 것은?

> 미술가가 얻어내려고 하는 효과가 어떤 것인지는 결코 예견할 수 없기 때문에 이러한 종류의 규칙을 설정하기는 불가능하며 또한 이것이 진리이다. 미술가는 일단 옳다는 생각이 들면 전혀 조화되지 않는 것까지 시도하기를 원할지 모른다. 하나의 그림이나 조각이 어떻게 되어 있어야 제대로 된 것인지 말해 줄 수 있는 규칙이 없기 때문에 우리가 어떤 작품을 걸작품이라고 느끼더라도 그 이유를 정확한 말로 표현한다는 것은 거의 불가능하다. 그러나 그렇다고 어느 작품이나 다 마찬가지라거나, 사람들이 취미에 대해 논할 수 없다는 뜻은 아니다. 만일 그러한 논의가 별 의미가 없는 것이라 하더라도 그러한 논의들은 우리에게 그림을 더 보도록 만들고, 우리가 그림을 더 많이 볼수록 전에는 발견하지 못했던 점들을 깨달을 수 있게 된다. 그림을 보면서 각 시대의 미술가들이 이룩하려 했던 조화에 대한 감각을 발전시키고, 이러한 조화들에 의해 우리의 느낌이 풍부해질수록 우리는 더욱 그림 감상을 즐기게 될 것이다. 취미에 관한 문제는 논의의 여지가 없다는 오래된 경구는 진실이겠지만, 이로 인해 '취미는 개발될 수 있다.'는 사실이 숨겨져서는 안 된다. 예컨대 차를 마셔 버릇하지 않은 사람들은 여러 가지 차를 혼합해서 만드는 차와 다른 종류의 차가 똑같은 맛을 낸다고 느낄지 모른다. 그러나 만일 그들이 여가(餘暇)와 기회가 있어 그러한 맛의 차이를 찾아내려 한다면 그들은 자기가 좋아하는 혼합된 차의 종류를 정확하게 식별해 낼 수 있는 진정한 감식가가 될 수 있을 것이다.

① 미의 표현 방식을 설명하기 위해
② 미술에 대한 관심을 불러일으키기 위해
③ 미술 교육이 나아갈 방향을 제시하기 위해
④ 미술을 통해 얻는 효과를 이해시키기 위해
⑤ 미술 작품 감상의 올바른 태도를 제시하기 위해

19 다음 글을 근거로 판단한 내용으로 가장 적절한 것은?

> 2009년 미국의 설탕, 옥수수 시럽, 기타 천연당의 1인당 연평균 소비량은 140파운드로, 독일과 프랑스보다 50%가 많았고, 중국보다는 9배가 많았다. 그런데 설탕이 비만을 야기하고 당뇨병 환자의 건강에 해롭다는 인식이 확산되면서 사카린과 같은 인공감미료의 수요가 증가하였다.
> 세계 최초의 인공감미료인 사카린은 1879년 미국 존스홉킨스대학에서 화학물질의 산화반응을 연구하다가 우연히 발견됐다. 당도가 설탕보다 약 500배 높은 사카린은 대표적인 인공감미료로 체내에서 대사되지 않고 그대로 배출된다는 특징이 있다. 그런데 1977년 캐나다에서 쥐를 대상으로 한 사카린 실험 이후 유해성 논란이 촉발되었다. 사카린을 섭취한 쥐가 방광암에 걸렸기 때문이다. 그러나 사카린의 무해성을 입증한 다양한 연구결과로 인해 2001년 미국 FDA는 사카린을 다시 안전한 식품첨가물로 공식 인정하였고, 현재도 설탕의 대체재로 사용되고 있다.
> 아스파탐은 1965년 위궤양 치료제를 개발하던 중 우연히 발견된 인공감미료로, 당도가 설탕보다 약 200배 높다. 그러나 아스파탐도 발암성 논란이 끊이지 않았다. 미국암협회가 안전하다고 발표했지만 이탈리아의 한 과학자가 쥐를 대상으로 한 실험에서 아스파탐이 암을 유발한다고 결론 내렸기 때문이다.

① 사카린과 아스파탐은 설탕보다 당도가 높고, 사카린은 아스파탐보다 당도가 높다.

② 사카린은 유해성 논란으로 현재 미국에서는 더 이상 식품첨가물로 사용되지 않고 있다.

③ 사카린과 아스파탐은 모두 설탕을 대체하기 위해 거액을 투자해 개발한 인공감미료이다.

④ 아스파탐은 암 유발 논란에 휩싸였지만, 2001년 미국 FDA로부터 안전한 식품첨가물로 처음 공식 인정받았다.

⑤ 2009년 기준 중국의 설탕, 옥수수 시럽, 기타 천연당의 1인당 연평균 소비량은 20파운드 이상이었을 것이다.

20 다음 글 뒤에 이어질 결론으로 가장 적절한 것은?

> 우리는 인권이 신장되고 있는 다른 한편에서 세계 인구의 1/4이 절대 빈곤 속에서 고통받고 있다는 사실을 잊어서는 안 됩니다. 빈곤은 인간 존엄과 인권 신장을 저해하며, 그 속에서는 독재와 분쟁의 싹이 쉽게 자라날 수 있습니다. 따라서 빈곤 퇴치는 인권 신장을 위한 UN의 핵심적인 목표가 되어야 할 것입니다.
> 인권 신장은 시민사회의 압력과 후원에 힘입은 바가 큽니다. 각국 정부와 UN이 NGO, 연구 기관 및 여론 단체들과의 긴밀한 협력을 추구하는 21세기에는 더욱 그러할 것입니다. 다음 달에는 NGO 세계 대회가 개최됩니다. 이 대회가 21세기에 있어 NGO의 역량을 개발하고 UN과 시민사회의 협조를 더욱 긴밀히 하는 계기가 되기를 바랍니다.
> 끝으로 동티모르 사태에 대해 말씀드리고자 합니다. 우리 정부는 동티모르의 장래를 주민들 스스로가 결정하도록 한 인도네시아 정부의 조치를 높이 평가합니다. 우리는 동티모르에 평화가 조속히 회복되고, 인도네시아 정부 및 UN의 일치된 노력으로 주민들의 독립 의지가 완전히 실현되기를 희망합니다.

① 이러한 상황을 타개하기 위해 동티모르에 재정적 지원을 담당할 국제기구의 설립을 요청할 것입니다.

② 우리 정부와 국민을 대표하여 UN이 세계 평화와 번영을 위한 고귀한 사명을 수행하는 데 아낌없는 지지를 약속하는 바입니다.

③ 동북아 지역은 4강의 이해가 교차하는 곳으로서 경제적 역동성이 넘쳐흐르는 동시에 세계 평화와 안정에 중요한 요충지입니다.

④ 21세기를 세계 평화와 안정, 모든 인류의 복지와 번영의 세기로 만들기 위하여 선결 과제를 정하고 이를 해결하는 방안을 모색해 나가야 할 것입니다.

⑤ 세계화 경제하에서의 위기는 어느 한 나라만의 문제가 아니며, 또한 개별 국가의 노력만으로 그러한 위기를 예방하거나 극복하는 것은 어렵다고 생각합니다.

※ 제시된 명제가 모두 참일 때, 빈칸에 들어갈 명제로 가장 적절한 것을 고르시오. [1~2]

01

- 어휘력이 좋지 않으면 책을 많이 읽지 않은 것이다.
- 글쓰기 능력이 좋지 않으면 어휘력이 좋지 않은 것이다.
- ____________________

① 어휘력이 좋으면 책을 많이 읽은 것이다.
② 글쓰기 능력이 좋으면 어휘력이 좋은 것이다.
③ 책을 많이 읽지 않으면 어휘력이 좋지 않은 것이다.
④ 어휘력이 좋지 않으면 글쓰기 능력이 좋지 않은 것이다.
⑤ 글쓰기 능력이 좋지 않으면 책을 많이 읽지 않은 것이다.

02

- 주장을 못하는 사람은 발표를 못한다.
- ____________________
- 발표를 잘하는 사람은 시험을 잘 본다.

① 시험을 못 보는 사람은 주장을 잘한다.
② 시험을 잘 보는 사람은 발표를 잘한다.
③ 주장을 잘하는 사람은 시험을 못 본다.
④ 주장을 잘하는 사람은 시험을 잘 본다.
⑤ 주장을 못하는 사람은 시험을 못 본다.

03 김대리는 체육대회에 참여할 직원 명단을 작성하고자 한다. 6명의 직원 A～F가 다음 〈조건〉에 따라 참여한다고 할 때, 체육대회에 반드시 참여하는 직원의 수는?

조건

- A가 참여하면 F는 참여하지 않고, B는 체육대회에 참여한다.
- C가 체육대회에 참여하면 D는 체육대회에 참여하지 않는다.
- E가 체육대회에 참여하지 않으면 C는 체육대회에 참여한다.
- B와 E 중 1명만 체육대회에 참여한다.
- D는 체육대회에 참여한다.

① 2명
② 3명
③ 4명
④ 5명
⑤ 6명

04 L사 직원 성우, 희성, 지영, 유진, 혜인, 재호가 〈조건〉에 따라 근무할 때, 다음 중 반드시 참인 것은?

조건

- 성우, 희성, 지영, 유진, 혜인, 재호는 각자 다른 곳에서 근무하고 있다.
- 근무할 수 있는 곳은 감사팀, 대외협력부, 마케팅부, 비서실, 기획팀, 회계부이다.
- 성우가 비서실에서 근무하면, 희성이는 기획팀에서 근무하지 않는다.
- 유진이와 재호 중 1명은 감사팀에서 근무하고, 나머지 1명은 마케팅부에서 근무한다.
- 유진이가 감사팀에서 근무하지 않으면, 지영이는 대외협력부에서 근무하지 않는다.
- 혜인이가 회계부에서 근무하지 않을 때에만 재호는 마케팅부에서 근무한다.
- 지영이는 대외협력부에서 근무한다.

① 재호는 감사팀에서 근무한다.
② 희성이는 기획팀에서 근무한다.
③ 성우는 비서실에서 근무하지 않는다.
④ 혜인이는 회계부에서 근무하지 않는다.
⑤ 유진이는 감사팀에서 근무하지 않는다.

05 지영이의 생일을 맞이하여 민지, 재은, 영재, 정호는 함께 생일을 축하하고, 생일 케이크를 나눠 먹기로 하였다. 지영이가 다섯 조각으로 자른 케이크의 크기는 서로 다르며 각자 케이크 한 조각씩을 먹었다고 할 때, 다음 중 먹은 케이크의 크기가 작은 순서대로 5명을 나열한 것은?

- 생일 주인공이 가장 큰 조각의 케이크를 먹었다.
- 민지의 케이크 조각은 가장 작지도 않고, 두 번째로 작지도 않다.
- 재은이의 케이크 조각은 지영이의 케이크 조각보다 작지만, 민지의 케이크 조각보다는 크다.
- 정호의 케이크 조각은 민지의 케이크 조각보다는 작지만, 영재의 케이크 조각보다는 크다.

① 지영 – 재은 – 민지 – 영재 – 정호
② 정호 – 재은 – 민지 – 영재 – 지영
③ 영재 – 정호 – 민지 – 재은 – 지영
④ 영재 – 재은 – 민지 – 정호 – 지영
⑤ 영재 – 정호 – 재은 – 민지 – 지영

06 다음은 혜진이가 지원한 L아울렛 입사 지원 현황을 조사한 자료이다. 혜진이가 패션디자인팀에 지원했다는 결론을 이끌어내기 위해 필요한 명제는?

- 비주얼 머천다이징팀과 광고그래픽팀에 둘 다 지원하는 사람은 패션디자인팀에도 지원했다.
- 광고홍보팀과 경영지원팀에 둘 다 지원하는 사람은 패션디자인팀에도 지원했다.
- 지원자 모두 인테리어팀이나 액세서리 디자인팀 가운데 적어도 한 팀에 지원했다.
- 인테리어팀에 지원하는 사람은 모두 비주얼 머천다이징팀에 지원했다.
- 액세서리 디자인팀에 지원하는 사람은 모두 광고홍보팀에 지원했다.

① 혜진이는 인테리어팀과 광고홍보팀에 지원했다.
② 혜진이는 광고홍보팀과 광고그래픽팀에 지원했다.
③ 혜진이는 광고그래픽팀과 경영지원팀에 지원했다.
④ 혜진이는 비주얼 머천다이징팀과 경영지원팀에 지원했다.
⑤ 혜진이는 액세서리 디자인팀과 비주얼 머천다이징팀에 지원했다.

07 A～E 5명은 한국사 시험에 함께 응시하였다. 시험 도중 다음과 같이 부정행위가 일어났다고 할 때, 부정행위를 한 사람을 모두 고르면?

- 2명이 부정행위를 저질렀다.
- B와 C는 같이 부정행위를 하거나 같이 부정행위를 하지 않았다.
- B나 E가 부정행위를 했다면, A도 부정행위를 했다.
- C가 부정행위를 했다면, D도 부정행위를 했다.
- E가 부정행위를 하지 않았으면, D도 부정행위를 하지 않았다.

① A, B　　② A, E
③ B, C　　④ C, D
⑤ D, E

08 L사의 회장실, 응접실, 탕비실과 재무회계팀, 홍보팀, 법무팀, 연구개발팀, 인사팀의 위치가 <조건>과 같을 때, 다음 중 인사팀이 위치한 곳은?

<table>
<tr><td></td><td>A</td><td>B</td><td>C</td><td>D</td><td>회의실1</td></tr>
<tr><td>출입문</td><td colspan="5">복도</td></tr>
<tr><td></td><td>E</td><td>F</td><td>G</td><td>H</td><td>회의실2</td></tr>
</table>

조건

- A～H에는 빈 곳 없이 회장실, 응접실, 탕비실 등 모든 팀 중 하나가 위치해 있다.
- 회장실은 출입문과 가장 가까운 위치에 있다.
- 회장실 맞은편은 응접실이다.
- 재무회계팀은 회장실 옆에 있고, 응접실 옆에는 홍보팀이 있다.
- 법무팀은 항상 홍보팀 옆에 있다.
- 연구개발팀은 회의실2와 같은 줄에 있다.
- 탕비실은 법무팀 맞은편에 있다.

① B　　② C
③ D　　④ G
⑤ H

09 **제시된 명제가 모두 참일 때, 다음 중 반드시 참인 것은?**

- 철수의 성적은 영희보다 낮고, 수연이보다 높다.
- 영희의 성적은 90점이고, 수연이의 성적은 85점이다.
- 수연이와 윤수의 성적은 같다.

① 철수의 성적은 윤수보다 낮다.
② 철수의 성적은 90점 이상이다.
③ 철수의 성적은 85점 이하이다.
④ 영희의 성적은 수연이보다 낮다.
⑤ 철수의 성적은 85점 초과 90점 미만이다.

10 **8조각의 피자를 A ~ D 4명이 나눠 먹는다고 할 때, 다음 중 참이 아닌 것은?**

- 네 사람 중 피자를 한 조각도 먹지 않은 사람은 없다.
- A는 피자 두 조각을 먹었다.
- 피자를 가장 적게 먹은 사람은 B이다.
- C는 D보다 피자 한 조각을 더 많이 먹었다.

① 피자 한 조각이 남는다.
② 2명이 짝수 조각의 피자를 먹었다.
③ A와 D가 먹은 피자 조각 수는 같다.
④ C가 가장 많은 조각의 피자를 먹었다.
⑤ B는 D보다 피자 한 조각을 덜 먹었다.

11 **운동선수인 A ~ D 4명은 각자 하는 종목이 다르다. 농구를 하는 사람은 늘 진실을 말하고, 축구를 하는 선수는 늘 거짓을 말하며, 야구와 배구를 하는 사람은 진실과 거짓을 1개씩 말한다. 이들이 다음과 같이 진술했을 때, 운동선수와 종목이 바르게 연결된 것은?**

- A : C는 농구를 하고, B는 야구를 한다.
- B : C는 야구, D는 배구를 한다.
- C : A는 농구, D는 배구를 한다.
- D : B는 야구, A는 축구를 한다.

① A – 야구
② A – 배구
③ B – 축구
④ C – 농구
⑤ D – 배구

12 **A ~ E 5명 중 1명만 거짓을 말할 때, 다음 중 항상 참인 것은?(단, 각 층에는 1명만 내린다)**

- A : B는 1층에서 내렸다.
- B : C는 1층에서 내렸다.
- C : D는 적어도 3층에서 내리지 않았다.
- D : A는 4층에서 내렸다.
- E : A는 4층에서 내리고 나는 5층에 내렸다.

① B는 3층에서 내렸다.
② C는 1층에서 내렸다.
③ A는 4층에서 내리지 않았다.
④ A는 D보다 높은 층에서 내렸다.
⑤ C는 B보다 높은 층에서 내렸다.

13 **L박물관에는 발견된 연도가 서로 다른 왕의 유물들이 전시되어 있다. 다음 중 반드시 참인 것은?**

- 왕의 목걸이는 100년 전에 발견되었다.
- 왕의 신발은 목걸이보다 나중에 발견되었다.
- 왕의 초상화는 가장 최근인 10년 전에 발견되었다.
- 왕의 편지는 신발보다 먼저 발견되었고 목걸이보다 나중에 발견되었다.
- 왕의 반지는 30년 전에 발견되어 신발보다 나중에 발견되었다.

① 왕의 편지가 가장 먼저 발견되었다.
② 왕의 신발은 두 번째로 발견되었다.
③ 왕의 반지는 편지보다 먼저 발견되었다.
④ 왕의 편지는 목걸이와 반지보다 나중에 발견되었다.
⑤ 왕의 유물을 발견된 순서대로 나열하면 '목걸이 – 편지 – 신발 – 반지 – 초상화'이다.

14 **L사 직원들은 근무 연수가 1년씩 높아질수록 사용할 수 있는 여름 휴가 일수가 하루씩 늘어난다. L사에 근무하는 A ~ E사원 5명은 각각 서로 다른 해에 입사하였고, 최대 근무 연수는 4년을 넘지 않는다. 이들이 〈조건〉에 따라 올해 여름 휴가를 사용하였을 때, 다음 중 반드시 참인 것은?**

조건

- 올해로 3년 차인 A사원은 여름 휴가로 최대 4일을 사용할 수 있다.
- B사원은 올해 여름 휴가로 5일을 모두 사용하였다.
- C사원이 사용할 수 있는 여름 휴가 일수는 A사원의 여름 휴가 일수보다 짧다.
- 올해 입사한 D사원은 1일을 여름 휴가로 사용할 수 있다.
- E사원의 여름 휴가 일수는 D사원보다 길다.

① B사원의 올해 근무 연수는 4년이다.
② C사원의 올해 근무 연수는 2년이다.
③ E사원은 C사원보다 늦게 입사하였다.
④ 근무한 지 1년이 채 되지 않으면 여름 휴가를 사용할 수 없다.
⑤ 근무 연수가 높은 순서대로 나열하면 'B – A – C – E – D'이다.

15 **회사원 L씨는 건강을 위해 평일에 다양한 영양제를 먹고 있다. 〈조건〉에 따라 요일별로 비타민 B, 비타민 C, 비타민 D, 칼슘, 마그네슘을 하나씩 먹는다고 할 때, 다음 중 반드시 참인 것은?**

조건

- 비타민 C는 월요일에 먹지 않으며, 수요일에도 먹지 않는다.
- 비타민 D는 월요일에 먹지 않으며, 화요일에도 먹지 않는다.
- 비타민 B는 수요일에 먹지 않으며, 목요일에도 먹지 않는다.
- 칼슘은 비타민 C와 비타민 D보다 먼저 먹는다.
- 마그네슘은 비타민 D보다 늦게 먹고, 비타민 B보다는 먼저 먹는다.

① 마그네슘은 수요일에 먹는다.
② 비타민 C는 금요일에 먹는다.
③ 마그네슘은 비타민 C보다 먼저 먹는다.
④ 월요일에는 칼슘, 금요일에는 비타민 B를 먹는다.
⑤ 칼슘은 비타민 C보다 먼저 먹지만, 마그네슘보다는 늦게 먹는다.

16 **L회사 1층의 ㅇㅇ커피숍에서는 모든 음료를 주문할 때마다 음료의 수에 따라 쿠폰에 도장을 찍어주며, 10개의 도장을 모두 채울 경우 1잔의 음료를 무료로 받을 수 있다. A～E사원 5명이 각자 모은 도장 개수와 무료로 받은 음료가 다음과 같을 때, 반드시 참인 것은?(단, 서로 다른 2장의 쿠폰은 1장의 쿠폰으로 합칠 수 있으며, 음료를 무료로 받을 때 쿠폰은 반납해야 한다)**

- A사원은 B사원보다 2개의 도장을 더 모았다.
- C사원은 A사원보다 1개의 도장을 더 모았으나, 무료 음료를 받기엔 2개의 도장이 모자라다.
- D사원은 오늘 무료 음료 1잔을 포함하여 총 3잔을 주문하였다.
- E사원은 D사원보다 6개의 도장을 더 모았다.

① A사원의 쿠폰과 D사원의 쿠폰을 합치면 무료 음료 1잔을 받을 수 있다.
② A사원은 4개의 도장을 더 모아야 무료 음료 1잔을 받을 수 있다.
③ C사원과 E사원이 모은 도장 개수는 서로 같다.
④ D사원이 오늘 모은 도장 개수는 B사원보다 많다.
⑤ 도장을 많이 모은 순서대로 나열하면 'C－E－A－B－D'이다.

17 **L사 기획부 직원 A ~ E 5명이 〈조건〉에 따라 야근을 한다고 할 때, 다음 중 수요일에 야근을 하는 사람은?**

> **조건**
>
> - 사장님이 출근할 때는 모든 사람이 야근을 한다.
> - A가 야근할 때 C도 반드시 해야 한다.
> - 사장님은 월요일과 목요일에 출근을 한다.
> - B는 금요일에 야근을 한다.
> - E는 화요일에 야근을 한다.
> - 수요일에는 1명만 야근을 한다.
> - 월요일부터 금요일까지 1명당 3번 야근한다.

① A ② B

③ C ④ D

⑤ E

18 **김사원이 근무하는 L사는 출근할 때 카드 또는 비밀번호를 입력하여야 한다. 김사원은 카드를 집에 두고 출근하여 비밀번호로 근무지에 출입하려고 하였으나, 비밀번호가 잘 기억이 나지 않아 현재 매우 당혹스럽다. 네 자리 숫자로 구성된 비밀번호에 대하여 다음과 같은 정보가 기억났다면, 비밀번호에 대한 내용으로 참이 아닌 것은?**

> - 비밀번호를 구성하고 있는 각 숫자는 소수가 아니다.
> - 6과 8 중에서 단 하나만이 비밀번호에 들어간다.
> - 비밀번호는 짝수로 시작한다.
> - 비밀번호의 각 숫자는 큰 수부터 차례로 나열되어 있다.
> - 같은 숫자는 두 번 이상 들어가지 않는다.

① 비밀번호는 짝수이다.

② 비밀번호의 앞에서 두 번째 숫자는 4이다.

③ 비밀번호는 1을 포함하지만, 9는 포함하지 않는다.

④ 제시된 정보를 모두 만족하는 비밀번호는 모두 3개이다.

⑤ 제시된 정보를 모두 만족하는 비밀번호 중 가장 작은 수는 6410이다.

19 〈조건〉과 같은 관계에 있는 서로 다른 무게의 공 5개가 있다. 다음 중 공 5개를 무거운 순서대로 나열한 것은?

조건
- 파란공은 가장 무겁지도 않고, 세 번째로 무겁지도 않다.
- 빨간공은 가장 무겁지도 않고, 두 번째로 무겁지도 않다.
- 흰공은 세 번째로 무겁지도 않고, 네 번째로 무겁지도 않다.
- 검은공은 파란공과 빨간공보다는 가볍다.
- 노란공은 파란공보다 무겁고, 흰공보다는 가볍다.

① 흰공 – 빨간공 – 노란공 – 파란공 – 검은공
② 흰공 – 빨간공 – 노란공 – 검은공 – 파란공
③ 흰공 – 노란공 – 검은공 – 빨간공 – 파란공
④ 흰공 – 노란공 – 빨간공 – 파란공 – 검은공
⑤ 흰공 – 노란공 – 빨간공 – 검은공 – 파란공

20 L사는 사무실 리모델링을 하면서 기획조정 1 ~ 3팀과 미래전략 1 ~ 2팀, 홍보팀, 보안팀, 인사팀의 사무실 위치를 변경하였다. 〈조건〉에 따라 사무실 위치를 변경하였을 때, 다음 중 변경된 사무실 위치에 대한 설명으로 옳은 것은?

1실	2실	3실	4실
복도			
5실	6실	7실	8실

조건
- 기획조정 1팀과 미래전략 2팀은 홀수실이며, 복도를 사이에 두고 마주보고 있다.
- 홍보팀은 5실이다.
- 미래전략 2팀과 인사팀은 나란히 있다.
- 보안팀은 홀수실이며, 맞은편 대각선으로 가장 먼 곳에는 인사팀이 있다.
- 기획조정 3팀과 2팀은 한 실을 건너 나란히 있고 2팀이 3팀보다 실 번호가 높다.

① 인사팀은 6실에 위치한다.
② 미래전략 1팀은 7실에 위치한다.
③ 미래전략 2팀과 기획조정 3팀은 같은 라인에 위치한다.
④ 기획조정 1팀은 기획조정 2팀과 기획조정 3팀 사이에 위치한다.
⑤ 홍보팀이 있는 라인에서 가장 높은 번호의 사무실에 위치한 팀은 보안팀이다.

01 다음은 지난해 8대 아이스크림 유통 기업의 매출액에 대한 자료이다. 매출 상위 2개 기업의 매출액의 합이 전체 매출액에서 차지하는 비율은?(단, 소수점 둘째 자리에서 반올림한다)

〈8대 아이스크림 유통 기업 매출액〉

(단위 : 억 원)

구분	매출액	구분	매출액
A기업	432.7	E기업	255.6
B기업	237.6	F기업	360.2
C기업	118.5	G기업	192.7
D기업	305.9	H기업	156.6

① 33.7%
② 35.2%
③ 36.8%
④ 38.5%
⑤ 39.4%

02 다음은 학과별 입학자 및 졸업자 인원 현황에 대한 자료이다. 빈칸에 들어갈 수는?(단, 각 수치는 매년 일정한 규칙으로 변화한다)

〈학과별 입학자 및 졸업자 추이〉

(단위 : 명)

구분	A학과		B학과		C학과	
	입학자	졸업자	입학자	졸업자	입학자	졸업자
2020년	70	57	63	50	52	39
2021년	79	66	65	52	56	43
2022년	90	77	58		60	47
2023년	85	72	60	47	50	37
2024년	95	82	62	49	53	40

① 37
② 45
③ 46
④ 47
⑤ 49

03 다음은 1974 ~ 2024년의 도시 및 농촌 인구수에 대한 자료이다. 이에 대한 설명으로 옳지 않은 것은?

〈1974 ~ 2024년 도시 및 농촌 인구수〉

(단위 : 천 명)

구분	1974년	1984년	1994년	2004년	2014년	2024년
도시	6,816	16,573	32,250	35,802	36,784	33,561
농촌	28,368	18,831	14,596	12,763	12,402	12,415

① 도시 인구수와 농촌 인구수는 1994년에 역전되었다.
② 1974년 농촌 인구수는 도시 인구수의 4배 이상이다.
③ 2014년 대비 2024년의 도시 인구수는 감소하였고, 농촌 인구수는 증가하였다.
④ 조사 연도별 도시 인구수와 농촌 인구수의 합은 1984년부터 2014년까지 꾸준히 증가하였다.
⑤ 1974년 대비 1984년의 도시 인구수는 100% 이상 증가하였고, 농촌 인구수는 25% 미만 감소하였다.

04 다음은 국내 지역별 정신건강 예산 현황에 대한 자료이다. 2023년 대비 2024년 정신건강 예산의 증가액이 큰 순서대로 지역을 바르게 나열한 것은?

〈국내 지역별 정신건강 예산 현황〉

구분	2024년		2023년	
	정신건강 예산(천 원)	인구 1인당 지역사회 정신건강 예산(원)	정신건강 예산(천 원)	인구 1인당 지역사회 정신건강 예산(원)
서울	58,981,416	6,208	53,647,039	5,587
부산	24,205,167	7,275	21,308,849	6,373
대구	12,256,595	5,133	10,602,255	4,382
인천	17,599,138	5,984	12,662,483	4,291
광주	13,479,092	9,397	12,369,203	8,314
대전	14,142,584	9,563	12,740,140	8,492
울산	6,497,177	5,782	5,321,968	4,669
세종	1,515,042	4,129	1,237,124	3,546
제주	5,600,120	8,319	4,062,551	6,062

① 서울 – 세종 – 인천 – 대구 – 제주 – 대전 – 울산 – 광주 – 부산
② 서울 – 인천 – 부산 – 대구 – 제주 – 대전 – 울산 – 광주 – 세종
③ 서울 – 대구 – 인천 – 대전 – 부산 – 세종 – 울산 – 광주 – 제주
④ 서울 – 인천 – 대전 – 부산 – 제주 – 대구 – 울산 – 세종 – 광주
⑤ 서울 – 대구 – 인천 – 세종 – 제주 – 대전 – 울산 – 광주 – 부산

05 다음은 A ~ C철도사의 2022 ~ 2024년 차량 수 및 연간 승차인원에 대한 자료이다. 이에 대한 설명으로 옳지 않은 것은?

〈철도사별 3년간 차량 수 및 승차인원〉

구분	2022년			2023년			2024년		
	A철도사	B철도사	C철도사	A철도사	B철도사	C철도사	A철도사	B철도사	C철도사
차량 수(량)	2,751	103	185	2,731	111	185	2,710	113	185
승차인원(천 명/연)	775,386	26,350	35,650	768,776	24,746	33,130	755,376	23,686	34,179

① C철도사가 운영하는 차량 수는 변동이 없다.
② C철도사의 차량 1량당 연간 승차인원 수는 200천 명 미만이다.
③ 3년간 차량 1량당 연간 평균 승차인원 수는 B철도사가 가장 적다.
④ A ~ C철도사 철도를 이용하는 연간 전체 승차인원 수는 매년 감소하였다.
⑤ 3년간 전체 승차인원 중 A철도사 철도를 이용하는 승차인원의 비율이 가장 높다.

06 다음은 L지역의 2015 ~ 2024년 논 면적 및 20kg당 쌀값 변화 추이에 대한 자료이다. 이에 대한 설명으로 옳지 않은 것은?

〈2015 ~ 2024년 논 면적 및 쌀값 변화 추이〉

(단위 : ha, 원/20kg)

구분	2015년	2016년	2017년	2018년	2019년
논 면적	213	193	187	182	179
20kg당 쌀값	44,000	42,500	37,500	32,000	39,000
구분	2020년	2021년	2022년	2023년	2024년
논 면적	173	169	166	159	155
20kg당 쌀값	45,000	47,000	50,000	57,000	48,500

※ (전체 쌀값)$=\frac{[\text{논 1ha당 수확한 쌀의 무게(kg)}]\times(\text{논 면적})\times(\text{20kg당 쌀값})}{20}$

① 조사 기간 동안 논 면적은 매년 감소하였다.
② 5년 연속으로 20kg당 쌀값이 상승하였던 때가 있다.
③ 논 면적이 가장 많이 감소한 해의 20kg당 쌀값이 가장 비싸다.
④ 2015년의 전체 쌀값과 2020년의 전체 쌀값이 같다면 1ha당 수확한 쌀의 양은 2020년이 더 많다.
⑤ 매년 논 1ha당 수확하는 쌀의 양이 일정하다면 2022년의 전체 쌀값은 2017년의 전체 쌀값보다 비싸다.

07 다음은 L전자에서 최근 5년간 생산한 기계 제품의 원가 정보에 대한 자료이다. 이에 대한 설명으로 옳지 않은 것은?

〈L전자 기계 제품 원가 정보〉

(단위 : 만 원)

구분	2020년	2021년	2022년	2023년	2024년
가격	200	230	215	250	270
재료비	105	107	99	110	115
인건비	55	64	72	85	90
수익	40	59	44	55	65

① 제품의 가격 증가율은 2024년에 가장 크다.
② 제품의 원가에서 인건비는 꾸준히 증가하였다.
③ 2020 ~ 2024년에 재료비와 수익의 증감 추이는 같다.
④ 2023 ~ 2024년에 재료비와 인건비의 증감 추이는 같다.
⑤ 재료비의 상승폭이 가장 큰 해에는 가격의 상승폭도 가장 크다.

08 다음은 연도별 공연예술 행사 추이에 대한 자료이다. 이에 대한 설명으로 옳은 것은?

〈연도별 공연예술 행사 추이〉

(단위 : 건)

구분	2016년	2017년	2018년	2019년	2020년	2021년	2022년	2023년	2024년
양악	2,658	2,658	2,696	3,047	3,193	3,832	3,934	4,168	4,628
국악	617	1,079	1,002	1,146	1,380	1,440	1,884	1,801	2,192
무용	660	626	778	1,080	1,492	1,323	미집계	1,480	1,521
연극	610	482	593	717	1,406	1,113	1,300	1,929	1,794

① 연극 공연건수가 무용 공연건수보다 많아진 것은 2023년부터였다.
② 조사 기간 동안 매년 국악 공연건수가 연극 공연건수보다 더 많았다.
③ 2016년 대비 2024년 공연건수의 증가율이 가장 높은 장르는 국악이다.
④ 2023년 대비 2024년에 공연건수가 가장 많이 증가한 장르는 국악이다.
⑤ 이 기간 동안 매년 양악 공연건수가 국악, 무용, 연극 공연건수의 합보다 더 많았다.

09 다음은 자동차 생산 · 내수 · 수출 현황에 대한 자료이다. 이에 대한 설명으로 옳지 않은 것은?

〈자동차 생산 · 내수 · 수출 현황〉

(단위 : 대, %)

구분		2020년	2021년	2022년	2023년	2024년
생산	차량 대수	4,086,308	3,826,682	3,512,926	4,271,741	4,657,094
	증감률	(6.4)	(▽6.4)	(▽8.2)	(21.6)	(9.0)
내수	차량 대수	1,219,335	1,154,483	1,394,000	1,465,426	1,474,637
	증감률	(4.7)	(▽5.3)	(20.7)	(5.1)	(0.6)
수출	차량 대수	2,847,138	2,683,965	2,148,862	2,772,107	3,151,708
	증감률	(7.5)	(▽5.7)	(▽19.9)	(29.0)	(13.7)

※ 증감률은 전년 대비 증감률을 의미하며, ▽는 감소수치를 나타냄

① 수출이 증가했던 해는 생산과 내수 모두 증가했다.
② 생산이 증가했지만 내수나 수출이 감소한 해가 있다.
③ 내수는 증가했지만 생산과 수출이 모두 감소한 해도 있다.
④ 2020년에는 전년 대비 생산, 내수, 수출이 모두 증가했다.
⑤ 내수가 가장 큰 폭으로 증가한 해에는 생산과 수출이 모두 감소했다.

10 다음은 한국의 물가수준을 기준으로 비교한 연도별 각국의 물가수준에 대한 자료이다. 이에 대한 설명으로 옳지 않은 것은?

〈연도별 각국의 물가수준 비교〉

구분	2020년	2021년	2022년	2023년	2024년
한국	100	100	100	100	100
일본	217	174	145	129	128
프랑스	169	149	127	127	143
캐나다	138	124	126	114	131
미국	142	118	116	106	107
독일	168	149	128	128	139
헝가리	86	85	72	75	91
영국	171	145	127	132	141

※ (해당년도 한국 물가수준)=100

① 영국은 항상 세 번째로 물가가 높은 나라이다.

② 2020～2024년 동안 헝가리의 물가수준은 가장 낮다.

③ 2024년에 한국보다 물가수준이 높은 나라는 6개국이다.

④ 2022년과 2023년에 독일의 물가수준이 같다면, 전년 대비 2023년의 한국과 프랑스의 물가변동률은 같다.

⑤ 2023년과 2024년에 한국의 물가수준이 같다면, 2024년 일본의 물가는 전년에 비해 약간 하락하였다.

11 다음은 국가 및 연도별 주택용 전기요금과 월간 전기사용량에 대한 자료이다. 이에 대한 설명으로 옳지 않은 것은?

〈국가 및 연도별 주택용 전기요금〉

(단위 : 원/kWh)

구분	2022년	2023년	2024년
한국	200	192	187
미국	138	132	128
프랑스	248	246	250
일본	268	278	277

〈국가 및 연도별 월간 주택용 전기사용량〉

(단위 : kWh/가구)

구분	2022년	2023년	2024년
한국	320	335	369
미국	364	378	397
프랑스	355	366	365
일본	362	341	357

※ (가구당 월간 전기요금)=(주택용 전기요금)×(월간 주택용 전기사용량)

① 한국의 2022년 가구당 월간 전기요금이 2023년보다 높다.

② 2023～2024년 한국의 주택용 전기요금과 월간 주택용 전기사용량의 증감 추이는 반대이다.

③ 2023년에 주택용 전기요금이 가장 높은 국가의 같은 해 월간 주택용 전기사용량은 두 번째로 적다.

④ 2022～2024년 주택용 전기요금이 가장 낮은 국가의 주택용 월간 전기사용량은 네 국가 중 가장 많다.

⑤ 프랑스의 2023년 월간 주택용 전기사용량은 같은 해 일본의 월간 주택용 전기사용량보다 5% 이상 더 사용하였다.

12 다음은 우리나라의 시 · 도별 사교육비 및 참여율에 대한 자료이다. 이에 대한 설명으로 옳지 않은 것은?

〈시 · 도별 학생 1인당 월평균 사교육비 및 참여율〉

(단위 : 만 원, %, %p)

구분	사교육비				참여율			
	2023년	전년 대비	2024년	전년 대비	2023년	전년 대비	2024년	전년 대비
전국	24.2	1.1	24.4	1.0	68.6	−0.2	68.8	0.2
서울	33.5	2.1	33.8	0.9	74.4	−0.6	74.2	−0.2
부산	22.7	−0.8	23.4	2.9	65.8	−1.5	67.8	2.0
대구	24.2	0.1	24.4	0.6	70.3	−1.6	71.3	1.0
인천	21.1	1.7	21.3	0.9	65.9	0.6	65.9	−
광주	23.1	−3.3	22.8	−1.4	68.7	−1.1	68.8	0.1
대전	25.7	−0.9	25.4	−1.0	70.5	−2.2	70.2	−0.3
울산	22.2	−1.1	21.9	−1.2	67.6	0.3	69.6	2
세종	18.6	−	19.6	5.6	66.3	−	67.7	1.4
경기	26.0	2.6	26.5	2.0	72.8	0.8	72.3	−0.5
강원	16.7	−3.0	17.1	2.5	60.9	−1.0	62.2	1.3
충북	18.8	−	19.0	1.0	60.7	−1.8	61.6	0.9
충남	18.1	3.9	18.0	−0.5	61.1	0.4	61.1	−
전북	18.3	4.3	18.6	1.8	59.4	−0.5	60.5	1.1
전남	16.4	−2.3	16.5	0.3	58.5	−0.5	59.6	1.1
경북	19.1	1.9	19.0	−0.2	64.5	0.2	64.4	−0.1
경남	20.3	−2.6	20.4	0.7	67.1	−0.2	66.9	−0.2
제주	19.9	1.4	20.1	1.0	63.3	−1.1	64.2	0.9

※ 전년 대비는 사교육비는 증감률, 참여율은 증감 차를 구한 값임
※ '−'는 전년 대비 유지를 의미함

① 서울 · 경기 지역은 2023 ~ 2024년에 모든 항목에서 전국 수치 이상을 보여주고 있다.
② 제시된 기간 동안 전년 대비 사교육비와 참여율의 증감 추이가 동일한 지역은 5곳이다.
③ 2023년 대비 2024년 사교육비가 감소한 지역의 수와 참여율이 감소한 지역의 수는 같다.
④ 2023년 학생 1인당 월평균 사교육비가 가장 높은 지역과 낮은 지역의 차이는 17.1만 원이다.
⑤ 2024년 시 · 도를 통틀어 사교육 참여율이 가장 높은 지역과 낮은 지역의 차이는 14.6%p이다.

13 다음은 15 ~ 24세의 청년이 가장 선호하는 직장에 대한 자료이다. 이에 대한 설명으로 옳지 않은 것은?

〈15 ~ 24세 청년이 가장 선호하는 직장〉

(단위 : %)

구분		국가기관	공기업	대기업	벤처기업	외국계기업	전문직기업	중소기업	해외취업	자영업	기타
성별	남성	32.2	11.1	19.5	5	2.8	11.9	2.9	1.8	11.9	0.9
	여성	34.7	10.9	14.8	1.8	4.5	18.5	2	3.7	7.9	1.2
연령	15 ~ 18세	35.9	8.1	18.4	4.1	3.1	17.2	2.2	2.7	7.1	1.2
	19 ~ 24세	31.7	13.2	16	2.7	4.2	14	2.6	2.8	11.9	0.9
학력	중학교 재학	35.3	10.3	17.6	3.5	3.9	16.5	2	3.1	6.7	1.1
	고등학교 재학	35.9	7.8	18.5	4.3	3	17.5	2.1	2.8	6.8	1.3
	대학교 재학	34.3	14.4	15.9	2.3	5.4	14.6	1.9	3.8	6.5	0.9
	기타	30.4	12.1	16.1	3	3.3	13.5	3.1	2.3	15.3	0.9
가구소득	100만 원 미만	31.9	9.5	18.5	3.9	2.8	15	3	2.5	11.3	1.6
	100 ~ 200만 원 미만	32.6	10.4	19.1	3.5	3.1	14.2	2.6	2.2	11.4	0.9
	200 ~ 300만 원 미만	34.7	11.2	15.9	3.1	3.1	16.1	2.5	2.5	9.8	1.1
	300 ~ 400만 원 미만	36.5	12	15.3	3.6	4	14.5	2.1	3	8.2	0.8
	400 ~ 600만 원 미만	31.9	12	17	2.4	6.4	16.5	1.9	4.6	6.5	0.8
	600만 원 이상	29.1	11.1	15.5	2.8	6.1	18	1.7	3.5	10.5	1.7

① 국가기관은 모든 기준에서 가장 선호하는 직장임을 알 수 있다.
② 가구소득이 많을수록 중소기업을 선호하는 비율은 줄어들고 있다.
③ 학력별 공기업을 선호하는 비중이 가장 높은 학력은 대학교 재학이다.
④ 연령별 세 번째로 선호하는 직장은 15 ~ 18세의 경우와 19 ~ 24세의 경우가 같다.
⑤ 남성과 여성 모두 국가기관에 대한 선호 비율은 공기업에 대한 선호 비율의 3배 이상이다.

14 다음은 유형별 국가지정 등록문화재 현황에 대한 자료이다. 이에 대한 설명으로 옳은 것은?

〈유형별 국가지정 등록문화재 현황〉

(단위 : 건)

구분	지정문화재								등록문화재
	소계	국보	보물	사적	명승	천연기념물	국가무형문화재	국가민속문화재	
합계	3,939	331	2,106	500	110	457	138	297	724
서울	997	164	682	67	3	12	28	41	198
부산	71	5	45	5	2	7	5	2	18
대구	88	3	69	8	0	2	0	6	11
인천	66	1	27	18	1	14	5	0	8
광주	23	2	12	2	1	2	1	3	15
대전	17	1	12	1	0	1	0	2	21
울산	19	2	7	5	0	3	0	2	6
세종	4	0	2	0	0	1	0	1	0
경기	302	11	165	69	4	19	12	22	78
강원	188	11	79	18	25	41	3	11	40
충북	183	12	95	19	10	23	3	21	28
충남	249	27	125	50	3	16	4	24	54
전북	196	8	93	36	6	32	8	13	60
전남	383	21	184	45	19	61	15	38	83
경북	670	52	337	99	15	67	9	91	38
경남	308	11	164	51	12	44	14	12	43
제주	85	0	8	7	9	49	4	8	23
기타	90	0	0	0	0	63	27	0	0

① 문화재가 없는 경우를 제외하고 등록문화재가 가장 적은 행정구역은 인천이다.
② 전남의 국가무형문화재가 전체 국가무형문화재에서 차지하는 비율은 약 15%이다.
③ 지정문화재 중에서 사적이 가장 많은 행정구역은 경북이며, 명승이 가장 많은 행정구역은 전남이다.
④ 서울의 국보가 전체 국보에서 차지하는 비율은 서울의 보물이 전체 보물에서 차지하는 비율보다 작다.
⑤ 기타 행정구역을 제외하고 지정문화재 중 명승이 없는 행정구역 수와 국가무형문화재가 없는 행정구역 수는 같다.

15 다음은 연도별 국민연금 급여수급자 현황에 대한 자료이다. 이에 대한 설명으로 옳지 않은 것은?

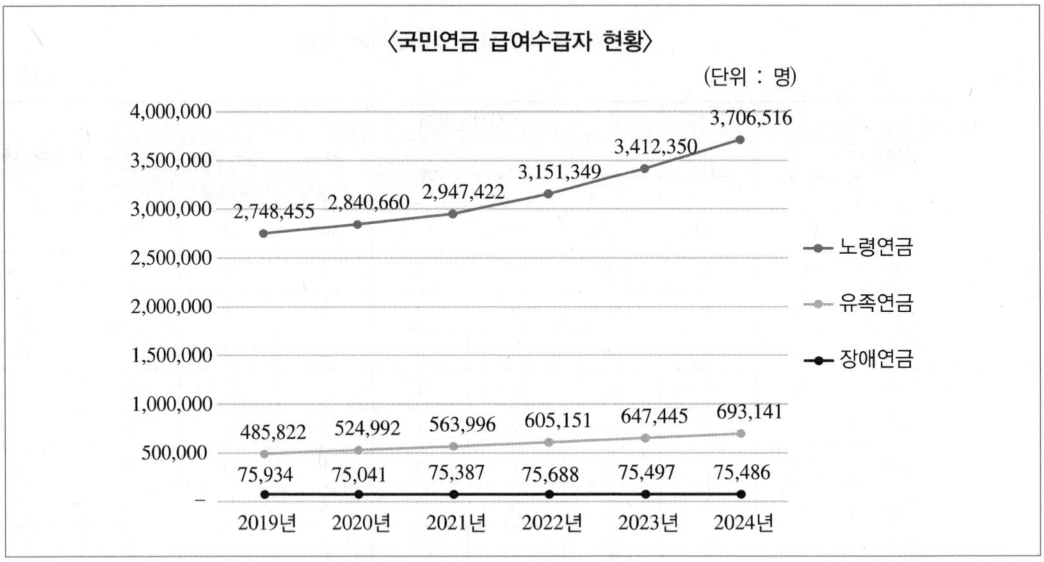

① 2020 ~ 2024년 동안 유족연금 수급자 수는 매년 증가했다.

② 2021년 노령연금 수급자 대비 유족연금 수급자 비율은 20% 미만이다.

③ 노령연금 수급자 대비 유족연금 수급자 비율은 2019년이 2021년보다 높다.

④ 2020 ~ 2024년 동안 장애연금 수급자가 전년 대비 가장 많이 증가한 해는 2021년이다.

⑤ 2019 ~ 2024년 동안 장애연금 수급자와 노령연금 수급자 수가 가장 많이 차이 나는 해는 2024년이다.

16 다음은 지난 10년간 우리나라 일부 품목의 소비자 물가지수에 대한 자료이다. 이에 대한 설명으로 옳지 않은 것은?

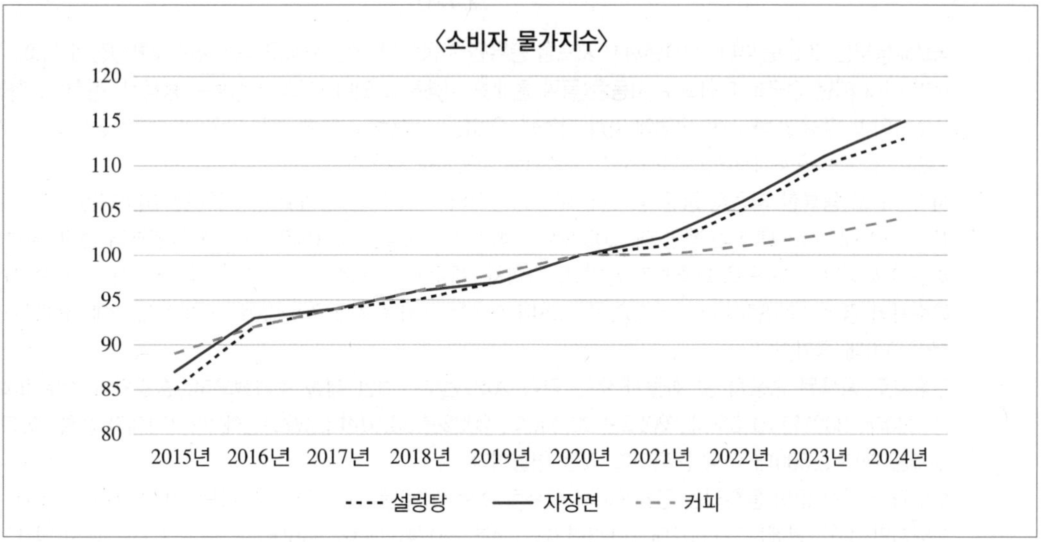

① 2024년 기준 가장 비싼 품목은 자장면이다.

② 자장면은 2020년 대비 최근까지 가격이 가장 많이 오른 음식이다.

③ 설렁탕은 2015년부터 2020년까지 가격이 가장 많이 오른 음식이다.

④ 2020년 대비 2024년은 '자장면, 설렁탕, 커피' 순으로 가격 상승률이 높았다.

⑤ 제시된 모든 품목의 소비자 물가지수는 2020년 물가를 100으로 하여 등락률을 산정했다.

17 다음 보고서의 내용을 보고 그래프로 나타낼 때, 옳지 않은 것은?

〈보고서〉

국토교통부는 2020년부터 2024년까지 시도별 등록된 자동차의 제반 사항을 파악하여 교통행정의 기초자료로 쓰기 위해 매년 전국을 대상으로 자동차 등록 통계를 시행하고 있다. 자동차 종류는 승용차, 승합차, 화물차, 특수차이며, 등록할 때 사용 목적에 따라 자가용, 영업용, 관용차로 분류된다. 그중 관용차는 정부(중앙, 지방) 기관이나 국립 공공기관 등에 소속되어 운행되는 자동차를 말한다.
자가용으로 등록한 자동차 종류 중에서 매년 승용차의 수가 가장 많았으며, 2020년 16.5백만 대, 2021년 17.1백만 대, 2022년 17.6백만 대, 2023년 18백만 대, 2024년 18.1백만 대로 2021년부터 전년 대비 증가하는 추세이다. 다음으로 화물차가 많았고, 승합차, 특수차 순으로 등록 수가 많았다. 가장 등록 수가 적은 특수차의 경우 2020년에 2만 대였고, 2022년까지 4천 대씩 증가했으며, 2023년 3만 대, 2024년에는 전년 대비 700대 증가했다.
관용차로 등록된 승용차 및 화물차 수는 각각 2021년부터 3만 대를 초과했으며, 승합차의 경우 2020년 20,260대, 2021년 21,556대, 2022년 22,540대, 2022년 23,014대, 2024년에 22,954대가 등록되었고, 특수차는 매년 2,500대 이상 등록되고 있는 현황이다.
특수차가 가장 많이 등록되는 영업용에서 특수차 수는 2020년 57,277대, 2021년 59,281대로 6만 대 미만이었지만, 2022년에는 60,902대, 2023년 62,554대, 2024년에 62,946대였으며, 승합차는 매년 약 12.5만 대를 유지하고 있다. 승용차와 화물차는 2021년부터 2023년까지 전년 대비 영업용으로 등록되는 자동차 수가 계속 증가하는 추세이다.

① 자가용으로 등록된 연도별 특수차 수

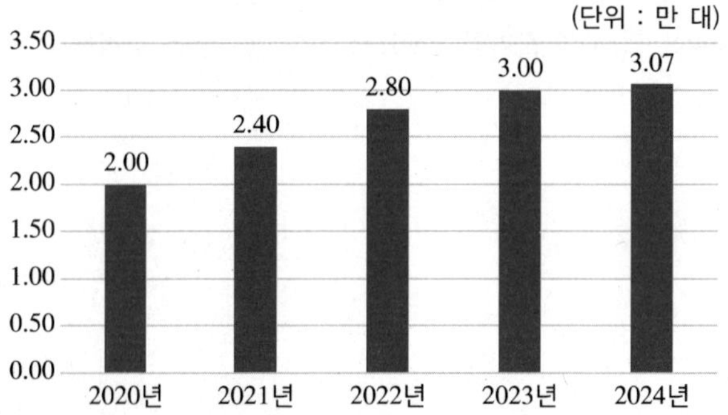

② 자가용으로 등록된 연도별 승용차 수

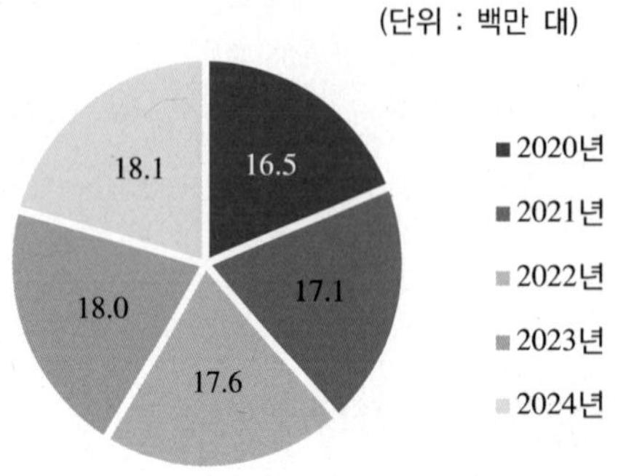

③ 영업용으로 등록된 연도별 특수차 수

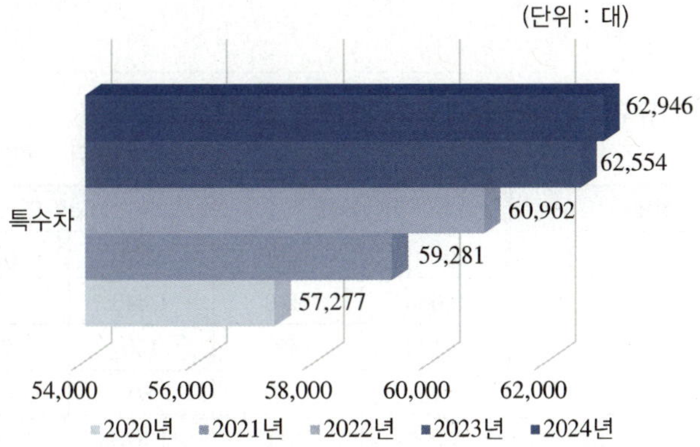

④ 2021 ~ 2024년 영업용으로 등록된 특수차의 전년 대비 증가량

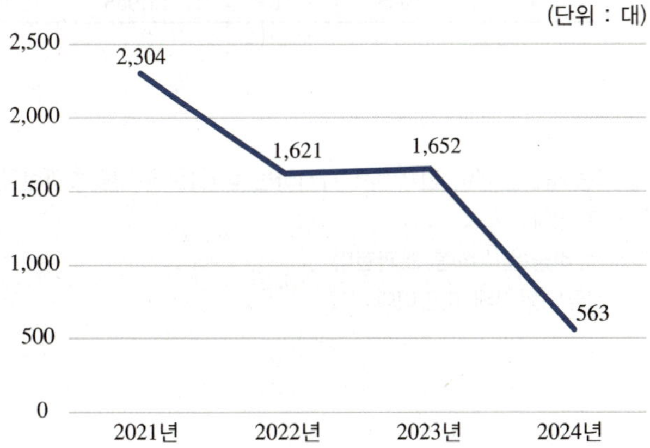

⑤ 관용차로 등록된 연도별 승합차 수

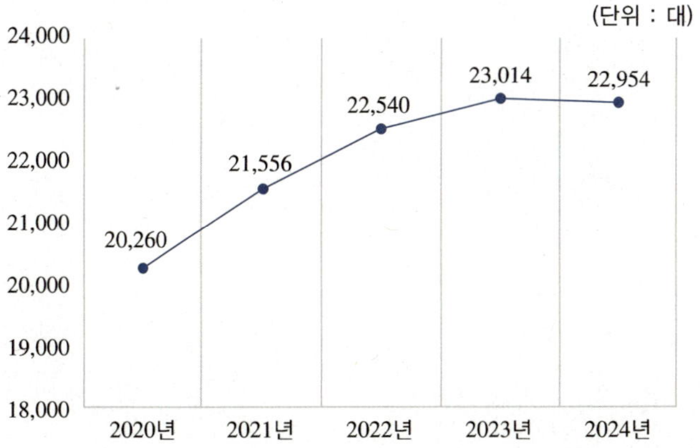

18 다음은 2024년 경제자유구역 입주 사업체 투자재원조달 실태조사에 대한 자료이다. 이에 대한 설명으로 옳은 것을 〈보기〉에서 모두 고르면?

〈2024년 경제자유구역 입주 사업체 투자재원조달 실태조사〉

(단위 : 백만 원, %)

구분		전체		국내투자		해외투자	
		금액	비중	금액	비중	금액	비중
국내재원	자체	4,025	57.2	2,682	52.6	1,343	69.3
	정부	2,288	32.5	2,138	42	150	7.7
	기타	356	5	276	5.4	80	4.2
	소계	6,669	94.7	5,096	100	1,573	81.2
해외재원		365	5.3	0	0	365	18.8
합계		7,034	100	5,096	100	1,938	100

※ (전체)=(국내투자)+(해외투자)

보기

㉠ 자체 재원조달금액 중 국내투자에 사용되는 금액이 전체에서 차지하는 비중은 60%를 초과한다.
㉡ 해외재원은 모두 해외투자에 사용되고 있다.
㉢ 국내재원 중 정부조달금액이 차지하는 비중은 40%를 초과한다.
㉣ 국내재원 중 국내투자금액은 해외투자금액의 3배 미만이다.

① ㉠, ㉡
② ㉠, ㉢
③ ㉡, ㉢
④ ㉡, ㉣
⑤ ㉢, ㉣

19 다음은 주중과 주말 교통상황에 대한 자료이다. 이에 대한 설명으로 옳은 것을 〈보기〉에서 모두 고르면?

〈주중 · 주말 예상 교통량〉

(단위 : 만 대)

구분	전국	수도권 → 지방	지방 → 수도권
주말 예상 교통량	60	5	3
주중 예상 교통량	40	4	2

〈대도시 간 예상 최대 소요시간〉

(단위 : 시간)

구분	서울 – 대전	서울 – 부산	서울 – 광주	서울 – 강릉	남양주 – 양양
주말	2	5	4	3	2
주중	1	4	3	2	1

보기

㉠ 대도시 간 예상 최대 소요시간은 모든 구간에서 주중이 주말보다 적게 걸린다.
㉡ 주중 전국 교통량 중 수도권에서 지방으로 가는 교통량의 비율은 10%이다.
㉢ 지방에서 수도권으로 가는 주말 예상 교통량은 주중 예상 교통량의 2배이다.
㉣ 서울 – 광주 구간 주중 소요시간은 서울 – 강릉 구간 주말 소요시간과 같다.

① ㉠, ㉡
② ㉡, ㉢
③ ㉢, ㉣
④ ㉠, ㉡, ㉣
⑤ ㉡, ㉢, ㉣

20 L공장에서 근무하는 김사원은 A, B작업장에서 발생하는 작업 환경의 유해 요인별 사례 수를 조사한 후 다음과 같이 정리하였다. 이에 대한 설명으로 옳은 것을 〈보기〉에서 모두 고르면?

〈A, B작업장의 작업 환경 유해 요인별 사례 수〉

(단위 : 건)

작업 환경 유해 요인	A작업장	B작업장	합계
소음	3	1	4
분진	1	2	3
진동	3	0	3
바이러스	0	5	5
부자연스러운 자세	5	3	8
합계	12	11	23

※ 물리적 요인 : 소음, 진동, 고열, 조명, 유해광선, 방사선 등
※ 화학적 요인 : 독성, 부식성, 분진, 미스트, 흄, 증기 등
※ 생물학적 요인 : 세균, 곰팡이, 각종 바이러스 등
※ 인간 공학적 요인 : 작업 방법, 작업 자세, 작업 시간, 사용공구 등

보기

㉠ A작업장에서 발생하는 작업 환경 유해 사례는 화학적 요인으로 인해서 가장 많이 발생되었다.
㉡ B작업장에서 발생하는 작업 환경 유해 사례는 생물학적 요인으로 인해서 가장 많이 발생되었다.
㉢ A와 B작업장에서 화학적 요인으로 발생되는 작업 환경의 유해 요인은 집진 장치를 설치하여 예방할 수 있다.

① ㉠
② ㉡
③ ㉠, ㉢
④ ㉡, ㉢
⑤ ㉠, ㉡, ㉢

제4영역 창의수리

01 일정한 규칙으로 수를 나열할 때, 빈칸에 들어갈 알맞은 수는?

0.8　2.0　1.0　2.2　1.1　(　)　1.15

① 2.0
② 2.3
③ 2.6
④ 2.9
⑤ 3.1

02 일정한 속력으로 달리는 기차가 길이 480m인 터널을 완전히 통과하는 데 걸리는 시간이 36초이고, 같은 속력으로 길이 600m인 철교를 완전히 통과하는 데 걸리는 시간이 44초이다. 이때 기차의 속력은?

① 15m/s
② 18m/s
③ 20m/s
④ 24m/s
⑤ 26m/s

03 일정한 규칙으로 수를 나열할 때, 빈칸에 들어갈 알맞은 수는?

$5 \quad \frac{10}{9} \quad \frac{9}{2} \quad \frac{20}{81} \quad (\quad)$

① $\frac{729}{30}$
② $\frac{718}{40}$
③ $\frac{707}{40}$
④ $\frac{729}{40}$
⑤ $\frac{718}{30}$

04 50원, 100원, 500원짜리 동전이 총 14개 있다. 이 동전들의 합이 2,250원일 때, 50원짜리 동전의 개수는?

① 5개
② 6개
③ 7개
④ 8개
⑤ 9개

05 일정한 규칙으로 수를 나열할 때, 빈칸에 들어갈 알맞은 수는?

2 3 8 3 5 243 4 ( ) 256 5 5 3,125

① 2
② 3
③ 4
④ 5
⑤ 6

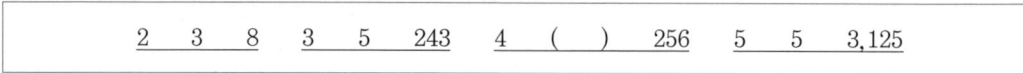

06 어머니와 아버지를 포함한 6명의 가족이 원형 식탁에 둘러앉아 식사를 할 때, 어머니와 아버지가 서로 마주 보고 앉는 경우의 수는?

① 21가지
② 22가지
③ 23가지
④ 24가지
⑤ 25가지

07 일정한 규칙으로 수를 나열할 때, 빈칸에 들어갈 알맞은 수는?

$$\frac{101}{399} \quad \frac{126}{374} \quad (\quad) \quad \frac{221}{279} \quad \frac{284}{216}$$

① $\frac{77}{223}$
② $\frac{67}{312}$
③ $\frac{19}{481}$
④ $\frac{112}{578}$
⑤ $\frac{572}{644}$

08 농도 6%의 소금물 700g에서 한 컵의 소금물을 퍼내고, 퍼낸 양만큼 농도 13%의 소금물을 넣었더니 농도 9%의 소금물이 되었다. 이때 퍼낸 소금물의 양은?

① 300g ② 320g
③ 350g ④ 390g
⑤ 450g

09 일정한 규칙으로 수를 나열할 때, 빈칸에 들어갈 알맞은 수는?

5　15　7　17　9　19　11　21　13　(　)

① 20 ② 21
③ 22 ④ 23
⑤ 24

10 농도가 10%인 설탕물 300g에서 일정량의 물을 증발시켰더니 농도가 30%인 설탕물이 되었다. 증발시킨 물의 양은?

① 50g ② 100g
③ 150g ④ 200g
⑤ 250g

11 L사는 신입사원 연수를 위해 숙소를 배정하려고 한다. 한 숙소에 4명씩 자면 8명이 남고, 5명씩 자면 방이 5개가 남으며 마지막 숙소에는 4명이 자게 된다. 이때 숙소의 수를 a개, 전체 신입사원 수를 b명이라고 한다면 $b-a$의 값은?

① 105 ② 110
③ 115 ④ 120
⑤ 125

12 남학생 4명과 여학생 3명을 원탁에 앉힐 때, 여학생 3명이 이웃해서 앉을 확률은?

① $\frac{1}{5}$ ② $\frac{1}{7}$

③ $\frac{1}{9}$ ④ $\frac{1}{15}$

⑤ $\frac{1}{21}$

13 L사원은 입사 후 저축 계획을 세우려고 한다. L사원의 월급이 270만 원이고 첫 몇 달 동안은 월급의 50%를, 그 후에는 월급의 60%를 저축해서 1년 동안 최소 1,800만 원을 저축하려고 한다. 이때 60%를 저축해야 하는 최소 기간은?

① 6개월 ② 7개월

③ 8개월 ④ 9개월

⑤ 10개월

14 일정한 규칙에 따라 수를 배치할 때, 빈칸에 들어갈 알맞은 수는?

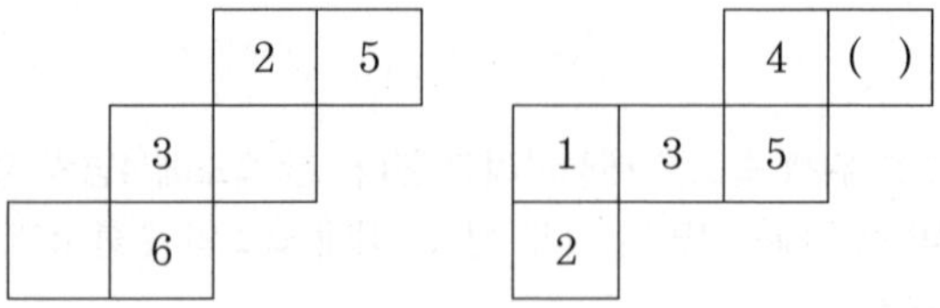

① 2 ② 3

③ 4 ④ 5

⑤ 6

15 일정한 규칙으로 수를 나열할 때, 빈칸에 들어갈 알맞은 수는?

$$\frac{27}{358} \quad \frac{30}{351} \quad \frac{32}{345} \quad \frac{33}{340} \quad (\quad) \quad \frac{32}{333}$$

① $\frac{35}{338}$
② $\frac{34}{338}$
③ $\frac{33}{338}$
④ $\frac{34}{336}$
⑤ $\frac{33}{336}$

16 학교에서 도서관까지 시속 40km로 갈 때와 시속 45km로 갈 때 걸리는 시간이 10분 차이가 난다면, 학교에서 도서관까지의 거리는?

① 50km
② 60km
③ 70km
④ 80km
⑤ 90km

17 A가 정리할 수 있는 운동장의 넓이는 같은 시간 동안 B가 정리할 수 있는 운동장의 넓이의 1.5배이다. A와 B가 100m^2 넓이의 운동장을 5시간 만에 모두 정리하였다면, A가 1시간 동안 정리할 수 있는 면적은?

① 8m^2
② 12m^2
③ 15m^2
④ 18m^2
⑤ 20m^2

18 일정한 규칙으로 수를 나열할 때, 빈칸에 들어갈 알맞은 수는?

2 2 8 −1 3 4 2 3 10 2 4 ( )

① 10
② 11
③ 12
④ 13
⑤ 14

19 어느 공장에서 작년에 A제품과 B제품을 합하여 1,000개를 생산하였다. 올해는 작년에 비하여 A제품의 생산이 10% 증가하고, B제품의 생산은 10% 감소하여 전체 생산량은 4% 증가하였다. 올해에 생산된 A제품의 개수는?

① 550개
② 600개
③ 660개
④ 700개
⑤ 770개

20 미술 전시를 위해 정육면체 모양의 석고 조각의 각 면에 빨강, 주황, 노랑, 초록, 파랑, 검정으로 색을 칠하려고 한다. 가지고 있는 색깔은 남김없이 모두 사용해야 하고, 이웃하는 면에는 같은 색깔을 칠하지 않는다. 회전해서 같아지는 조각끼리는 서로 같은 정육면체라고 할 때, 만들 수 있는 서로 다른 정육면체의 경우의 수는?

① 60가지
② 120가지
③ 180가지
④ 240가지
⑤ 300가지

2일 차
기출응용 모의고사

〈문항 수 및 시험시간〉

LG그룹 온라인 적성검사		
영역	문항 수	시험시간
언어이해	20문항	20분
언어추리	20문항	20분
자료해석	20문항	20분
창의수리	20문항	20분

LG그룹 온라인 적성검사

2일 차 기출응용 모의고사

문항 수 : 80문항
시험시간 : 80분

제 1 영역 언어이해

01 다음 글의 제목으로 가장 적절한 것은?

보건복지부에 따르면 현재 등록 장애인만 250만 명이 넘는다. 여기에 비등록 장애인까지 포함시킨다면 실제 장애인 수는 400만 명에 다다를 것으로 예상된다.
이들 가정은 경제적·사회적 어려움에 봉착해 있을 뿐만 아니라 많은 장애인 자녀들이 부모의 돌봄 없이는 일상생활 유지가 어려운 상황인데, 특히 법적인 부분에서 훨씬 더 문제가 된다. 부모 사망 이후 장애인 자녀가 상속인으로서 제대로 된 권리를 행사하기란 어려울뿐더러 본인도 모르게 유산 상속 포기 절차가 진행되는 경우도 있기 때문이다.
따라서 장애인 자녀의 부모들은 상속 과정에서 자녀들이 부딪힐 문제들에 대해 더 꼼꼼하게 대비해야 할 필요성이 있는데, 이에 해당하는 내용을 크게 두 가지로 살펴볼 수 있다. 자녀의 생활 안정 및 유지를 위한 '장애인 신탁'과 상속 시의 세금 혜택인 '장애인 보험금 비과세'가 그것이다.
먼저 장애인 신탁은 직계존비속이나 일정 범위 내 친족으로부터 재산을 증여받은 장애인이 증여세 신고기한 이내에 신탁회사에 증여받은 재산을 신탁하고, 그 신탁의 이익 전부에 대해 장애인이 수익자가 되면 재산가액 5억 원까지 증여세를 면제해주는 제도이다. 이를 통해 장애인은 생계 유지와 안정적인 자산 이전을 받을 수 있다.
다음으로 장애인 보험금 비과세는 수익자가 장애인 자녀인 보험에 가입한 경우 보험금의 4,000만 원까지는 상속세 및 증여세법에 의해 과세하지 않는 제도이다. 이는 후견인 등이 보험금을 가로챌 수 있는 여지를 차단하기 위해 중도 해지가 불가능하다. 따라서 평생 동안 매월 연금으로 수령할 수 있는 종신형 연금보험을 선택하는 것이 장애인 자녀의 생활 안정에 유리할 것이다.

① 부모 사망 시 장애인 자녀의 유산 상속 과정
② 부모 사망 시 장애인 자녀가 받을 수 있는 혜택
③ 부모 사망 시 장애인 자녀가 직면한 사회적 문제
④ 부모 사망 시 장애인 자녀의 보험 및 증여세 혜택
⑤ 부모 사망 시 장애인 자녀의 생활 안정 및 세금 혜택

02 다음 글의 주제로 가장 적절한 것은?

> 전국의 많은 근대건축물은 그동안 제도적 지원과 보호로부터 배제되고 대중과 소유주의 무관심 등으로 방치되어 왔다. 일부를 제외한 다수의 근대건축물이 철거와 멸실의 위기에 처해 있는 것이 사실이다.
> 국민이 이용하기 편리한 공간으로 용도를 바꾸면서도, 물리적인 본 모습은 유지하려는 노력을 일반적으로 '보전 가치'로 규정한다. 근대건축물의 보전 가치를 높이기 위해서는 자산의 상태를 합리적으로 진단하고, 소유자 및 이용자가 건물을 효율적으로 활용할 수 있도록 지원하는 관리체계가 필수적이다.
> 하지만 지금까지 건축자산의 등록, 진흥계획 수립 등을 통해 관리주체를 공공화 하려는 노력은 있었으나 구체적인 관리 기법이나 모니터링에 대한 고민은 부족했다. 즉, 기초조사를 통해 현황을 파악하고 기본적인 관리를 하는 수준에만 그치고 있었던 것이다. 그중에는 오랜 시간이 지나 기록도 없이 건물만 존재하는 경우가 많다.
> 근대건축물은 현대 건물과는 다른 건축양식과 특성을 지니고 있어 단순 정보의 수집으로는 건물의 현황을 제대로 관리하기가 어렵다. 그렇다면 보전 가치를 높이기 위해서는 어떤 대책이 필요할까?
> 먼저 일반인이 개별 소유하고 있는 건축물의 현황정보를 통합하여 관리하기 위해서는 중립적이고 객관적인 공공의 참여와 지속적인 지원이 전제되어야 한다. 특히, 근대건축물은 현행 건축·도시 관련 법률 등과 관련되어 다양한 민원과 행정업무가 수반되므로 법률 위반과 재정 지원 여부 등을 판단하는 데 있어 객관성과 중립성이 요구된다. 또한 근대건축물 관리는 도시재생, 문화관광 등의 분야에서 개별 사업으로 추진될 가능성이 높아 일원화된 관리기준도 필요하다. 만약 그렇지 못하면 사업이 일회성으로 전개될 우려가 크기 때문이다. 근대건축물이 그 정체성을 유지하고 가치를 증진하기 위해서는 공공이 주축이 된 체계화·선진화된 관리방법론이 요구되는 이유이다.

① 근대건축물의 정의와 종류

② 근대건축물의 가치와 중요성

③ 현시대에 근대건축물이 지니고 있는 문제점

④ 현대 시민에게 요구되는 근대건축물에 대한 태도

⑤ 근대건축물을 공공에 의해 체계적으로 관리해야 하는 이유

※ 다음 글의 내용으로 가장 적절한 것을 고르시오. [3~4]

03

> 인류가 남긴 수많은 미술 작품을 살펴보면 다양한 동물들이 등장하고 있음을 알 수 있다. 미술 작품 속에 등장하는 동물에는 일상에서 흔히 접할 수 있는 개나 고양이, 꾀꼬리 등도 있지만 해태나 봉황 등 인간의 상상에서 나온 동물도 적지 않다.
>
> 미술 작품 속 동물은 그 성격에 따라 나누어 보면 종교적 · 주술적인 동물, 신을 위한 동물, 인간을 위한 동물로 구분할 수 있다. 물론 이 구분은 엄격한 것이 아니므로 서로의 개념을 넘나들기도 하며, 여러 뜻을 동시에 갖기도 한다.
>
> 종교적 · 주술적인 성격의 동물은 가장 오랜 연원을 가진 것으로, 사냥 미술가들의 작품에 등장하거나 신앙을 목적으로 형성된 토템 등에서 확인할 수 있다. 여기에 등장하는 동물들은 대개 초자연적인 강대한 힘을 가지고 인간 세계를 지배하거나 수호하는 신적인 존재이다. 인간의 이지가 발달함에 따라 이들의 신적인 기능은 점차 감소하여, 결국 이들은 인간에게 봉사하는 존재로 전락하고 만다.
>
> 동물은 절대적인 힘을 가진 신의 위엄을 뒷받침하고 신을 도와 치세(治世)의 일부를 분담하기 위해 이용되기도 한다. 이 동물들 역시 현실 이상의 힘을 가지며 신성시되는 것이 보통이지만, 이는 어디까지나 신의 권위를 강조하기 위한 것에 지나지 않는다. 이들은 신에게 봉사하기 위해 많은 동물 중에서 특별히 선택된 것들이다. 그리하여 그 신분에 알맞은 모습으로 조형화되었다.

① 미술 작품 속에는 일상에서 흔히 접할 수 있는 개나 고양이, 꾀꼬리 등이 주로 등장하고, 해태나 봉황 등은 찾아보기 어렵다.

② 미술 작품에 등장하는 동물은 성격에 따라 종교적 · 주술적인 동물, 신을 위한 동물, 인간을 위한 동물로 엄격하게 구분한다.

③ 종교적 · 주술적 성격의 동물은 초자연적인 강대한 힘으로 인간 세계를 지배하거나 수호하는 신적인 존재로 나타난다.

④ 인간의 이지가 발달하며 신적인 기능이 감소한 종교적 · 주술적 동물은 신에게 봉사하는 존재로 전락한다.

⑤ 신의 위엄을 뒷받침하고 신을 도와 치세의 일부를 분담하기 위해 이용되는 동물은 별다른 힘을 지니지 않는다.

04

상업 광고는 기업은 물론이고 소비자에게도 요긴하다. 기업은 마케팅 활동의 주요한 수단으로 광고를 적극적으로 이용하여 기업과 상품의 인지도를 높이려 한다. 소비자는 소비 생활에 필요한 상품의 성능, 가격, 판매 조건 등의 정보를 광고에서 얻으려 한다. 광고를 통해 기업과 소비자가 모두 이익을 얻는다면 이를 규제할 필요는 없을 것이다. 그러나 광고에서 기업과 소비자의 이익이 상충하는 경우도 있고 광고가 사회 전체에 폐해를 낳는 경우도 있어 다양한 규제 방식이 모색되었다.
이때 문제가 된 것은 과연 광고로 인한 피해를 책임질 당사자로서 누구를 상정할 것인가였다. 초기에는 '소비자 책임 부담 원칙'에 따라 광고 정보를 활용한 소비자의 구매 행위에 대해 소비자가 책임을 져야 한다고 보았다. 여기에는 광고 정보가 정직한 것인지와는 상관없이 소비자는 이성적으로 이를 판단하여 구매할 수 있어야 한다는 전제가 있었다. 그래서 기업은 광고에 의존하여 물건을 구매한 소비자가 입은 피해에 대하여 책임을 지지 않았고, 광고의 기만성에 대한 입증 책임도 소비자에게 있었다.
책임 주체로 기업을 상정하여 '기업 책임 부담 원칙'이 부상하게 된 배경은 복합적이다. 시장의 독과점 상황이 광범위해지면서 소비자의 자유로운 선택이 어려워졌고, 상품에 응용된 과학 기술이 복잡해지고 첨단화되면서 상품 정보에 대한 소비자의 정확한 이해도 기대하기 어려워졌다. 또한 다른 상품 광고와의 차별화를 위해 통념에 어긋나는 표현이나 장면도 자주 활용되었다. 그리하여 경제적, 사회·문화적 측면에서 광고로부터 소비자를 보호해야 한다는 당위를 바탕으로 기업이 광고에 대해 책임을 져야 한다는 공감대가 확산되었다.
오늘날 행해지고 있는 여러 광고 규제는 이런 공감대에서 나온 것인데, 이는 크게 보아 법적 규제와 자율 규제로 나눌 수 있다. 구체적인 법 조항을 통해 광고를 규제하는 법적 규제는 광고 또한 사회적 활동의 일환이라는 점에 근거한다. 특히 자본주의 사회에서는 기업이 시장 점유율을 높여 다른 기업과의 경쟁에서 승리하기 위하여 사실에 반하는 광고나 소비자를 현혹하는 광고를 할 가능성이 높다. 법적 규제는 허위 광고나 기만 광고 등을 불공정 경쟁의 수단으로 간주하여 정부 기관이 규제를 가하는 것이다.
자율 규제는 법적 규제에 대한 기업의 대응책으로 등장했다. 법적 규제가 광고의 역기능에 따른 피해를 막기 위한 강제적 조치라면, 자율 규제는 광고의 순기능을 극대화하기 위한 자율적 조치이다. 광고에 대한 기업의 책임감에서 비롯된 자율 규제는 법적 규제를 보완하는 효과가 있다.

① 광고 주체의 자율 규제가 잘 작동될수록 광고에 대한 법적 규제의 역할도 커진다.
② 기업의 이익과 소비자의 이익이 상충하는 정도가 클수록 법적 규제와 자율 규제의 필요성이 약화된다.
③ 시장 독과점 상황이 심각해지면서 기업 책임 부담 원칙이 약화되고 소비자 책임 부담 원칙이 부각되었다.
④ 첨단 기술을 강조한 상품의 광고일수록 소비자가 광고 내용을 정확히 이해하지 못한 채 상품을 구매할 가능성이 커진다.
⑤ 광고의 기만성을 입증할 책임을 소비자에게 돌리는 경우, 그 이유는 소비자에게 이성적 판단 능력이 있다는 전제를 받아들이지 않기 때문이다.

05 다음 글의 논리적 구조로 가장 적절한 것은?

> 자유란 인간의 특성 중의 하나로서 한 개인이 스스로 판단하고 행동하며 그 결과에 대해 책임질 수 있는 능력을 의미한다. 그러한 능력을 극대화하기 위해서는 개인이 사회적인 여러 제약들, 가령 정치적, 경제적 및 문화적 제도나 권위 혹은 억압으로부터 어느 정도의 거리를 유지하지 않으면 안 된다. 그러나 그 거리가 확보되면 될수록 개인은 사회로부터 고립되고 소외당하며 동시에 안정성과 소속감을 위협받을 뿐만 아니라 새로운 도전에 적나라하게 노출될 수밖에 없다. 이와 같이 새롭게 나타난 고독감이나 소외감, 무력감이나 불안감으로부터 벗어나기 위해 '자유로부터의 도피'를 감행하게 된다.

① 원인 – 결과
② 보편 – 특수
③ 일반 – 사례
④ 주장 – 근거
⑤ 사례 – 일반

※ 다음 글의 내용으로 적절하지 않은 것을 고르시오. [6~7]

06

> 한 사회의 소득 분배가 얼마나 불평등한지는 일반적으로 '10분위 분배율'과 '로렌츠 곡선' 등의 척도로 측정된다. 10분위 분배율이란 하위 소득 계층 40%의 소득 점유율을 상위 소득 계층 20%의 소득 점유율로 나눈 비율을 말한다. 이 값은 한 사회의 소득 분배가 얼마나 불평등한지를 나타내는 지표가 되는데, 10분위 분배율의 값이 낮을수록 분배가 불평등함을 의미한다.
> 계층별 소득 분배를 측정하는 다른 지표로는 로렌츠 곡선을 들 수 있다. 로렌츠 곡선은 정사각형의 상자 안에 가로축에는 저소득 계층부터 고소득 계층까지를 차례대로 누적한 인구 비율을, 세로축에는 해당 계층 소득의 누적 점유율을 나타낸 그림이다. 만약 모든 사람이 똑같은 소득을 얻고 있다면 로렌츠 곡선은 대각선과 일치하게 된다. 그러나 대부분의 경우 로렌츠 곡선은 대각선보다 오른쪽 아래에 있는 것이 보통이다. 일반적으로 로렌츠 곡선이 평평하여 대각선에 가까울수록 평등한 소득 분배를, 그리고 많이 구부러져 직각에 가까울수록 불평등한 소득 분배를 나타낸다.

① 로렌츠 곡선과 대각선의 관계를 통해 소득 분배를 알 수 있다.
② 로렌츠 곡선이 많이 구부러져 직각에 가까울수록 불평등한 소득 분배를 나타낸다.
③ 로렌츠 곡선의 가로축을 보면 소득 누적 점유율을, 세로축을 보면 누적 인구 비율을 알 수 있다.
④ 10분위 분배율은 하위 소득 계층 40%와 상위 소득 계층 20%의 소득 점유율을 알아야 계산할 수 있다.
⑤ 하위 소득 계층 40%의 소득 점유율이 작고, 상위 소득 계층 20%의 소득 점유율이 클수록 분배가 불평등하다.

07

> 기업은 많은 이익을 남기길 원하고, 소비자는 좋은 제품을 저렴하게 구매하길 원한다. 그 과정에서 힘이 약한 저개발국가의 농민, 노동자, 생산자들은 무역상품의 가격 결정 과정에 참여하지 못하고, 자신이 재배한 식량과 상품을 매우 싼값에 팔아 겨우 생계를 유지한다. 그 결과 세계 인구의 20% 정도가 우리 돈 약 1,000원으로 하루를 살아가고, 세계 노동자의 40%가 하루 2,000원 정도의 소득으로 살아가고 있다.
> 이러한 무역 거래의 한계를 극복하고, 공평하고 윤리적인 무역 거래를 통해 저개발국가 농민, 노동자, 생산자들이 겪고 있는 빈곤 문제를 해결하기 위해 공정무역이 생겨났다. 공정무역은 기존 관행 무역으로부터 소외당하며 불이익을 받고 있는 생산자와 지속 가능한 파트너십을 통해 공정하게 거래하는 것으로, 생산자들과 공정무역 단체의 직거래를 통한 거래 관계에서부터 단체나 제품 등에 대한 인증시스템까지 모두 포함하는 무역을 의미한다.
> 이와 같은 공정무역은 국제 사회 시민운동의 일환으로, 1946년 미국의 시민단체 '텐사우전드빌리지(Ten Thousand Villages)'가 푸에르토리코의 자수 제품을 구매하고, 1950년대 후반 영국의 '옥스팜(Oxfam)'이 중국 피난민들의 수공예품과 동유럽국가의 수공예품을 팔면서 시작되었다. 이후 1960년대에는 여러 시민단체들이 조직되어 아프리카, 남아메리카, 아시아의 빈곤한 나라에서 본격적으로 활동을 전개하였다. 이 단체들은 가난한 농부와 노동자들이 스스로 조합을 만들어 환경친화적으로 농산물을 생산하도록 교육하고, 이에 필요한 자금 등을 지원했다. 2000년대에는 공정무역이 자본주의의 대안활동으로 여겨지며 급속도로 확산되었고, 공정무역 단체나 회사가 생겨남에 따라 저개발국가 농부들이 생산한 농산물이 공정한 값을 받고 거래되었다. 이러한 과정에서 공정무역은 저개발국 생산자들의 삶을 개선하기 위한 중요한 시장 메커니즘으로 주목을 받게 된 것이다.

① 기존 관행 무역에서는 저개발국가의 농민, 노동자, 생산자들이 무역상품의 가격 결정 과정에 참여하지 못했다.

② 세계 노동자의 40%가 하루 2,000원 정도의 소득으로 살아가며, 세계 인구의 20%는 약 1,000원으로 하루를 살아간다.

③ 공정무역에서는 저개발국가의 생산자들과 지속 가능한 파트너십을 통해 그들을 무역 거래 과정에서 소외시키지 않는다.

④ 공정무역은 1946년 시작되었고, 1960년대 조직된 여러 시민단체들이 본격적으로 활동을 전개하였다.

⑤ 시민단체들은 조합을 만들어 환경친화적인 농산물을 직접 생산하고, 이를 회사에 공정한 값으로 판매하였다.

08 **다음 글의 필자가 주장하는 내용으로 가장 적절한 것은?**

> 우리는 혈연, 지연, 학연 등에 의거한 생활양식 내지 행위원리를 연고주의라 한다. 특히 이에 대해 지극히 부정적인 의미를 부여하며 대부분의 한국병이 연고주의와 직・간접적인 어떤 관련을 갖는 것으로 진단한다. 그러나 여기서 주목할 만한 한 가지 사실은 연고주의가 그 자체로서는 반드시 역기능적인 어떤 것으로 치부될 이유가 없다는 점이다.
> 연고주의는 그 자체로서 비판받아야 할 것이라기보다는 나름의 고유한 가치를 갖는 사회적 자산이다. 이미 공동체적 요인이 청산・해체되어 버리고, 공동체에 대한 기억마저 사라진 서구 선진사회의 사람들은 오히려 삭막하고 황량한 사회생활의 긴장으로부터 해방되기 위해 새로운 형태의 공동체를 모색・시도하고 있다. 그에 비하면 우리의 연고주의는 인간적 온기를 지닌 것으로 그 나름의 가치 있는 삶의 원리가 아닐 수 없다.

① 연고주의는 계속해서 유지하고 보존해야 하는 것이다.
② 오늘날 연고주의에 대해 부정적 의미를 부여하기 쉽다.
③ 연고주의는 인간적 온기를 느끼게 하는 삶의 활력소이다.
④ 연고주의는 반드시 역기능적인 면을 가지는 것은 아니다.
⑤ 연고주의는 그 자체로서 고유한 가치를 갖는 사회적 자산이다.

※ 다음 글을 읽고 추론한 내용으로 가장 적절한 것을 고르시오. [9~10]

09

> 스토리슈머는 이야기를 뜻하는 스토리(Story)와 소비자를 뜻하는 컨슈머(Consumer)가 합쳐져 '이야기를 찾는 소비자'를 지칭하는 말이다. 최근 기업들이 경기불황과 치열한 경쟁 속에서 살아남기 위해 색다른 마케팅 방안을 모색하고 있다. 단순히 이벤트나 제품을 설명하는 기존 방식에서 벗어나 소비자들이 서로 공감하는 이야기로 위로받는 심리를 반영해 마케팅에 활용하는 '스토리슈머 마케팅' 사례가 늘고 있다. 이는 소비자의 구매 요인이 기능에서 감성 중심으로 이동함에 따라 이야기를 소재로 하는 마케팅의 중요성이 늘어난 것을 반영한다. 특히 재미와 감성을 자극하는 콘텐츠 위주로 소비자들 사이에서 자연스럽게 스토리가 공유・확산되도록 유도할 수 있다.

① 모든 소비자는 이야기를 통해 위로받고 싶어 한다.
② 스토리슈머 마케팅은 제품의 기능을 더욱 강조한다.
③ 스토리슈머 마케팅은 기존 마케팅보다 비용이 더 든다.
④ 스토리슈머 마케팅은 재미있는 이야기여야만 마케팅 가치를 가진다.
⑤ 스토리슈머 마케팅은 현재 소비자들의 구매 요인을 파악한 마케팅 방안이다.

10

EU는 1995년부터 철제 다리 덫으로 잡은 동물 모피의 수입을 금지하기로 했다. 모피가 이런 덫으로 잡은 동물의 것인지, 아니면 상대적으로 덜 잔혹한 방법으로 잡은 동물의 것인지 구별하는 것은 불가능하다. 그렇기 때문에 EU는 철제 다리 덫 사용을 금지하는 나라의 모피만 수입하기로 결정했다. 이런 수입 금지 조치에 대해 미국, 캐나다, 러시아는 WTO에 제소하겠다고 위협했다. 결국 EU는 WTO가 내릴 결정을 예상하여 철제 다리 덫으로 잡은 동물의 모피를 계속 수입하도록 허용했다.
또한 1998년부터 EU는 화장품 실험에 동물을 이용하는 것을 금지했을 뿐만 아니라, 동물실험을 거친 화장품의 판매조차 금지하는 법령을 채택했다. 그러나 동물실험을 거친 화장품의 판매 금지는 WTO 규정 위반이 될 것이라는 유엔의 권고를 받았다. 결국 EU의 판매 금지는 실행되지 못했다.
한편 그 외에도 EU는 성장 촉진 호르몬이 투여된 쇠고기의 판매 금지 조치를 시행하기도 했다. 동물복지를 옹호하는 단체들이 소의 건강에 미치는 영향을 우려해 호르몬 투여 금지를 요구했지만, EU가 쇠고기 판매를 금지한 것은 주로 사람의 건강에 대한 염려 때문이었다. 미국은 이러한 판매 금지 조치에 반대하며 EU를 WTO에 제소했고, 결국 WTO 분쟁패널로부터 호르몬 사용이 사람의 건강을 위협한다고 믿을 만한 충분한 과학적 근거가 없다는 판정을 이끌어 내는 데 성공했다. EU는 항소했다. 그러나 WTO의 상소 기구는 미국의 손을 들어주었다. 그럼에도 불구하고 EU는 금지 조치를 철회하지 않았다. 이에 미국은 1억 1,600만 달러에 해당하는 EU의 농업 생산물에 100% 관세를 물리는 보복 조치를 발동했고 WTO는 이를 승인했다.

① EU는 환경의 문제를 통상 조건에서 최우선적으로 고려한다.
② WTO는 WTO 상소 기구의 결정에 불복하는 경우 적극적인 제재 조치를 취한다.
③ WTO는 사람의 건강에 대한 위협을 방지하는 것보다 국가 간 통상의 자유를 더 존중한다.
④ WTO는 제품의 생산 과정에서 동물의 권리를 침해한다는 이유로 해당 제품 수입을 금지하는 것을 허용하지 않는다.
⑤ WTO 규정에 의하면 각 국가는 타국의 환경, 보건, 사회 정책 등이 자국과 다르다는 이유로 타국의 특정 제품의 수입을 금지할 수 있다.

※ 다음 글을 읽고 추론한 내용으로 적절하지 않은 것을 고르시오. **[11~12]**

11

> 제약 연구원이란 제약 회사에서 약을 만드는 과정에 참여하는 사람을 말한다. 제약 연구원은 이러한 모든 단계에 참여하지만, 특히 신약 개발 단계와 임상 시험 단계에서 가장 중점적인 역할을 한다. 일반적으로 약을 만드는 과정은 새로운 약품을 개발하는 신약 개발 단계, 임상 시험을 통해 개발된 신약의 약효를 확인하는 임상 시험 단계, 식약처에 신약이 판매될 수 있도록 허가를 요청하는 약품 허가 요청 단계, 마지막으로 의료진과 환자를 대상으로 신약에 대해 홍보하는 영업 및 마케팅의 단계로 나눈다.
> 제약 연구원이 되기 위해서는 일반적으로 약학을 전공해야 한다고 생각하기 쉽지만, 약학 전공자 이외에도 생명 공학, 화학 공학, 유전 공학 전공자들이 제약 연구원으로 활발하게 참여하고 있다. 만일 신약 개발의 전문가가 되고 싶다면 해당 분야에서 오랫동안 연구한 경험이 필요하기 때문에 대학원에서 석사나 박사 학위를 취득하는 것이 유리하다.
> 제약 연구원이 되기 위해서는 전문적인 지식도 중요하지만, 사람의 생명과 관련된 일인 만큼 무엇보다도 꼼꼼함과 신중함, 책임 의식이 필요하다. 또한 제약 회사라는 공동체 안에서 일을 하는 것이므로 원만한 일의 진행을 위해서 의사소통 능력도 필수적으로 요구된다. 오늘날 제약 분야가 빠르게 성장하고 있다는 점을 고려할 때, 일에 대한 도전 의식, 호기심과 탐구심 등도 제약 연구원에게 필요한 능력으로 꼽을 수 있다.

① 제약 연구원은 약품 허가 요청 단계에 참여한다.

② 오늘날 제약 연구원에게 요구되는 능력이 많아졌다.

③ 생명이나 유전 공학 전공자도 제약 연구원으로 일할 수 있다.

④ 신약 개발 전문가가 되려면 반드시 석사나 박사를 취득해야 한다.

⑤ 제약 연구원과 관련된 정보가 부족하다면 약학을 전공해야만 제약 연구원이 될 수 있다고 생각할 수 있다.

12

‘정보 파놉티콘(Panopticon)’은 사람에 대한 직접적 통제와 규율에 정보 수집이 합쳐진 것이다. 정보 파놉티콘에서의 ‘정보’는 벤담의 파놉티콘에서의 시선(視線)을 대신하여 규율과 통제의 메커니즘으로 작동한다. 작업장에서 노동자들을 통제하고 이들에게 규율을 강제한 메커니즘은 시선에서 정보로 진화했다. 19세기에는 사진 기술을 이용하여 범죄자 프로파일링을 했는데, 이 기술이 20세기의 폐쇄회로 텔레비전이나 비디오 카메라와 결합한 통계학으로 이어진 것도 그러한 맥락에서 이해할 수 있다. 더 극단적인 예를 들자면, 미국은 발목에 채우는 전자기기를 이용하여 죄수를 자신의 집 안과 같은 제한된 공간에 가두어 감시하면서 교화하는 프로그램을 운용하고 있다. 이 경우 개인의 집이 교도소로 변하고 국가가 관장하던 감시가 기업이 판매하는 전자기기로 대체됨으로써 전자기술이 파놉티콘에서의 간수의 시선을 대신한다.
컴퓨터나 전자기기를 통해 얻은 정보가 간수의 시선을 대체했지만 벤담의 파놉티콘에 갇힌 죄수가 자신이 감시를 당하는지 아닌지를 모르듯이 정보 파놉티콘에 노출된 사람들 또한 자신의 행동이 국가나 직장의 상관에 의해 열람될지의 여부를 확신할 수 없다. “그들이 감시당하는지 모를 때도 우리가 그들을 감시하고 있다고 생각하도록 만든다.”라고 한 관료가 논평했는데, 이는 파놉티콘과 전자 감시의 유사성을 뚜렷하게 보여준다.
전자 감시는 파놉티콘의 감시 능력을 전 사회로 확장했다. 무엇보다 시선에는 한계가 있지만 컴퓨터를 통한 정보 수집은 국가적이고 전 지구적이기 때문이다. “컴퓨터화된 정보 시스템이 작은 지역 단위에서만 효과적으로 작동했을 파놉티콘을 근대 국가에 의한 일상적인 대규모 검열로 바꾸었는가?”라고 한 정보사회학자 롭 클링은 시선의 국소성과 정보의 보편성 사이의 차이를 염두에 두고 있었다. 철학자 들뢰즈는 이러한 인식을 한 단계 더 높은 차원으로 일반화하여 지금 우리가 살고 있는 사회는 푸코의 규율 사회를 벗어난 새로운 통제 사회라고 주장했다.
그에 의하면 규율 사회는 증기 기관과 공장이 지배하고 요란한 구호에 의해 통제되는 사회이지만, 통제 사회는 컴퓨터와 기업이 지배하고 숫자와 코드에 의해 통제되는 사회이다.

① 정보 파놉티콘은 기술이 발달할수록 더욱 정교해질 것이다.
② 정보 파놉티콘은 범죄자만 감시 대상에 해당하는 것이 아니다.
③ 정보 파놉티콘이 종국에는 감시 체계 자체를 소멸시킬 것이다.
④ 정보 파놉티콘은 교정 시설의 체계를 효율적으로 바꿀 수 있다.
⑤ 정보 파놉티콘이 발달할수록 개인의 사생활은 보장될 수 없을 것이다.

※ 다음 제시된 문장을 논리적 순서대로 바르게 나열한 것을 고르시오. **[13~14]**

13

(가) 창은 소리꾼이 가락에 맞추어 부르는 노랫소리이며, 아니리는 창을 하는 중간마다 소리꾼이 가락을 붙이지 않고 이야기하듯 엮어 나가는 사설을 일컫는다.
(나) 고수는 북으로 장단을 맞추어 줄 뿐만 아니라 '얼쑤', '좋구나'와 같은 추임새를 넣어 흥을 돋우는 중요한 역할을 한다.
(다) '창', '아니리', '발림'은 흔히 판소리의 3요소로 불린다.
(라) 그리고 발림은 소리의 극적인 전개를 돕기 위하여 소리꾼이 몸짓이나 손짓으로 하는 동작을 의미한다.
(마) 또한 판소리 공연에는 소리꾼뿐만 아니라 북을 치는 사람인 고수가 있어야 한다.

① (가) – (다) – (나) – (라) – (마)
② (가) – (다) – (라) – (나) – (마)
③ (나) – (다) – (라) – (마) – (가)
④ (다) – (가) – (라) – (마) – (나)
⑤ (다) – (라) – (가) – (마) – (나)

14

(가) 이는 말레이 민족 위주의 우월적 민족주의 경향이 생기면서 문화적 다원성을 확보하는 데 뒤처진 경험을 갖고 있는 말레이시아의 경우와 대비되기도 한다.
(나) 지금과 같은 세계화 시대에 다원주의적 문화 정체성은 반드시 필요한 것이기 때문에 이러한 점은 긍정적이다.
(다) 영어 공용화 국가의 상황을 긍정적 측면에서 본다면, 영어 공용화 실시는 인종 중심적 문화로부터 탈피하여 다원주의적 문화 정체성을 수립하는 계기가 될 수 있다.
(라) 그러나 영어 공용화 국가는 모두 다민족 다언어 국가이기 때문에 한국과 같은 단일 민족 단일 모국어 국가와는 처한 환경이 많이 다르다.
(마) 특히, 싱가포르인들은 영어를 통해 국가적 통합을 이룰 뿐만 아니라 다양한 민족어를 수용함으로써 문화적 다원성을 일찍부터 체득할 수 있는 기회를 얻고 있다.

① (나) – (라) – (다) – (가) – (마)
② (나) – (마) – (라) – (가) – (다)
③ (다) – (나) – (가) – (마) – (라)
④ (다) – (나) – (마) – (가) – (라)
⑤ (다) – (마) – (나) – (라) – (가)

※ 다음 글의 빈칸에 들어갈 내용으로 가장 적절한 것을 고르시오. [15~16]

15

아리스토텔레스는 인간이 그 스스로 결정하는 일에 참여할 뿐만 아니라 그런 기회를 실제로 가짐으로써 비로소 결정하는 법을 배우게 되는 사회적 동물이라고 했다. 따라서 도덕적 결정을 어떻게 하는지 알기 위해서는 ______________________________ 훌륭한 시민은 태어나는 것이 아니다. 사회 교육적으로 만들어지는 것이다. 그리스 도시는 그리스 청소년에게 전인격적 인간을 만들어 주는 사회 교육의 장이었으며 문명의 장이었던 것이다. 물론 도시를 학교화시키는 그리스의 사회 교육적 노력은 궁극적으로는 소수 시민이나 정치적 지배자를 양성하기 위한 정치 교육적 노력이었다는 점은 비판되어야 하지만, 사회가 교실이라는 논리만큼은 현대의 산업 사회에서도 적용될 수 있다고 판단된다.

① 그와 관계되는 교육적 프로그램을 다양하게 개발해야 한다.
② 그런 일에 직접 참여해 보는 경험보다 더 중요한 것은 없다.
③ 그 방면의 권위자의 견해를 학습하는 것이 선행되어야 한다.
④ 그와 관계되는 적절한 학습 동기를 부여하는 것이 중요하다.
⑤ 우선 사회와 개인에 대한 깊은 이해가 선행되어야 할 것이다.

16

어느 시대든 사람들은 원인이 무엇인지 알고 있다고 믿었다. 사람들은 그런 앎을 어디서 얻는가? 원인을 안다고 믿는 사람들의 믿음은 어디서 생기는 것일까?
새로운 것, 체험되지 않은 것, 낯선 것은 원인이 될 수 없다. 알려지지 않은 것에서는 위험, 불안정, 걱정, 공포감이 뒤따르기 때문이다. 우리 마음의 불안한 상태를 없애고자 한다면 우리는 알려지지 않은 것을 알려진 것으로 환원해야 한다. 이러한 환원은 우리 마음을 편하게 해주고 안심시키며 만족을 느끼게 한다. 이 때문에 우리는 이미 알려진 것, 체험된 것, 기억에 각인된 것을 원인으로 설정하게 된다. '왜?'라는 물음의 답으로 나온 것은 그것이 진짜 원인이기 때문에 우리에게 떠오른 것이 아니다. 그것이 우리에게 떠오른 것은 그것이 우리를 안정시켜주고 성가신 것을 없애주며 무겁고 불편한 마음을 가볍게 해주기 때문이다. 따라서 원인을 찾으려는 우리의 본능은 위험, 불안정, 걱정, 공포감 등에 의해 촉발되고 자극받는다.
우리는 '설명이 없는 것보다 설명이 있는 것이 언제나 더 낫다.'고 믿는다. 우리는 특별한 유형의 원인만을 써서 설명을 만들어 낸다. ______________________________ 그래서 특정 유형의 설명만이 점점 더 우세해지고, 그러한 설명들이 하나의 체계로 모아져 결국 그런 설명이 우리의 사고방식을 지배하게 된다. 기업인은 즉시 이윤을 생각하고, 기독교인은 즉시 원죄를 생각하며, 소녀는 즉시 사랑을 생각한다.

① 이것은 우리의 호기심과 모험심을 자극한다.
② 이것은 인과관계에 대한 우리의 지식을 확장시킨다.
③ 이것은 우리가 왜 불안한 심리 상태에 있는지를 설명해 준다.
④ 이것은 낯설고 체험하지 않았다는 느낌을 가장 빠르고 가장 쉽게 제거해 버린다.
⑤ 이것은 새롭고 낯선 것에서 원인을 발견하려는 우리의 본래 태도를 점차 약화시키고 오히려 그 반대의 태도를 우리의 습관으로 굳어지게 한다.

17 다음 글을 읽고 인조를 비판할 수 있는 내용으로 적절하지 않은 것은?

> 1636년(인조 14년) 4월 국세를 확장한 후금의 홍타이지(태종)는 스스로 황제라 칭하며 국호는 청으로, 수도는 심양으로 정하였다. 심양으로의 천도는 명나라를 완전히 압박하여 중원 장악의 기틀을 마련하기 위함이었다. 후금은 명 정벌에 앞서 그 배후가 될 수 있는 조선을 확실히 장악하기 위해 조선에 군신관계를 맺을 것도 요구해 왔다. 이러한 청 태종의 요구는 인조와 조선 조정을 격분시켰다.
> 결국 강화회담의 성립으로 전쟁은 종료되었지만, 정묘호란 이후에도 후금에 대한 강경책의 목소리가 높았다. 1627년 정묘호란을 겪으면서 맺은 형제관계조차도 무효로 하고자 하는 상황에서 청 태종을 황제로 섬길 것을 요구하는 무례에 분노했던 것이다. 이제껏 오랑캐라고 무시했던 후금을 명나라와 동등하게 대우하여야 한다는 조처는 인조와 서인 정권의 생리에 절대 맞지가 않았다. 특히 후금이 통사적인 조건의 10배가 넘는 무역을 요구해 오자 인조의 분노는 폭발하였다.
> 전쟁의 여운이 어느 정도 사라진 1634년 인조는 "이기고 짐은 병가의 상사이다. 금나라 사람이 강하긴 하지만 싸울 때마다 반드시 이기지는 못할 것이며, 아군이 약하지만 싸울 때마다 반드시 패하지도 않을 것이다. 옛말에 '의지가 있는 용사는 목이 떨어질 각오를 한다.'고 하였고, 또 '군사가 교만하면 패한다.'고 하였다. 오늘날 무사들이 만약 자신을 잊고 순국한다면 이 교만한 오랑캐를 무찌르기는 어려운 일이 아니다."는 하교를 내리면서 전쟁을 결코 피하지 않을 것임을 선언하였다. 조선은 또다시 전시 체제에 돌입했다.
> 신흥강국 후금에 대한 현실적인 힘을 무시하고 의리와 명분을 고집한 집권층의 닫힌 의식은 스스로 병란을 자초한 꼴이 되었다. 정묘호란 때 그렇게 당했으면서도 내부의 국방력에 대한 철저한 점검이 없이 맞불 작전으로 후금에 맞서는 최악의 길을 택한 것이다.

① 후금은 전쟁을 피해야 할 북방의 최고 강자로 성장한 나라입니다.
② 그들의 요구를 물리친다면 승산 없는 전쟁으로 결과는 불 보듯 뻔합니다.
③ 명분만 내세워 준비 없이 수행하는 전쟁은 더 큰 피해를 입게 될 것입니다.
④ 감정 따로 현실 따로인 법, 힘과 국력이 문제입니다. 현실을 직시해야 합니다.
⑤ 오랑캐의 나라인 후금을 명나라와 동등하게 대우한다는 것은 있을 수 없습니다.

18 다음 글을 〈보기〉의 입장에서 비판하는 내용으로 가장 적절한 것은?

> 로봇의 발달로 일자리가 줄어들 것이라는 사람들의 불안이 커지면서 최근 로봇세(Robot稅) 도입에 대한 논의가 활발하다. 로봇세는 로봇을 사용해 이익을 얻는 기업이나 개인에 부과하는 세금이다. 로봇으로 인해 일자리를 잃은 사람들을 지원하거나 사회 안전망을 구축하기 위해 예산을 마련하자는 것이 로봇세 도입의 목적이다. 이처럼 로봇의 사용으로 일자리가 감소할 것이라는 이유로 로봇세의 필요성이 제기되었지만, 역사적으로 볼 때 새로운 기술로 인해 전체 일자리는 줄지 않았다. 산업혁명을 거치면서 새로운 기술에 대한 걱정은 늘 존재했지만, 산업 전반에서 일자리는 오히려 증가해 왔다는 점이 이를 뒷받침한다. 따라서 로봇의 사용으로 일자리가 줄어들 가능성은 낮다.
>
> 우리는 로봇 덕분에 어렵고 위험한 일이나 반복적인 일로부터 벗어나고 있다. 로봇 사용의 증가 추세에서 알 수 있듯이 로봇 기술이 인간의 삶을 편하게 만들어 주는 것은 틀림이 없다. 로봇세의 도입으로 이러한 편안한 삶이 지연되지 않기를 바란다.

> **보기**
>
> 로봇 기술의 발전에 따라 로봇의 생산 능력이 비약적으로 향상되고 있다. 이는 로봇 하나당 대체할 수 있는 인간 노동자의 수도 지속적으로 증가함을 의미한다. 로봇 사용이 사회 전반에 빠르게 확산되는 현실을 고려할 때, 로봇 사용으로 인한 일자리 대체 규모가 기하급수적으로 커질 것이다.

① 산업혁명의 경우와 같이 로봇의 생산성 증가는 인간의 새로운 일자리를 만드는 데 기여할 것이다.

② 로봇세를 도입해 기업이 로봇의 생산성 향상에 기여하도록 해야 인간의 일자리 감소를 막을 수 있다.

③ 로봇 사용으로 밀려날 수 있는 인간 노동자의 생산 능력을 향상시키기 위한 제도적 지원 방안을 마련해야 한다.

④ 로봇의 생산 능력에 대한 고려 없이 과거 사례만으로 일자리가 감소하지 않을 것이라고 보는 것은 성급한 판단이다.

⑤ 로봇 기술의 발달을 통해 일자리를 늘리려면 지속적으로 일자리가 늘었던 산업혁명의 경험에서 대안을 찾아야 한다.

19 다음 글을 통해 알 수 있는 내용으로 적절하지 않은 것은?

> 사물인터넷이 산업 현장에 적용되고 디지털 관련 도구가 통합됨에 따라 일관된 전력 시스템의 필요성이 높아지고 있다. 다양한 산업 시설 및 업무 현장에서의 예기치 못한 정전이나 낙뢰 등 급격한 전원 환경의 변화는 큰 손실과 피해로 이어질 수 있다. 이제 전원 보호는 데이터센터뿐만 아니라 반도체, 석유, 화학 및 기계 등 모든 분야에서 필수적인 존재가 되었다.
> UPS(Uninterruptible Power Supply, 무정전 전원 장치)는 일종의 전원 저장소로, 갑작스럽게 정전이 발생하더라도 전원이 끊기지 않고 계속해서 공급되도록 하는 장치이다. 갑작스러운 전원 환경의 변화로부터 기업의 핵심 인프라인 서버를 보호함으로써 기업의 연속성 유지에 도움을 준다.
> UPS를 구매할 때는 용량을 우선적으로 고려해야 한다. 너무 적은 용량의 UPS를 구입하면 용량이 초과되어 제대로 작동조차 하지 않는 상황이 나타날 수 있다. 따라서 설비에 필요한 용량의 1.5배 정도인 UPS를 구입해야 한다.
> 또한 UPS 사용 시에는 주기적인 점검이 필요하다. 특히 실질적으로 에너지를 저장하고 있는 배터리는 일정 시점마다 교체가 필요하다. 일반적으로 UPS에 사용되는 MF배터리의 수명은 1년 정도로, 납산배터리 특성상 방전 사이클을 돌 때마다 용량이 급감하기 때문이다.

① UPS의 역할
② UPS의 필요성
③ UPS 구매 시 고려사항
④ UPS 배터리 교체 주기
⑤ UPS 배터리 교체 방법

20 다음 중 (가)와 (나)의 예시로 적절하지 않은 것은?

> 사회적 관계에 있어서 상호주의란 '행위자 갑이 을에게 베푼 바와 같이 을도 갑에게 똑같이 행하라.'라는 행위 준칙을 의미한다. 상호주의 원형은 '눈에는 눈, 이에는 이'로 표현되는 탈리오의 법칙에서 발견된다. 그것은 일견 피해자의 손실에 상응하는 가해자의 처벌을 정당화한다는 점에서 가혹하고 엄격한 성격을 드러낸다. 만약 상대방의 밥그릇을 빼앗았다면 자신의 밥그릇도 미련 없이 내주어야 하는 것이다. 그러나 탈리오 법칙은 온건하고도 합리적인 속성을 동시에 함축하고 있다. 왜냐하면 누가 자신의 밥그릇을 발로 찼을 경우 보복의 대상은 밥그릇으로 제한되어야지 밥상 전체를 뒤엎는 것으로 확대될 수 없기 때문이다. 이러한 일대일 방식의 상호주의를 (가) <u>대칭적 상호주의</u>라 부른다. 하지만 엄밀한 의미의 대칭적 상호주의는 우리의 실제 일상생활에서 별로 흔하지 않다. 오히려 '되로 주고 말로 받거나, 말로 주고 되로 받는' 교환 관계가 더 일반적이다. 이를 대칭적 상호주의와 대비하여 (나) <u>비대칭적 상호주의</u>라 일컫는다.
>
> 그렇다면 교환되는 내용이 양과 질의 측면에서 정확한 대등성을 결여하고 있음에도 불구하고 교환에 참여하는 당사자들 사이에 비대칭적 상호주의가 성행하는 이유는 무엇인가? 그것은 셈에 밝은 이른바 '경제적 인간(Homo Economicus)'들에게 있어서 선호나 기호 및 자원이 다양하기 때문이다. 말하자면 교환에 임하는 행위자들이 각인각색인 까닭에 비대칭적 상호주의가 현실적으로 통용될 수밖에 없으며, 어떤 의미에서는 그것만이 그들에게 상호 이익을 보장할 수 있는 것이다.

① (가) – 오늘 우리 아이를 옆집에서 맡아주는 대신 다음에 옆집 아이를 하루 맡아주기로 했다.
② (가) – A국과 B국 군대는 접경지역에서 포로를 5명씩 맞교환했다.
③ (가) – 동생이 내 발을 밟아서 볼을 꼬집어주었다.
④ (나) – 필기노트를 빌려준 친구에게 고맙다고 밥을 샀다.
⑤ (나) – 옆집 사람이 우리집 대문을 막고 차를 세웠기에 타이어에 펑크를 냈다.

제2영역 언어추리

※ 제시된 명제가 모두 참일 때, 빈칸에 들어갈 명제로 가장 적절한 것을 고르시오. [1~2]

01

- 날씨가 좋으면 야외활동을 한다.
- 날씨가 좋지 않으면 행복하지 않다.
- ____________________

① 날씨가 좋으면 행복한 것이다.
② 야외활동을 하면 날씨가 좋은 것이다.
③ 야외활동을 하지 않으면 행복하지 않다.
④ 행복하지 않으면 날씨가 좋지 않은 것이다.
⑤ 날씨가 좋지 않으면 야외활동을 하지 않는다.

02

- 비가 오면 한강 물이 불어난다.
- 비가 오지 않으면 보트를 타지 않은 것이다.
- ____________________
- 자전거를 타지 않으면 한강 물이 불어난다.

① 보트를 타면 자전거를 탄다.
② 보트를 타면 비가 오지 않는다.
③ 자전거를 타면 비가 오지 않는다.
④ 자전거를 타지 않으면 보트를 탄다.
⑤ 한강 물이 불어나면 보트를 타지 않은 것이다.

03 다음 중 제시된 명제로부터 일반화할 수 있는 결론으로 가장 적절한 것은?

> • 책은 휴대할 수 있고, 값이 싸며, 읽기 쉬운 데 반해 컴퓨터는 들고 다닐 수가 없고, 값도 비싸며, 전기도 필요하다.
> • 전자기술의 발전은 이런 문제를 해결할 것이다. 조만간 지금의 책 크기만 한, 아니 더 작은 컴퓨터가 나올 것이고, 컴퓨터 모니터도 훨씬 정교하고 읽기 편해질 것이다.
> • 조그만 칩 하나에 수백 권 분량의 정보가 기록될 것이다.

① 컴퓨터는 종이책을 대신할 것이다.
② 컴퓨터는 종이책을 대신할 수 없다.
③ 컴퓨터도 종이책과 함께 사라질 것이다.
④ 종이책의 역사는 앞으로도 계속될 것이다.
⑤ 전자기술의 발전은 종이책의 발전과 함께할 것이다.

04 제시된 명제가 모두 참일 때, 다음 중 반드시 참인 것은?

> • 등산을 좋아하는 사람은 스케이팅을 싫어한다.
> • 영화 관람을 좋아하지 않는 사람은 독서를 좋아한다.
> • 영화 관람을 좋아하지 않는 사람은 조깅 또한 좋아하지 않는다.
> • 낮잠 자기를 좋아하는 사람은 스케이팅을 좋아한다.
> • 스케이팅을 좋아하는 사람은 독서를 좋아한다.

① 독서를 싫어하면 낮잠 자기를 좋아한다.
② 조깅을 좋아하는 사람은 독서를 좋아한다.
③ 낮잠 자기를 좋아하는 사람은 독서를 좋아한다.
④ 영화 관람을 좋아하는 사람은 스케이팅을 좋아한다.
⑤ 스케이팅을 좋아하는 사람은 낮잠 자기를 싫어한다.

05 A～E 5명 중 2명만 진실을 말하고 있다. 다음 중 진실을 말하는 사람을 모두 고르면?

> • A : B는 거짓말을 하지 않아.
> • B : C의 말은 거짓이야.
> • C : D의 말은 진실이야.
> • D : C는 진실을 말하고 있어.
> • E : D는 거짓말을 하지 않아.

① A, B
② A, C
③ B, D
④ C, E
④ D, E

06 다음은 직원 A～G 7명의 인사이동에 대한 정보이다. 이에 대한 설명으로 반드시 참인 것은?

> • A가 기획재무본부에서 건설기술본부로 이동하면, C는 스마트도시본부에서 기획재무본부로 이동하지 않는다.
> • E가 건설기술본부에서 도시재생본부로 이동하지 않는 경우에만, D가 전략사업본부에서 스마트도시본부로 이동한다.
> • B가 주거복지본부에서 전략사업본부로 이동하면, A는 기획재무본부에서 건설기술본부로 이동한다.
> • C는 스마트도시본부에서 기획재무본부로 이동한다.
> • 전략사업본부에서 스마트도시본부로의 D의 이동과 도시재생본부에서 공공주택본부로의 F의 이동 중 하나의 이동만 일어난다.
> • B가 주거복지본부에서 전략사업본부로 이동하거나, E가 건설기술본부에서 도시재생본부로 이동하거나, G가 공공주택본부에서 주거복지본부로 이동하는 일 중 두 가지 이상의 이동이 이루어졌다.

① A는 기획재무본부에서 건설기술본부로 이동한다.
② C와 E는 기획재무본부로 이동한다.
③ F는 도시재생본부에서 공공주택본부로 이동한다.
④ G는 이번 인사이동에서 이동하지 않는다.
⑤ G는 공공주택본부에서 주거복지본부로 이동하지만, F는 도시재생본부에서 공공주택본부로 이동하지 않는다.

07 제시된 명제가 모두 참일 때, 다음 중 금요일에 도서관에 가는 사람을 모두 고르면?

- 정우는 금요일에 도서관에 간다.
- 연우는 화요일과 목요일에 도서관에 간다.
- 승우가 도서관에 가지 않으면 민우가 도서관에 간다.
- 민우가 도서관에 가면 견우도 도서관에 간다.
- 연우가 도서관에 가지 않으면 정우는 도서관에 간다.
- 정우가 도서관에 가면 승우는 도서관에 가지 않는다.

① 정우, 민우, 견우
② 정우, 승우, 연우
③ 정우, 승우, 견우
④ 정우, 민우, 연우
⑤ 정우, 연우, 견우

08 L사 영업팀의 부장, 과장, 대리, 주임, 사원은 〈조건〉에 따라 농구, 축구, 야구, 테니스, 자전거, 영화 동호회에 참여한다. 다음 중 직급과 성별, 동호회를 짝지은 것으로 적절하지 않은 것은?(단, 모든 직원은 반드시 동호회 1곳에 참여한다)

조건

- 남직원은 3명, 여직원은 2명이다.
- 모든 동호회의 참여 가능 인원은 팀 내 최대 2명이다.
- 모든 여직원은 자전거 동호회에 참여하지 않았다.
- 여직원 중 1명은 농구, 축구, 야구, 테니스 동호회 중 하나에 참여하였다.
- 대리, 주임, 사원은 자전거 동호회 또는 영화 동호회에 참여하지 않았다.
- 참여 직원이 없는 동호회는 2개이다.
- 야구, 자전거, 영화 동호회에 참여한 직원은 각각 1명이다.
- 주임은 야구 동호회에 참여하였고, 부장은 영화 동호회에 참여하였다.
- 축구 동호회에 참여한 직원은 남성뿐이다.

	직급	성별	참여 동호회
①	부장	여자	영화
②	과장	남자	자전거
③	대리	남자	축구
④	주임	여성	야구
⑤	사원	남자	테니스

09 **다음 글의 내용이 참일 때, 반드시 참인 것을 〈보기〉에서 모두 고르면?**

4명의 신입사원을 대상으로 민원, 홍보, 인사, 기획 업무에 대한 선호를 조사하였다. 조사 결과 민원 업무를 선호하는 신입사원은 모두 홍보 업무를 선호하였지만, 그 역은 성립하지 않았다. 모든 업무 중 인사 업무만을 선호하는 신입사원은 있었지만, 민원 업무와 인사 업무를 모두 선호하는 신입사원은 없었다. 그리고 4개 중 3개 이상의 업무를 선호하는 신입사원도 없었다. 신입사원 갑이 선호하는 업무에는 기획 업무가 포함되어 있었으며, 신입사원 을이 선호하는 업무에는 민원 업무가 포함되어 있었다.

보기

㉠ 어떤 업무는 갑도 을도 선호하지 않는다.
㉡ 적어도 2명 이상의 신입사원이 홍보 업무를 선호한다.
㉢ 조사 대상이 된 업무 중에 어떤 신입사원도 선호하지 않는 업무는 없다.

① ㉠
② ㉢
③ ㉠, ㉡
④ ㉡, ㉢
⑤ ㉠, ㉡, ㉢

10 **L사는 해외지사에서 사용될 설비를 구축할 업체 2곳을 선정하려고 한다. 구축해야 할 설비는 중동, 미국, 서부, 유럽에 2개씩 총 8개이며, 경쟁업체는 A ~ C업체 3곳이다. 다음 정보가 참 또는 거짓이라고 할 때, 항상 참을 말하는 직원을 〈보기〉에서 모두 고르면?**

〈정보〉

- A업체는 최소한 3개의 설비를 구축할 예정이다.
- B업체는 중동, 미국, 서부, 유럽에 설비를 하나씩 구축할 예정이다.
- C업체는 중동지역 2개, 유럽지역 2개의 설비를 구축할 예정이다.

보기

- 이사원 : A업체 정보가 참일 경우, B업체 정보는 거짓이 된다.
- 김주임 : B업체 정보가 거짓일 경우, A업체 정보는 참이 된다.
- 장대리 : C업체 정보가 참일 경우, A업체 정보도 참이 된다.

① 이사원
② 김주임
③ 장대리
④ 이사원, 김주임
⑤ 김주임, 장대리

11 **취업준비생 갑 ~ 무 5명이 L그룹에 지원하였고, 단 1명만 합격하였다. 취업준비생들은 다음과 같이 이야기하였고, 이 중 1명이 거짓을 말했다. 다음 중 합격한 학생은?**

- 갑 : 을은 합격하지 않았다.
- 을 : 합격한 사람은 정이다.
- 병 : 내가 합격하였다.
- 정 : 을의 말은 거짓말이다.
- 무 : 나는 합격하지 않았다.

① 갑
② 을
③ 병
④ 정
⑤ 무

12 **준수, 민정, 영재, 세희, 성은 5명은 각자 항상 진실 또는 거짓만을 말한다. 다음 진술을 토대로 추론할 때, 거짓을 말하는 사람을 모두 고르면?**

- 준수 : 성은이는 거짓만 말한다.
- 민정 : 영재는 거짓만 말한다.
- 영재 : 세희는 거짓만 말한다.
- 세희 : 준수는 거짓만 말한다.
- 성은 : 민정이와 영재 중 1명만 진실을 말한다.

① 민정, 세희
② 영재, 준수
③ 준수, 성은
④ 영재, 세희
⑤ 영재, 성은

13 게임 동호회 회장인 L은 주말 게임 행사에 동호회 회원인 A ~ E 5명의 참여 가능 여부를 조사하려고 한다. 다음 내용을 참고하여 E가 행사에 참여하지 않는다고 할 때, 행사에 참여 가능한 사람의 수는?

- A가 행사에 참여하지 않으면, B가 행사에 참여한다.
- A가 행사에 참여하면, C는 행사에 참여하지 않는다.
- B가 행사에 참여하면, D는 행사에 참여하지 않는다.
- D가 행사에 참여하지 않으면, E가 행사에 참여한다.

① 1명
② 2명
③ 3명
④ 4명
⑤ 5명

14 김과장은 건강상의 이유로 〈조건〉에 따라 간헐적 단식을 시작하기로 했다. 김과장이 선택한 간헐적 단식 방법은 월요일부터 일요일까지 일주일 중에 2일을 선택하여 아침 혹은 저녁 한 끼 식사만 하는 것이다. 다음 중 김과장이 단식을 시작한 첫 주 월요일부터 일요일까지 한 끼만 먹은 요일과 이때 식사를 한 때는?

조건

- 단식을 하는 날 전후로 각각 최소 2일간은 세 끼 식사를 한다.
- 단식을 하는 날 이외에는 항상 세 끼 식사를 한다.
- 2주차 월요일에는 단식을 했다.
- 1주차에 먹은 아침식사 횟수와 저녁식사 횟수가 같다.
- 1주차 월요일, 수요일, 금요일은 조찬회의에 참석하여 아침식사를 했다.
- 1주차 목요일은 업무약속이 있어서 점심식사를 했다.

① 월요일(아침), 목요일(저녁)
② 화요일(아침), 금요일(아침)
③ 화요일(저녁), 금요일(아침)
④ 화요일(저녁), 토요일(아침)
⑤ 수요일(아침), 일요일(저녁)

15 A～F 6명은 피자 3판을 모두 같은 양만큼 나누어 먹기로 하였다. 피자 1판은 각각 동일한 크기로 8조각씩 나누어져 있을 때, 〈조건〉에 따를 때, 다음 중 앞으로 2조각을 더 먹어야 하는 사람은?

조건

- 현재 총 6조각이 남아있다.
- A, B, E는 같은 양을 먹었고, 나머지는 모두 먹은 양이 달랐다.
- F는 D보다 적게 먹었으며, C보다는 많이 먹었다.

① B
② C
③ D
④ E
⑤ F

16 A～E 5명이 〈조건〉에 따라 일렬로 나란히 자리에 앉는다고 할 때, 다음 중 항상 참인 것은?

조건

- 자리의 순서는 왼쪽을 기준으로 첫 번째 자리로 한다.
- D는 A의 바로 왼쪽에 있다.
- B와 D사이에 C가 있다.
- A는 마지막 자리가 아니다.
- A와 B사이에 C가 있다.
- B는 E의 바로 오른쪽에 앉는다.

① B는 다섯 번째 자리에 앉을 수 없다.
② C는 두 번째 자리에 앉을 수 있다.
③ C는 E의 오른쪽에 앉을 수 있다.
④ D는 두 번째에 앉을 수 있다.
⑤ E는 네 번째 자리에 앉을 수 있다.

17 어느 날 밤 11시경 L회사 사무실에 도둑이 들었다. CCTV를 확인해 보니 도둑은 1명이며, 수사 결과 용의자는 갑 ~ 무 5명으로 좁혀졌다. 2명은 거짓을 말하고 있으며, 거짓을 말하는 사람 중 1명이 범인일 때, 다음 중 범인은?

- 갑 : 그날 밤 11시에 저는 을, 무하고 셋이서 함께 있었습니다.
- 을 : 갑은 그 시간에 무와 함께 타 지점에 출장을 가 있었어요.
- 병 : 갑의 진술은 참이고, 저도 회사에 있지 않았습니다.
- 정 : 을은 밤 11시에 저와 단둘이 있었습니다.
- 무 : 저는 사건이 일어났을 때 집에 있었습니다.

① 갑
② 을
③ 병
④ 정
⑤ 무

18 갑 ~ 병 3명이 다트게임을 하고 있다. 다트 과녁은 색깔에 따라 다음과 같이 점수가 나누어지고, 다트게임 결과가 〈조건〉과 같을 때, 점수 결과로 나올 수 있는 경우의 수는?

〈다트 과녁 점수〉

(단위 : 점)

구분	빨강	노랑	파랑	검정
점수	10	8	5	0

조건

- 모든 다트는 4가지 색깔 중 1가지를 맞힌다.
- 각자 다트를 5번씩 던진다.
- 을은 40점 이상을 획득하여 가장 높은 점수를 얻었다.
- 병의 점수는 5점 이상 10점 이하이고, 갑의 점수는 36점이다.
- 검정을 제외한 똑같은 색깔은 3번 이상 맞힌 적이 없다.

① 9가지
② 8가지
③ 6가지
④ 5가지
⑤ 4가지

19 **L사 직원 A ~ E 5명이 〈조건〉에 따라 서로 다른 금액의 상여금을 받았다고 할 때, 다음 중 참이 아닌 것은? (단, 지급된 상여금은 25만 원, 50만 원, 75만 원, 100만 원, 125만 원이다)**

조건

- A의 상여금은 5명의 상여금 총액의 평균이다.
- B의 상여금은 C, D보다 적다.
- C의 상여금은 어떤 직원 상여금의 두 배이다.
- D의 상여금은 E보다 적다.

① A의 상여금은 A를 제외한 나머지 4명의 평균과 같다.
② A의 상여금은 반드시 B보다 많다.
③ C의 상여금은 두 번째로 많거나 두 번째로 적다.
④ C의 상여금이 A보다 많다면, B의 상여금은 C의 50%일 것이다.
⑤ C의 상여금이 D보다 적다면, D의 상여금은 E의 80%일 것이다.

20 **L기업의 재무팀 A과장, 개발팀 B부장, 영업팀 C대리, 홍보팀 D차장, 디자인팀 E사원은 봄, 여름, 가을, 겨울에 중국, 일본, 러시아로 출장을 간다. 〈조건〉에 따라 출장을 간다고 할 때, 다음 중 항상 참인 것은? (단, 5명은 중국, 일본, 러시아 중 반드시 한 국가에 출장을 가며, 아무도 가지 않은 국가와 계절은 없다)**

조건

- 중국에 2명이 출장을 가고, 각각 여름 혹은 겨울에 출장을 간다.
- 러시아에 출장 가는 사람은 봄 혹은 여름에 출장을 간다.
- 재무팀 A과장은 반드시 개발팀 B부장과 함께 출장 간다.
- 홍보팀 D차장은 혼자서 봄에 출장을 간다.
- 개발팀 B부장은 가을에 일본에 출장을 간다.

① 홍보팀 D차장은 혼자서 중국으로 출장을 간다.
② 홍보팀 D차장이 어디로 출장을 가는지는 알 수 없다.
③ 재무팀 A과장과 개발팀 B부장은 함께 중국으로 출장을 간다.
④ 영업팀 C대리와 디자인팀 E사원은 함께 일본으로 출장을 간다.
⑤ 영업팀 C대리가 여름에 중국 출장을 가면, 디자인팀 E사원은 겨울에 중국 출장을 간다.

01 다음은 10개 도시의 2024년 6월 및 2024년 12월의 부동산 전세 가격지수 동향에 대한 자료이다. 2024년 6월 대비 2024년 12월 부동산 전세 가격지수의 증가량이 가장 적은 도시의 증감률은?

〈10개 도시 부동산 전세 가격지수 동향〉

구분	2024년 6월	2024년 12월	구분	2024년 6월	2024년 12월
A도시	90.2	95.4	F도시	98.7	98.8
B도시	92.6	91.2	G도시	100.3	99.7
C도시	98.1	99.2	H도시	92.5	97.2
D도시	94.7	92.0	I도시	96.5	98.3
E도시	95.1	98.7	J도시	99.8	101.5

① 약 −2.9%
② 약 −1.5%
③ 약 1%
④ 약 1.7%
⑤ 약 2.1%

02 다음은 L지역의 연도별 건강보험금 부과액 및 징수액에 대한 자료이다. 직장가입자 건강보험금 징수율이 가장 높은 해와 지역가입자의 건강보험금 징수율이 가장 높은 해를 바르게 짝지은 것은?

〈건강보험금 부과액 및 징수액〉

(단위 : 백만 원)

구분		2021년	2022년	2023년	2024년
직장가입자	부과액	6,706,712	5,087,163	7,763,135	8,376,138
	징수액	6,698,187	4,898,775	7,536,187	8,368,972
지역가입자	부과액	923,663	1,003,637	1,256,137	1,178,572
	징수액	886,396	973,681	1,138,763	1,058,943

※ $[\text{징수율}(\%)] = \frac{(\text{징수액})}{(\text{부과액})} \times 100$

	직장가입자	지역가입자
①	2024년	2023년
②	2024년	2022년
③	2024년	2021년
④	2023년	2022년
⑤	2023년	2021년

03 다음은 국내 스포츠 경기 4종목의 경기 수에 대한 자료이다. 이에 대한 설명으로 옳지 않은 것은?

〈국내 스포츠 경기 수〉

(단위 : 회)

구분	2020년	2021년	2022년	2023년	2024년
농구	400	408	410	400	404
야구	470	475	478	474	478
배구	220	225	228	230	225
축구	230	232	236	240	235

① 2021년부터 2023년까지 경기 수가 증가하는 스포츠는 1종목이다.
② 2022년부터 2023년까지의 야구 평균 경기 수는 축구 평균 경기 수의 2배이다.
③ 2020년 농구와 배구의 경기 수 차이는 야구와 축구 경기 수 차이의 70% 이상이다.
④ 농구의 2021년 전년 대비 경기 수 증가율은 2024년 전년 대비 경기 수 증가율보다 높다.
⑤ 2024년 경기 수가 2022년부터 2023년까지의 종목별 평균 경기 수보다 많은 스포츠는 1종목이다.

04 다음은 우편 매출액에 대한 자료이다. 이에 대한 설명으로 옳지 않은 것은?

〈우편 매출액〉

(단위 : 백만 원)

구분	2020년	2021년	2022년	2023년	2024년				
					소계	1분기	2분기	3분기	4분기
일반통상	113	105	101	104	102	28	22	25	27
특수통상	52	57	58	56	52	12	15	15	10
소포우편	30	35	37	40	42	10	12	12	8
합계	195	197	196	200	196	50	49	52	45

① 매년 매출액이 가장 높은 분야는 일반통상 분야이다.
② 소포우편 분야의 2020년 대비 2024년 매출액 증가율은 60% 이상이다.
③ 2023년에는 일반통상 분야의 매출액이 전체의 50% 이상을 차지하고 있다.
④ 1년 집계를 기준으로 매년 매출액이 증가하고 있는 분야는 소포우편 분야뿐이다.
⑤ 2024년 1분기 매출액에서 특수통상 분야의 매출액이 차지하는 비중은 20% 이상이다.

05 다음은 2024년 예식장 사업 형태에 대한 자료이다. 이에 대한 설명으로 옳지 않은 것은?

〈예식장 사업 형태〉

(단위 : 개, 십억 원)

구분	개인경영	회사법인	회사 이외의 법인	비법인 단체	합계
사업체 수	900	50	85	15	1,050
매출	270	40	17	3	330
비용	150	25	10	2	187

※ $[\text{수익률}(\%)]=\left[\frac{(\text{매출})}{(\text{비용})}-1\right]\times 100$

① 수익률이 가장 높은 예식장 사업 형태는 회사법인이다.

② 예식장 사업은 대부분 개인경영 형태로 이루어지고 있다.

③ 사업체 1개당 매출액이 가장 큰 예식장 사업 형태는 회사법인이다.

④ 개인경영 형태의 예식장 수익률은 비법인 단체 형태의 예식장 수익률의 2배 미만이다.

⑤ 개인경영 형태 사업체 수는 개인경영 형태를 제외한 나머지 예식장 사업 형태의 평균 사업체 수의 20배 미만이다.

06 다음은 우리나라 4인 가족이 생활하는 데 들어가는 항목별 비용에 대한 자료이다. 이에 대한 설명으로 옳지 않은 것은?(단, 소수점 둘째 자리에서 반올림한다)

〈4인 가족 기준 항목별 생활비용〉

(단위 : 만 원)

구분	2020년	2021년	2022년	2023년	2024년
주거 / 수도 / 광열	64.7	65.4		67.0	68.9
통신	12.9	13.0	12.8	14.3	15.6
주류 / 담배	10.2	10.1	16.4	17.0	17.4
음식 / 숙박	130.6	133.7	134.2	135.2	136.8
의류 / 가정용품	41.9	41.3	42.5	44.8	44.6
합계	260.3	263.5	271.2	278.3	283.3

① 2022년 4인 가족의 주거 / 수도 / 광열 비용은 65.3만 원이다.

② 2021 ~ 2024년 동안 전년 대비 통신 비용은 매년 증가하였다.

③ 2021 ~ 2024년 동안 전년 대비 음식 / 숙박 비용은 매년 증가하였다.

④ 2021 ~ 2023년 주류 / 담배 비용과 의류 / 가정용품 비용의 증감 추이는 같다.

⑤ 2023년과 2024년의 주류 / 담배 비용이 각 연도 지출액에서 차지하는 비중은 같으나, 금액은 3,000원 이상 차이 난다.

07 다음은 A～D사 4개 회사의 남녀 직원 비율에 대한 자료이다. 이에 대한 설명으로 옳지 않은 것은?

〈회사별 남녀 직원 비율〉

(단위 : %)

구분	A사	B사	C사	D사
남직원	60	40	45	38
여직원	40	60	55	62

① A사의 남직원이 B사의 여직원보다 많다.
② B, C, D사의 여직원 수의 합은 남직원 수의 합보다 크다.
③ 여직원 대비 남직원 비율이 가장 높은 회사는 A사이며, 가장 낮은 회사는 D사이다.
④ A, B, C사 각각의 전체 직원 수가 같다면 A, B사 여직원 수의 합은 C사 여직원 수의 2배 미만이다.
⑤ A, B사의 전체 직원 중 남직원이 차지하는 비율이 55%라면, A사의 전체 직원 수는 B사 전체 직원 수의 3배이다.

08 다음은 도로 종류에 따른 월별 교통사고에 대한 자료이다. 이에 대한 내용으로 옳지 않은 것은?

〈도로 종류에 따른 월별 교통사고〉

(단위 : 건, 명)

구분	2025년 2월			2025년 3월			2025년 4월		
	발생 건수	사망자 수	부상자 수	발생 건수	사망자 수	부상자 수	발생 건수	사망자 수	부상자 수
일반국도	1,054	53	1,964	1,308	64	2,228	1,369	72	2,387
지방도	1,274	39	2,106	1,568	50	2,543	1,702	44	2,712
특별·광역시도	5,990	77	8,902	7,437	86	10,920	7,653	79	11,195
시도	4,941	86	7,374	6,131	117	9,042	6,346	103	9,666
군도	513	14	756	601	28	852	646	26	959
고속국도	256	16	746	316	20	765	335	15	859
기타	911	11	1,151	1,255	13	1,571	1,335	15	1,653

① 해당 시기 동안 특별·광역시도의 교통사고 발생 건수는 지속적으로 증가한다.
② 한 달 동안 교통사고 사망자 수가 100명이 넘는 도로 종류는 시도가 유일하다.
③ 부상자 수는 해당 기간 동안 모든 도로 종류에서 지속적으로 증가하는 추세를 보인다.
④ 2025년 3월에 가장 많은 사고가 발생한 도로 종류에서 당월 가장 많은 사망자가 발생했다.
⑤ 2025년 2월부터 4월까지 부상자 수가 가장 적은 도로는 기타를 제외하고 모두 고속국도이다.

09 다음은 자영업 종사자를 대상으로 실시한 업종 전환 의향에 대한 설문 조사 결과 자료이다. 이에 대한 설명으로 옳은 것은?

〈업종 전환 의향 및 전환 이유에 대한 설문 조사 결과〉

(단위 : %)

구분		전환 의향		전환 이유					
		있음	없음	영업 이익 감소	동일 업종 내 경쟁 심화	권리금 수취	구인의 어려움	외식 산업 내 경쟁 심화	제도적 규제
전체		2.1	97.9	56.3	21.1	0.7	2.3	15.1	4.5
운영 형태별	프랜차이즈	1.3	98.7	45.1	20.2	6.0	10.6	13.1	5.0
	비(非) 프랜차이즈	2.3	97.7	57.9	21.2	0.0	1.1	15.3	4.5
매출액 규모별	5천만 원 미만	7.4	92.6	54.9	36.1	0.0	0.0	3.8	5.2
	5천만 원 이상 1억 원 미만	3.3	96.7	56.0	19.2	0.0	0.0	22.8	2.0
	1억 원 이상 5억 원 미만	1.2	98.8	57.4	12.0	2.1	6.5	14.7	7.3
	5억 원 이상	0.8	99.2	61.4	28.4	0.0	6.3	3.9	0.0

① 구인난은 매출액 규모와 관계없이 업종 전환에 대한 이유가 될 수 있다.
② 매출액이 5억 원 이상인 경우, 업종 전환의 가장 큰 이유는 제도적 규제이다.
③ 매출액 규모가 클수록 업종 전환 이유에 대해 영업 이익 감소의 응답 비율이 높다.
④ 비(非)프랜차이즈 형태로 운영하는 경우, 업종 전환의 가장 큰 이유는 외식 산업 내 경쟁 심화이다.
⑤ 프랜차이즈 형태로 운영하는 경우, 그렇지 않은 경우보다 업종 전환 의향에 대한 긍정적 응답 비율이 높다.

10 다음은 국내 산업별 대출금에 대한 자료이다. 이에 대한 설명으로 옳은 것은?

〈연도별 국내 산업별 대출금〉

(단위 : 십억 원)

구분	2022년	2023년	2024년
합계	985,510.2	1,051,546.7	1,121,295.8
농업, 임업 및 어업	35,772.9	37,782.0	40,389.3
광업	1,538.1	1,085.5	1,067.6
제조업	324,278.0	337,520.4	344,772.7
전기, 가스, 증기 및 공기조절 공급업	10,875.1	11,242.6	12,432.1
수도·하수 및 폐기물 처리, 원료재생업	6,265.5	6,213.4	6,451.9
건설업	37,660.4	39,395.6	39,176.5
도매 및 소매업	122,415.0	130,537.4	144,542.4
운수 및 창고업	25,333.5	26,685.2	28,413.3
숙박 및 음식점업	45,801.2	50,363.7	55,630.0
정보통신업, 예술, 스포츠, 여가 관련	25,777.2	27,070.9	28,164.5
금융 및 보험업	70,222.7	70,805.4	68,659.9
부동산업	171,325.5	201,151.6	231,859.9
전문, 과학 및 기술 서비스업	14,635.3	12,961.5	15,874.7
사업시설관리, 사업지원 및 임대 서비스업	8,975.0	9,242.6	9,736.8
교육 서비스업	7,143.0	7,812.5	8,337.2
보건 및 사회복지 서비스업	23,843.2	25,798.4	28,207.5
공공행정 등 기타 서비스	53,648.6	55,878.0	57,579.5

① 국내 산업별 총대출금은 2022년 대비 2024년에 20% 이상 증가하였다.

② 2023년과 2024년에 모두 대출금이 전년 대비 증가한 산업은 총 5개이다.

③ 2023년 대출금의 전년 대비 증가율은 교육 서비스업이 금융 및 보험업보다 크다.

④ 광업과 제조업, 부동산업의 2023년과 2024년 대출금의 전년 대비 증감 추이는 동일하다.

⑤ 2024년 대출금이 전년 대비 감소한 산업분야의 개수는 증가한 산업분야의 개수보다 많다.

11 다음은 분기별 모바일 뱅킹 서비스 이용 실적에 대한 자료이다. 이에 대한 설명으로 옳지 않은 것은?

〈모바일 뱅킹 서비스 이용 실적〉

(단위 : 천 건, %)

구분	2024년				2025년
	1/4분기	2/4분기	3/4분기	4/4분기	1/4분기
조회 서비스	817	849	886	1,081	1,106
자금이체 서비스	25	16	13	14	25
합계	842(18.6)	865(2.7)	899(3.9)	1,095(21.8)	1,131(3.3)

※ ( )는 전 분기 대비 증가율임

① 조회 서비스 이용 실적은 매 분기 계속 증가하였다.
② 자금이체 서비스 이용 실적은 2024년 2/4분기에 감소하였다가 다시 증가하였다.
③ 2024년 2/4분기의 조회 서비스 이용 실적은 전 분기 대비 3만 2천 건 증가하였다.
④ 2024년 4/4분기의 조회 서비스 이용 실적은 자금이체 서비스 이용 실적의 약 77배이다.
⑤ 모바일 뱅킹 서비스 이용 실적의 전 분기 대비 증가율이 가장 높은 분기는 2024년 4/4분기이다.

12 다음은 전자인증서 인증수단 방식 선호도에 대한 자료이다. 이에 대한 설명으로 옳지 않은 것은?(단, 평균점수는 소수점 첫째 자리에서 반올림한다)

〈전자인증서 인증수단별 선호도 현황〉

(단위 : 점)

구분	실용성	보안성	간편성	유효기간
공인인증서 방식	16		14	1년
ID / PW 방식	18	10	16	없음
OTP 방식	15	18	14	1년 6개월
이메일 및 SNS 방식	18	8	10	없음
생체인증 방식	20	19	18	없음
i-PIN 방식	16	17	15	2년

※ 선호도는 실용성, 보안성, 간편성 점수를 합한 값임
※ 유효기간이 1년 이하인 방식은 보안성 점수에 3점을 가산함

① 실용성에서 전체 평균점수보다 높은 방식은 총 4가지이다.
② 유효기간이 '없음'인 인증수단 방식의 간편성 평균점수는 약 15점이다.
③ 생체인증 방식의 선호도는 OTP 방식과 i-PIN 방식 합보다 38점 낮다.
④ 공인인증서 방식의 선호도가 51점일 때, 빈칸에 들어갈 값은 18점이다.
⑤ 유효기간이 '없음'인 인증수단 방식의 실용성 점수는 모두 18점 이상이다.

13 다음은 우리나라의 예산분야별 재정지출 추이에 대한 자료이다. 이에 대한 설명으로 옳은 것은?

〈우리나라 예산분야별 재정지출 추이〉

(단위 : 조 원, %)

구분	2020년	2021년	2022년	2023년	2024년	연평균 증가율
예산	137.3	147.5	153.7	165.5	182.8	7.4
기금	59.0	61.2	70.4	72.9	74.5	6.0
교육	24.5	27.6	28.8	31.4	35.7	9.9
사회복지 · 보건	32.4	49.6	56.0	61.4	67.5	20.1
R&D	7.1	7.8	8.9	9.8	10.9	11.3
SOC	27.1	18.3	18.4	18.4	18.9	−8.6
농림 · 해양 · 수산	12.3	14.1	15.5	15.9	16.5	7.6
산업 · 중소기업	11.4	11.9	12.4	12.6	12.6	2.5
환경	3.5	3.6	3.8	4.0	4.4	5.9
국방비	18.1	21.1	22.5	24.5	26.7	10.2
통일 · 외교	1.4	2.0	2.6	2.4	2.6	16.7
문화 · 관광	2.3	2.6	2.8	2.9	3.1	7.7
공공질서 · 안전	7.6	9.4	11.0	10.9	11.6	11.2
균형발전	5.0	5.5	6.3	7.2	8.1	12.8
기타	43.5	35.2	35.1	37.0	38.7	−2.9
총지출	196.3	208.7	224.1	238.4	257.3	7.0

※ (총지출)=(예산)+(기금)

① 전년 대비 지출액이 동일한 해가 있는 분야는 2개이다.
② 총지출에 대한 기금의 비중이 가장 컸던 해는 2020년이다.
③ 교육 분야의 전년 대비 지출 증가율이 가장 높은 해는 2021년이다.
④ 기금의 연평균 증가율보다 낮은 연평균 증가율을 보이는 분야는 3개이다.
⑤ 기타 분야보다 사회복지 · 보건 분야가 차지하고 있는 비율은 언제나 더 높다.

14 문화기획자 A씨는 올해 새로운 공연을 기획하고자 한다. 문화예술에 대한 국민의 관심과 참여 수준을 파악하여 기획에 반영하기 위해 문화예술 관람률에 대해 조사하였다. 이에 대한 설명으로 옳지 않은 것은?

〈문화예술 관람률〉

(단위 : %)

구분		2018년	2020년	2022년	2024년
문화예술 성별·연령별 관람률	전체	52.4	54.5	60.8	64.5
	남성	50.5	51.5	58.5	62.0
	여성	54.2	57.4	62.9	66.9
	20세 미만	81.2	79.9	83.6	84.5
	20 ~ 29세	79.6	78.2	83.4	83.8
	30 ~ 39세	68.2	70.6	77.2	79.2
	40 ~ 49세	53.4	58.7	67.4	73.2
	50 ~ 59세	35.0	41.2	48.1	56.2
	60세 이상	13.4	16.6	21.7	28.9
문화예술 종류별 관람률	음악·연주회	13.9	13.6	11.6	10.7
	연극	13.9	13.5	13.2	11.8
	무용	1.1	1.5	1.4	1.2
	영화	44.8	45.8	50.3	52.8
	박물관	13.8	14.5	13.3	13.7
	미술관	12.5	11.1	10.2	9.8

① 제시된 기간 동안 문화예술 관람률은 계속해서 증가하고 있다.

② 60세 이상 문화예술 관람률은 2018년 대비 2024년에 100% 이상 증가했다.

③ 문화예술 관람률은 남성보다는 여성, 고연령층보다는 저연령층의 관람률이 높다.

④ 문화예술 관람률이 접근성을 반영한다면 접근성이 가장 떨어지는 문화예술은 무용이다.

⑤ 2022년의 전체 인구수를 100명으로 가정했을 때, 그해 미술관을 관람한 사람은 약 10명이다.

15 다음은 현 정부에 대한 성별 만족도에 대한 자료이다. 이에 대한 설명으로 옳지 않은 것을 〈보기〉에서 모두 고르면?

〈현 정부에 대한 남성의 만족도〉

(단위 : %)

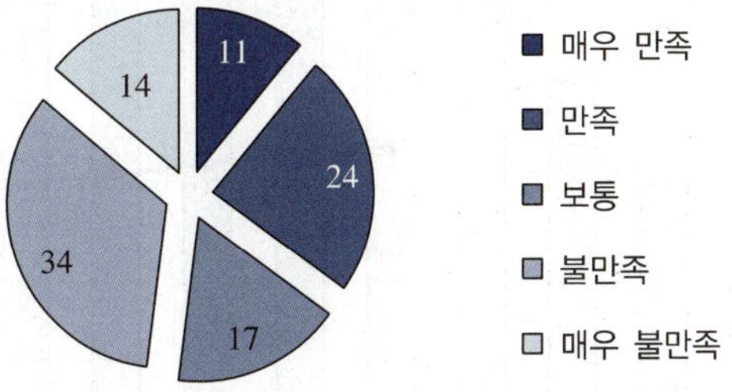

〈현 정부에 대한 여성의 만족도〉

(단위 : %)

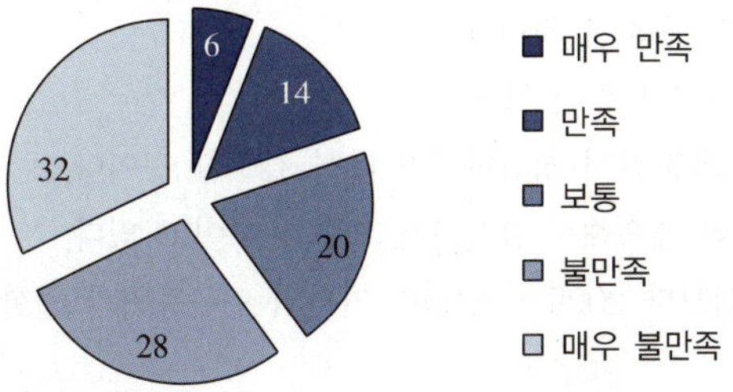

※ 긍정적인 답변 : 매우 만족, 만족
※ 부정적인 답변 : 불만족, 매우 불만족

보기

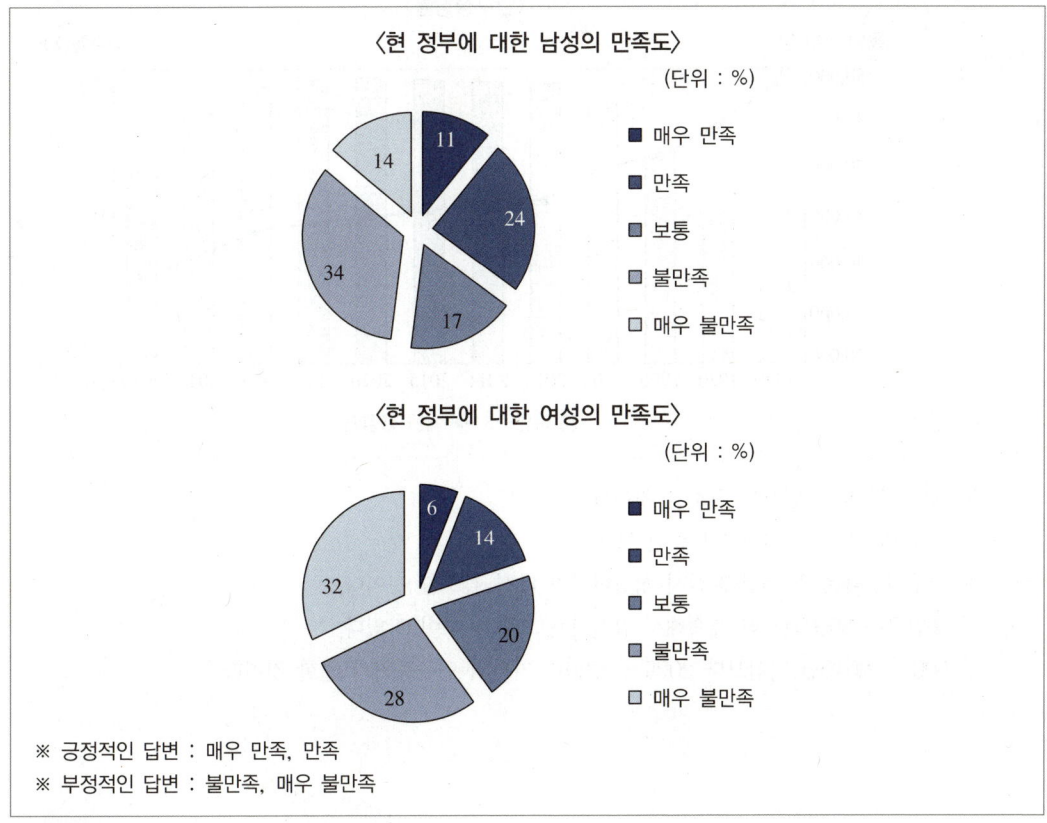

㉠ 남성이 여성보다 긍정적인 답변율이 더 높다.
㉡ 여성의 부정적인 답변율은 남성의 1.25배이다.
㉢ '보통'에 응답한 비율은 남성이 여성의 80%이다.
㉣ 남성 200명과 여성 350명이 조사에 응답했다면, '매우 만족'이라고 응답한 인원은 남성이 여성보다 더 많다.

① ㉢
② ㉣
③ ㉠, ㉡
④ ㉡, ㉢
⑤ ㉢, ㉣

16 다음은 인구성장률에 대한 자료이다. 이에 대한 내용으로 옳은 것은?

〈인구성장률〉

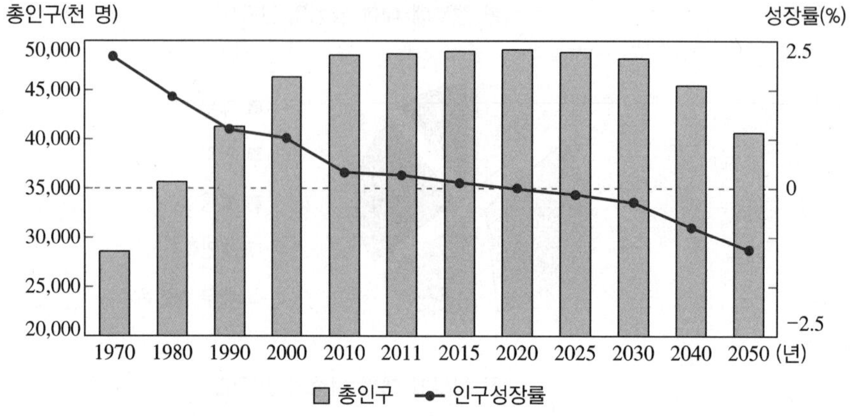

① 2011년부터 총인구는 감소할 것이다.

② 2040년 총인구는 1990년 총인구보다 적을 것이다.

③ 인구성장률은 2025년에 잠시 성장하다가 다시 감소할 것이다.

④ 총인구는 2000년부터 계속해서 감소하는 모습을 보이고 있다.

⑤ 2000 ~ 2010년 기간보다 2025 ~ 2030년 기간의 인구증가가 덜할 것이다.

17 다음은 A국가의 자원별 발전량에 대한 자료이다. 이에 대한 설명으로 옳지 않은 것은?

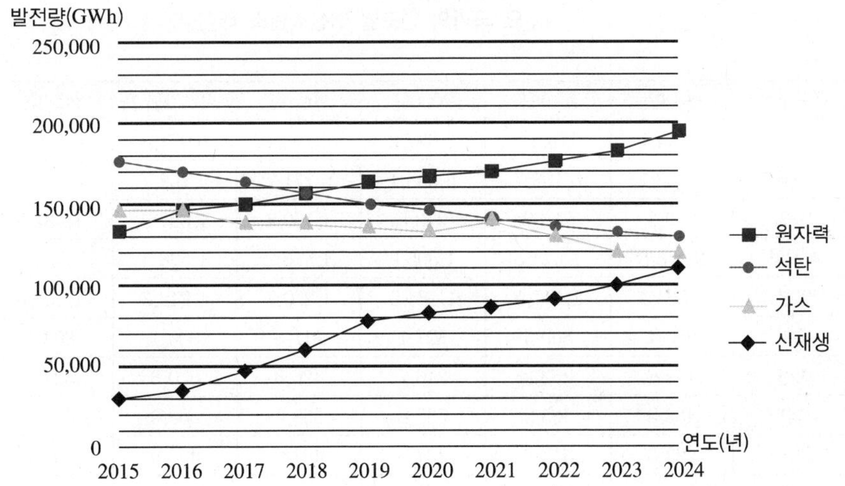

① 2019년 이후로 원자력 자원의 발전량이 가장 많다.

② 2015년 대비 2024년 발전량의 증감폭이 가장 낮은 자원은 가스 자원이다.

③ 원자력 자원의 발전량과 석탄 자원 발전량의 차이가 가장 적은 해는 2018년이다.

④ 석탄 자원의 발전량은 매년 감소하고 있지만, 신재생 자원의 발전량은 매년 증가하고 있다.

⑤ 원자력 자원의 발전량 대비 신재생 자원의 발전량의 비율은 2015년보다 2024년에 감소했다.

18 다음은 주요 국가의 연도별 이산화탄소 배출량에 대한 자료이다. 이에 대한 설명으로 옳은 것을 〈보기〉에서 모두 고르면?(단, 주요 국가는 2021년 이산화탄소 배출량 상위 10개국을 말한다)

〈주요 국가의 연도별 이산화탄소 배출량〉

(단위 : 백만 TC)

구분	2018년	2019년	2020년	2021년	2022년	2023년	2024년
중국	2,244.1	3,022.1	3,077.2	5,103.1	6,071.8	6,549.0	6,877.2
미국	4,868.7	5,138.7	5,698.1	5,771.7	5,762.7	5,586.8	5,195.0
인도	582.3	776.6	972.5	1,160.4	1,357.2	1,431.3	1,585.8
러시아	2,178.8	1,574.5	1,505.5	1,516.2	1,578.5	1,593.4	1,532.6
일본	1,064.4	1,147.9	1,184.0	1,220.7	1,242.3	1,152.6	1,092.9
독일	950.4	869.4	827.1	811.8	800.1	804.1	750.2
이란	179.6	252.3	316.7	426.8	500.8	522.7	533.2
캐나다	432.3	465.2	532.8	558.8	568.0	551.1	520.7
한국	229.3	358.6	437.7	467.9	490.3	501.7	515.5
영국	549.3	516.6	523.8	533.1	521.5	512.1	465.8
전 세계	20,966.3	21,791.6	23,492.9	27,188.3	29,047.9	29,454.0	28,999.4

보기

㉠ 전 세계의 이산화탄소 배출량은 매년 증가하였다.
㉡ 2024년 이산화탄소 배출량이 가장 많은 국가는 중국이며, 2024년 중국의 이산화탄소 배출량은 전 세계 이산화탄소 배출량의 20% 이상이다.
㉢ 러시아의 2018년과 2024년 이산화탄소 배출량 차이는 이란의 2018년과 2024년 이산화탄소 배출량 차이보다 크다.
㉣ 2018년 대비 2024년 한국의 이산화탄소 배출량의 증가율은 100% 이상이다.

① ㉠, ㉡
② ㉡, ㉢
③ ㉢, ㉣
④ ㉠, ㉢, ㉣
⑤ ㉡, ㉢, ㉣

19 다음은 우리나라의 시 · 도별 부도업체 수에 대한 자료이다. 이에 대한 설명으로 옳은 것을 〈보기〉에서 모두 고르면?

〈시 · 도별 부도업체 수〉

(단위 : 개)

구분	2022년	2023년	2024년
전국	720	555	494
서울특별시	234	153	145
부산광역시	58	51	41
대구광역시	37	36	29
인천광역시	39	27	25
광주광역시	18	12	9
대전광역시	15	20	15
울산광역시	9	5	12
경기도	130	116	108
강원도	13	9	3
충청북도	16	11	5
충청남도	19	17	9
전라북도	34	15	26
전라남도	18	10	5
경상북도	31	27	18
경상남도	38	38	37
제주특별자치도	11	8	7

보기

㉠ 전라북도 부도업체 수는 2022년 대비 2024년에 30% 이상 감소하였다.
㉡ 2023년에 부도업체 수가 20개를 초과하는 시 · 도는 8개이다.
㉢ 경기도와 광주광역시의 전년 대비 2023년과 2024년 부도업체 수의 증감 추이는 동일하다.
㉣ 2024년 부산광역시의 부도업체가 전국 부도업체에서 차지하는 비중은 10% 미만이다.

① ㉠, ㉡
② ㉠, ㉢
③ ㉠, ㉣
④ ㉡, ㉣
⑤ ㉢, ㉣

20 다음은 2020 ~ 2024년 L기업의 매출표에 대한 자료이다. 이를 나타낸 그래프로 옳은 것은?(단, 비율은 소수점 둘째 자리에서 반올림한다)

〈L기업 매출표〉

(단위 : 억 원)

구분	2020년	2021년	2022년	2023년	2024년
매출액	1,485	1,630	1,410	1,860	2,055
매출원가	1,360	1,515	1,280	1,675	1,810
판관비	30	34	41	62	38

※ (영업이익)=(매출액)−[(매출원가)+(판관비)]

※ (영업이익률)=[(영업이익)÷(매출액)]×100

① 2020 ~ 2024년 영업이익

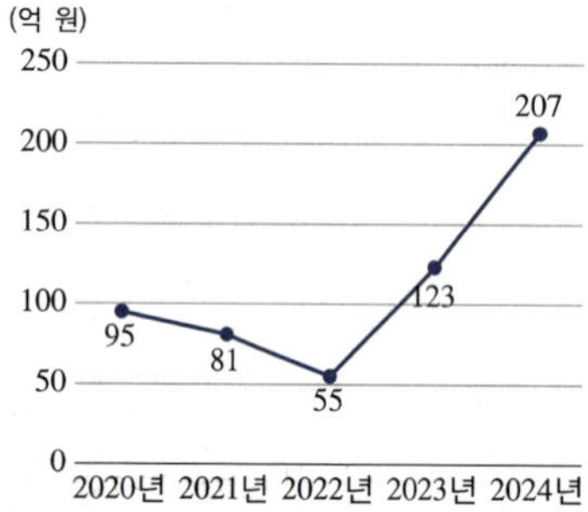

② 2020 ~ 2024년 영업이익

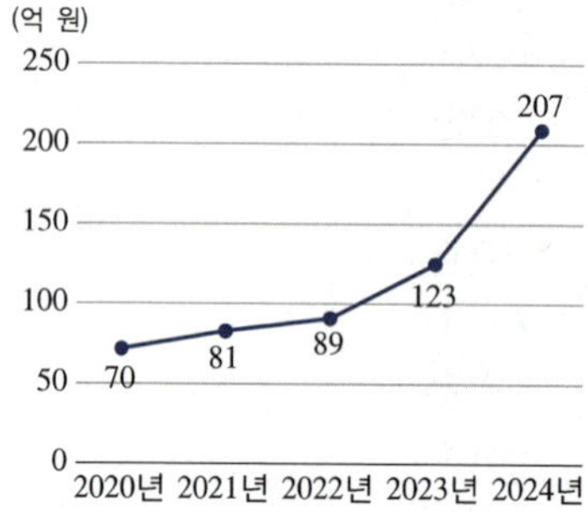

③ 2020 ~ 2024년 영업이익률

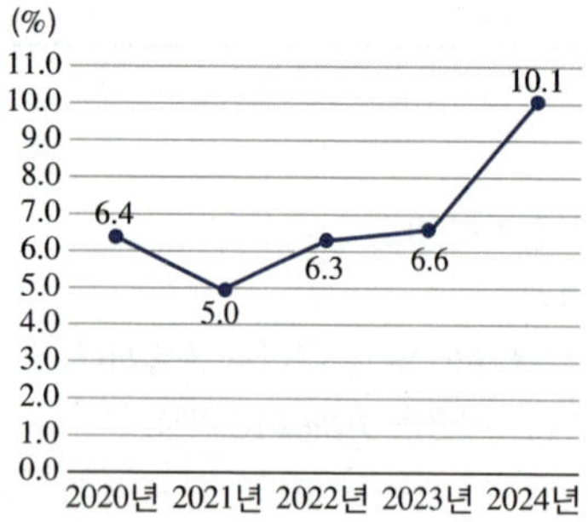

④ 2020 ~ 2024년 영업이익률

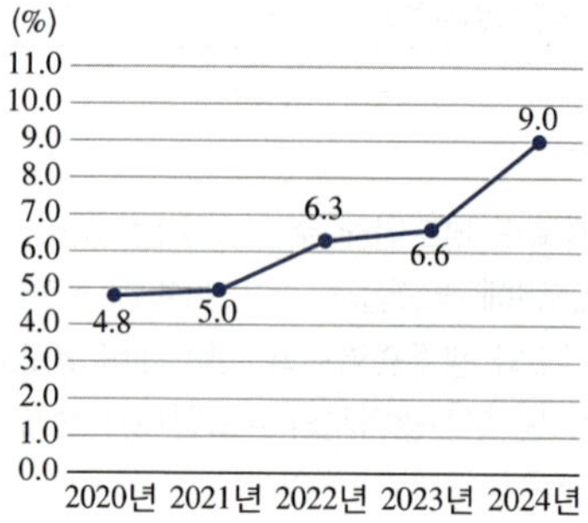

⑤ 2020 ~ 2024년 영업이익률

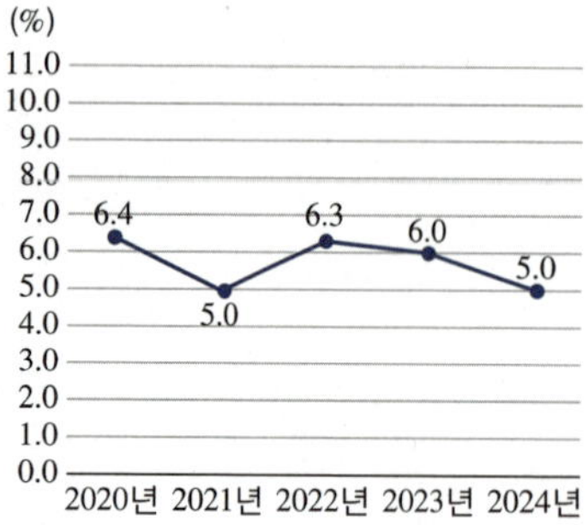

01 농도가 10%인 소금물 500g을 끓여 물을 증발시킨 후 농도가 2%인 소금물 250g을 더 넣었더니 농도가 8%인 소금물이 만들어졌다. 증발시킨 물의 양은?

① 52.5g
② 55g
③ 57.5g
④ 60g
⑤ 62.5g

02 일정한 규칙으로 수를 나열할 때, 빈칸에 들어갈 알맞은 수는?

5.55	10.09	15.54	( )	25.53	30.07	35.52	40.06	45.51

① 19.82
② 20.08
③ 21.24
④ 22.32
⑤ 23.44

03 영희는 회사에서 150km 떨어져 있는 지역에 운전하여 출장을 가게 되었다. 회사에서 출발하여 일정한 속력으로 가던 중 회사로부터 60km 떨어진 곳에서 차에 이상이 생겨 원래 속력에서 50% 느리게 운전했다. 목적지에 도착하는 데 총 1시간 30분이 걸렸다면 고장이 나기 전 처음 속력은?

① 100km/h
② 120km/h
③ 140km/h
④ 160km/h
⑤ 180km/h

04 L미술관의 올해 신입사원 수는 작년 대비 남성은 50% 증가하고, 여성은 40% 감소하여 60명이다. 작년의 전체 신입사원 수가 55명이었을 때, 올해 입사한 여성 신입사원 수는?

① 11명
② 12명
③ 13명
④ 14명
⑤ 15명

05 일정한 규칙으로 수를 나열할 때, A−B의 값은?

11	10	(A)	15	103	(B)	310	28

① 11
② 12
③ 13
④ 14
⑤ 15

06 세계 4대 테마파크로 꼽히는 L랜드는 회원제 시스템을 운영 중이다. 비회원은 매표소에서 자유이용권 1장을 20,000원에 구매할 수 있고, 회원은 자유이용권 1장을 20% 할인된 가격에 구매할 수 있다. 회원 가입비가 50,000원이라 할 때, L랜드를 최소 몇 번 방문해야 회원 가입한 것이 이익인가?(단, 회원 1인당 1번 방문 시 자유이용권 1장을 구매할 수 있다)

① 11번
② 12번
③ 13번
④ 14번
⑤ 15번

07 다음 수열의 12번째 항의 값은?

54	55	52	45	34	19	0	…

① −125
② −140
③ −155
④ −170
⑤ −185

08 A와 B는 가위바위보를 하여 이기면 2계단을 올라가고, 지면 1계단을 내려가는 게임을 하였다. 게임이 끝난 후, A는 11계단, B는 2계단을 올라가 있었다. A가 이긴 횟수는?(단, 비기는 경우는 생각하지 않는다)

① 5회
② 8회
③ 12회
④ 18회
⑤ 20회

09 일정한 규칙으로 수를 나열할 때, 빈칸에 들어갈 알맞은 수는?

6.3	5.6	7.2	6.5	( )	7.4	9	8.3

① 8.0
② 8.1
③ 8.2
④ 8.3
⑤ 8.4

10 12세인 철민이는 2세 위인 누나와 여동생이 있다. 아버지의 나이는 철민이, 누나, 여동생 나이 합의 2배이다. 아버지와 철민이의 나이 차이가 여동생 나이의 10배와 같다고 할 때, 여동생의 나이는?

① 5세
② 6세
③ 8세
④ 9세
⑤ 10세

11 일정한 규칙에 따라 수를 배치할 때, 빈칸에 들어갈 알맞은 수는?

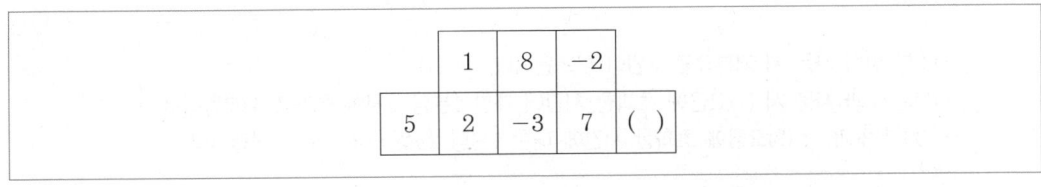

	1	8	−2	
5	2	−3	7	( )

① 0
② 1
③ 2
④ 3
⑤ 4

12 일정한 규칙으로 수를 나열할 때, 빈칸에 들어갈 알맞은 수는?

4 9 14 19 ( ) 29 34 39 44

① 24
② 28
③ 30
④ 35
⑤ 37

13 영업부 직원 5명이 지방으로 1박 2일 출장을 갔다. 이때 1, 2, 3인실 방에 배정되는 경우의 수는?(단, 각 방은 하나씩 있으며 1인실은 꼭 채워질 필요가 없다)

① 57가지
② 60가지
③ 62가지
④ 68가지
⑤ 70가지

14 민솔이네 가족은 L통신사를 이용하며 민솔이는 79분을 사용하여 20,950원, 아빠는 90분을 사용하여 21,390원의 요금을 청구받았다. L통신사의 요금 부과 규칙이 다음과 같을 때, 101분을 사용한 엄마의 통화 요금은?

- 60분 이하 사용 시 기본요금 x원이 부과됩니다. ··· (1)
- 60분 초과 사용 시 (1)요금에 초과한 시간에 대한 1분당 y원이 추가로 부과됩니다. ··· (2)
- 100분 초과 시 (2)요금에 초과한 시간에 대한 1분당 $2y$원이 추가로 부과됩니다.

① 21,830원
② 21,870원
③ 21,900원
④ 21,930원
⑤ 21,960원

15 일정한 규칙으로 수를 나열할 때, 빈칸에 들어갈 알맞은 수는?

11 19 8 −14 ( ) 16 −3 8 11

① 2 ② 8
③ 12 ④ 18
⑤ 20

16 민경이는 등산복과 등산화를 납품받아 판매한다. 등산복 한 벌을 판매했을 때 얻는 이익은 2,000원, 등산화 한 켤레를 판매했을 때 얻는 이익은 5,000원이다. 민경이는 총 40개의 제품을 판매했으며, 판매이익이 11만 원일 때 등산화 판매로 얻은 이익은?

① 5,000원 ② 15,000원
③ 25,000원 ④ 50,000원
⑤ 55,000원

17 일정한 규칙으로 수를 나열할 때, 빈칸에 들어갈 알맞은 수는?

1 5 14 30 55 91 140 ( )

① 202 ② 203
③ 204 ④ 205
⑤ 206

18 남자 2명, 여자 3명 중 2명의 대표를 선출하고자 한다. 이때, 대표가 모두 여자로 선출될 확률은?

① 70%
② 60%
③ 50%
④ 30%
⑤ 25%

19 L사의 A, B부서는 각각 4명, 6명으로 구성되어 있다. A, B부서는 업무 관련 자격증 시험에 단체로 응시하였고, 이들의 전체 평균 점수는 84점이었다. A부서의 평균 점수가 81점이라고 할 때, B부서의 평균 점수는?

① 85점
② 86점
③ 87점
④ 88점
⑤ 89점

20 A주머니에는 흰 공 1개와 검은 공 3개가 들어있고, B주머니에는 흰 공 2개가 들어있다. 두 주머니 중에 어느 하나를 택하여 1개의 공을 꺼낼 때, 그 공이 흰 공일 확률은?

① $\frac{1}{4}$
② $\frac{3}{8}$
③ $\frac{1}{2}$
④ $\frac{5}{8}$
⑤ $\frac{3}{4}$

3일 차
기출응용 모의고사

〈문항 수 및 시험시간〉

LG그룹 온라인 적성검사		
영역	문항 수	시험시간
언어이해	20문항	20분
언어추리	20문항	20분
자료해석	20문항	20분
창의수리	20문항	20분

LG그룹 온라인 적성검사

3일 차 기출응용 모의고사

문항 수 : 80문항
시험시간 : 80분

제1영역 언어이해

※ 다음 글의 제목으로 가장 적절한 것을 고르시오. [1~2]

01

영양분이 과도하게 많은 물에서는 오히려 물고기의 생존이 어렵다. 농업용 비료나 하수 등에서 배출되는 질소와 인 등으로 영양분이 많아진 하천의 수온이 상승하면 식물성 플랑크톤이 대량으로 증식하게 된다. 녹색을 띠는 플랑크톤이 수면을 뒤덮으면 물속으로 햇빛이 닿지 못하고 결국 물속의 산소가 고갈되어 물고기는 숨을 쉬기 어려워진다. 즉, 물속의 과도한 영양분이 오히려 물고기의 생존을 위협하는 것이다.
이처럼 부영양화된 물에서의 플랑크톤 증식으로 인한 녹조 현상은 경제발전과 각종 오염물질 배출량의 증가로 인해 심각한 사회문제가 되고 있다. 녹조는 냄새를 유발하는 물질과 함께 독소를 생성하여 수돗물의 수질을 저하시킨다. 특히 독성물질을 배출하는 녹조를 유해 녹조로 지정하여 관리하고 있는 현실을 고려하면 이제 녹조는 생태계뿐만 아니라 먹는 물의 안전까지도 위협한다.
하천의 생태계를 보호하고 우리가 먹는 물을 보호하기 위해서는 녹조의 발생 원인을 사전에 제거해야 한다. 이를 위해서는 무엇보다 생활 속에서의 작은 실천이 중요하다. 질소나 인이 첨가되지 않은 세제를 사용하고, 농가에서는 화학 비료 사용을 최소화하며 하천에 오염된 물이 흘러 들어가지 않도록 철저히 관리하는 노력을 기울여야 한다.

① 녹조를 가속화하는 이상 기온 현상
② 물고기의 생존을 위협하는 하천의 수질 오염
③ 수돗물 수질 향상을 위한 기술 개발의 필요성
④ 녹조 예방을 위한 정부의 철저한 관리의 필요성
⑤ 물고기와 인간의 안전을 위협하는 하천의 부영양화

02

'100세 시대' 노인의 큰 고민거리 중 하나가 바로 주변의 도움 없이도 긴 세월을 잘 버텨낼 주거 공간이다. 이미 많은 언론에서 보도되었듯이 우리나라는 '노인이 살기 불편한 나라'인 것이 사실이다. 일본이 고령화 시대의 도시 모델로 의(醫)·직(職)·주(住) 일체형 주거 단지를 도입하고 있는 데 비해 우리나라는 아직 노인을 위한 공용 주택도 변변한 게 없는 실정이다.
일본은 우리보다 30년 빠르게 고령화 사회에 당면했다. 일본 정부는 개인 주택을 노인 친화적 구조로 개조하도록 전문 컨설턴트를 붙이고 보조금까지 주고 있다. 또한 사회 전반에는 장애 없는 '유니버설 디자인'을 보편화하도록 노력해 왔다. 그 결과 실내에 휠체어 작동 공간이 확보되고, 바닥에는 턱이 없으며, 손잡이와 미끄럼 방지 장치도 기본적으로 설치되었다. 이 같은 준비는 노쇠해 거동이 불편해져도 익숙한 집, 익숙한 마을에서 끝까지 살고 싶다는 노인들의 바람을 존중했기 때문이다. 그러나 이 정책의 이면에는 기하급수적으로 증가하는 사회 복지 비용을 절감하자는 목적도 있었다. 고령자 입주시설을 설치하고 운영하는 비용이 재가 복지 비용보다 몇 배나 더 들기 때문이다.
우리나라의 경우 공동 주택인 아파트를 잘 활용하면 의외로 문제를 쉽게 풀 수 있을 것이다. 대규모 주거 단지의 일부를 고령 친화형으로 설계해서 노인 공유 동(棟)을 의무적으로 공급하는 것이다. 그곳에 식당, 욕실, 스포츠센터, 독서실, 오락실, 세탁실, 요양실, 게스트하우스, 육아 시설 등 노인들이 선호하는 시설을 넣으면 된다. 이러한 공유 공간은 가구당 전용 면적을 줄이고 공유 면적을 넓히면 해결된다. 이런 공유 경제가 확산되면 모든 공동 주택이 작은 공동체로 바뀌어 갈 것이다. 공유 공간에서의 삶은 노인들만 모여 사는 실버타운과 달리 전체적인 활력도 높아질 것이다.

① 일본과 한국의 노인 주거 정책 비교
② '유니버설 디자인'의 노인 친화적 주택
③ 증가하는 사회 복지 비용, 그 해결 방안은?
④ 더욱더 빨라지는 고령화 속도를 줄이는 방법
⑤ 노인 주거 문제, 소유에서 공유로 바꿔 해결하자.

03 다음 글에서 지적한 정보화 사회의 문제점에 대한 반대 입장의 논거로 적절하지 않은 것은?

> 정보화 사회에서 지식과 정보는 부가가치의 원천이다. 지식과 정보에 접근할 수 없는 사람들은 소득을 얻는 데 불리할 수밖에 없다. 고급 정보에 대한 접근이 용이한 사람들은 부를 쉽게 축적하고, 그 부를 바탕으로 또 다른 고급 정보 획득에 많은 비용을 투입할 수 있다. 이렇게 벌어진 정보 격차는 시간이 갈수록 심화될 가능성이 높아지고 있다. 정보나 지식이 독점되거나 진입 장벽을 통해 이용이 배제되는 경우도 문제이다. 특히 정보가 상품화됨에 따라 정보를 둘러싼 불평등은 더욱 심화될 것이다.

① 정보 기기의 보편화로 인한 정보 격차 완화

② 인터넷이나 컴퓨터 유지비 측면에서의 격차 발생

③ 인터넷의 발달에 따라 전 계층의 고급 정보 접근 용이

④ 일방적 정보 전달에서 벗어나 상호작용의 의사소통 가능

⑤ 정보의 확산으로 기존의 자본주의에 의한 격차 완화 가능성

04 다음 글의 주장을 반박하는 내용으로 적절하지 않은 것은?

> 윤리와 관련하여 가장 광범위하게 받아들여진 사실 가운데 하나는 옳은 것과 그른 것에 대한 광범위한 불일치가 과거부터 현재까지 항상 있었고, 앞으로도 계속 있을 것이라는 점이다. 가령 육식이 올바른지를 두고 한 문화에 속해 있는 사람들의 판단은 다른 문화에 속해 있는 사람들의 판단과 굉장히 다르다. 그뿐만 아니라 한 문화에 속한 사람들의 판단은 시대마다 아주 다르기도 하다. 심지어 우리는 동일한 문화와 시대 안에서도 하나의 행위에 대해 서로 다른 윤리적 판단을 하는 경우를 볼 수 있다.
>
> 이러한 사실이 의미하는 바는 사람들의 윤리적 기준이 시간과 장소 그리고 그들이 사는 상황에 따라 달라진다는 것이다. 그러므로 올바른 윤리적 기준은 그것을 적용하는 사람에 따라 상대적이다. 이것이 바로 윤리적 상대주의의 핵심 논지이다. 따라서 우리는 윤리적 상대주의가 참이라는 결론을 내려야 한다.

① 사람들의 윤리적 판단은 그들이 사는 지역에 따라 크게 다르지 않다.

② 윤리적 판단이 다르다고 해서 윤리적 기준도 반드시 달라지는 것은 아니다.

③ 윤리적 상대주의가 옳다고 해서 사람들의 윤리적 판단이 항상 서로 다른 것은 아니다.

④ 인류학자들에 따르면 문화에 따른 판단의 차이에도 불구하고 일부 윤리적 기준은 보편적으로 신봉되고 있다.

⑤ 서로 다른 윤리적 판단이 존재하는 경우에도 그중에 올바른 판단은 하나뿐이며, 그런 올바른 판단을 옳게 만들어 주는 객관적 기준이 존재한다.

05 **다음은 칸트의 미적 기준에 대한 글이다. 밑줄 친 ㉠에 대해 '미적 무관심성'을 보인 사람은?**

> 한 떨기 ㉠ <u>흰 장미</u>가 우리 앞에 있다고 하자. 하나의 동일한 대상이지만 그것을 받아들이는 방식은 다양하다. 그것은 이윤을 창출하는 상품으로 보일 수도 있고, 식물학적 연구 대상으로 보일 수도 있다. 또한 어떤 경우에는 나치에 항거하다 죽어 간 저항 조직 '백장미'의 젊은이들을 떠올리게 할 수도 있다. 그런데 이런 경우들과 달리 우리는 종종 그저 그 꽃잎의 모양과 순백의 색깔이 아름답다는 이유만으로 충분히 만족을 느끼기도 한다.
>
> 가끔씩 우리는 이렇게 평소와는 매우 다른 특별한 순간들을 맛본다. 평소에 중요하게 여겨지던 것들이 이 순간에는 철저히 관심 밖으로 밀려나고, 오직 대상의 내재적인 미적 형식만이 관심의 대상이 된다. 이러한 마음의 작동 방식을 가리키는 개념어가 '미적 무관심성'이다. 칸트가 이 개념의 대표적인 대변자인데, 그에 따르면 미적 무관심성이란 대상의 아름다움을 판정할 때 요구되는 순수하게 심미적인 심리 상태를 뜻한다. 즉, 'X는 아름답다.'라고 판단할 때 우리의 관심은 오로지 X의 형식적 측면이 우리의 감수성에 쾌·불쾌를 주는지를 가리는 데 있으므로 '무관심적 관심'이다. 그리고 무언가를 실질적으로 얻거나 알고자 하는 모든 관심으로부터 자유로운 X의 존재 가치는 '목적 없는 합목적성'에 있다. 대상의 개념이나 용도 및 현존으로부터의 완전한 거리두기를 통해 도달할 수 있는 순수 미적인 차원에 대한 이러한 이론적 정당화는 쇼펜하우어에 이르러서는 예술미의 관조를 인간의 영적 구원의 한 가능성으로 평가하는 사상으로까지 발전하였다. 불교에 심취한 그는 칸트의 '미적 무관심성' 개념에서 더 나아가 '미적 무욕성'을 주장했다. 그에 따르면 이 세계는 '맹목적 의지'가 지배하는 곳으로, 거기에 사는 우리는 욕구와 결핍의 부단한 교차 속에서 고통받지만, 예술미에 도취하는 그 순간만큼은 해방을 맛본다. 즉, '의지의 폭정'에서 벗어나 잠정적인 열반에 도달한다.
>
> 미적 무관심성은 예술의 고유한 가치를 옹호하는 데 큰 역할을 하는 개념이다. 그러나 우리는 그것이 극단적으로 추구될 경우에 가해질 수 있는 비판을 또한 존중하지 않을 수 없다. 왜냐하면 독립 선언이 곧 고립 선언은 아니기 때문이다. 예술의 고유한 가치는 진리나 선과 같은 가치 영역들과 유기적인 조화를 이룰 때 더욱 고양된다. 요컨대 예술은 다른 목적에 종속되는 한갓된 수단이 되어서도 안 되겠지만, 그것의 지적·실천적 역할이 완전히 도외시되어서도 안 된다.

① 도일 : 장미에서 흐르는 윤기와 단단한 줄기에서 아름다움이 느껴져.
② 지은 : 인위적으로 하얀색 장미를 만들어 내는 것은 논란의 여지가 있어.
③ 지원 : 장미의 향기를 맡고 있자니 이 세상에서 영혼이 해방된 느낌이 들어.
④ 예지 : 성년의 날에 장미를 대학교 앞에 가져가 팔면 많은 돈을 벌 수 있겠어.
⑤ 수림 : 빨간 장미와 달리 흰 장미가 흰색을 띠는 이유가 무엇인지 분석해 보고 싶어.

※ 다음 글의 내용으로 가장 적절한 것을 고르시오. [6~7]

06

1896년 『독립신문』 창간을 계기로 여러 가지의 애국가 가사가 신문에 게재되기 시작했는데, 어떤 곡조에 따라 이 가사들을 노래로 불렀는지는 명확하지 않다. 다만 대한제국이 서구식 군악대를 조직해 1902년 '대한제국 애국가'라는 이름의 국가(國歌)를 만들어 나라의 주요 행사에 사용했다는 기록은 남아 있다. 오늘날 우리가 부르는 애국가의 노랫말은 외세의 침략으로 나라가 위기에 처해 있던 1907년을 전후로 조국애와 충성심을 북돋우기 위하여 만들어졌다.

1935년 해외에서 활동 중이던 안익태는 오늘날 우리가 부르고 있는 국가를 작곡하였다. 대한민국 임시정부는 이 곡을 애국가로 채택해 사용했으나 이는 해외에서만 퍼져나갔을 뿐, 국내에서는 광복 이후 정부수립 무렵까지 애국가 노랫말을 스코틀랜드 민요에 맞춰 부르고 있었다. 그러다가 1948년 대한민국 정부가 수립된 이후 현재의 노랫말과 함께 안익태가 작곡한 곡조의 애국가가 정부의 공식 행사에 사용되고 각급 학교 교과서에도 실리면서 전국적으로 애창되기 시작하였다.

애국가가 국가로 공식화되면서 1950년대에는 대한뉴스 등을 통해 적극적으로 홍보가 이루어졌다. 그리고 「국기게양 및 애국가 제창 시의 예의에 관한 지시(1966)」 등에 의해 점차 국가의례의 하나로 간주되었다.

1970년대 초에는 공연장에서 본공연 전에 애국가가 상영되기 시작하였다. 이후 1980년대 중반까지 주요 방송국에서 국기강하식에 맞춰 애국가를 방송하였다. 주요 방송국의 국기강하식 방송, 극장에서의 애국가 상영 등은 1980년대 후반 중지되었으며 음악회와 같은 공연 시 애국가 연주도 이때 자율화되었다.

오늘날 주요 행사 등에서 애국가를 제창하는 경우에는 부득이한 경우를 제외하고 4절까지 제창하여야 한다. 애국가는 모두 함께 부르는 경우에는 전주곡을 연주한다. 다만, 약식 절차로 국민의례를 행할 때 애국가를 부르지 않고 연주만 하는 의전행사(외국에서 하는 경우 포함)나 시상식·공연 등에서는 전주곡을 연주해서는 안 된다.

① 1940년에 해외에서는 안익태가 만든 애국가 곡조를 들을 수 없었다.

② 1990년대 초반에는 국기강하식 방송과 극장에서의 애국가 상영이 의무화되었다.

③ 오늘날 우리가 부르는 애국가의 노랫말은 1896년 『독립신문』에 게재되지 않았다.

④ 시상식에서 애국가를 부르지 않고 연주만 하는 경우에는 전주곡을 연주할 수 있다.

⑤ 안익태가 애국가 곡조를 작곡한 해로부터 대한민국 정부 공식 행사에 사용될 때까지 채 10년이 걸리지 않았다.

07

> 이슬람사회에서 결혼은 계약관계로 간주된다. 따라서 부부관계는 계약사항이 위반될 때 해제될 수 있다. 결혼식 전 신랑 측과 신부 측이 서로 합의하에 결혼계약서를 작성하며, 결혼식에서 신랑과 신부 집안의 가장(家長), 양가의 중재자, 양쪽 집안에서 정한 증인이 결혼계약서에 각각 서명해야 하는 점은 이를 반영한다. 결혼계약서에 서명이 없거나, 이슬람의 관습에 따라 결혼식이 진행되지 않았거나, 서명이 끝난 결혼계약서가 정부에 등록되지 않으면 결혼은 무효로 간주되어 법적 효력이 없다.
> 결혼식은 아랍어로 '시가'라고 하는 결혼서약으로 시작된다. 이는 결혼식 날 주례로서 결혼을 주관하는 '마우준'이 신랑 측과 신부 측에 결혼 의사를 묻고 동의 의사를 듣는 것으로 이루어진다. 이슬람사회의 관습에 따르면 결혼식에서 직접 동의 의사를 공표하는 신랑과 달리, 신부는 스스로 자신의 결혼 의사를 공표할 수 없다. 신부의 후견인인 '왈리'가 신부를 대신해 신부의 결혼 의사를 밝힌다. 보통 아버지가 그 역할을 담당하지만 아버지의 부재 시 삼촌이나 오빠가 대신한다. 당사자 혹은 대리인의 동의 없는 결혼서약은 무효로 간주된다.
> 결혼에 대한 양가의 의사 이외에도 이슬람사회에서 결혼이 성립되기 위한 필수조건으로 '마흐르'라고 불리는 혼납금이 있어야 한다. 이슬람사회의 관습에 따르면 혼납금은 신부의 개인 재산으로 간주된다. 혼납금은 결혼계약서를 작성하면서 신랑이 신부에게 지급해야 한다.
> 증인 또한 중요하다. 결혼식의 증인으로는 믿을 만한 양가 친척이나 부모의 친구가 선택된다. 양가를 대표하는 두 명의 증인은 결혼계약서에 서명함으로써 결혼에 거짓이 없음을 증명한다. 결혼식에서 증인이 확인하는 내용은 신랑이나 신부가 친남매 간이나 수양남매 관계가 아니라는 것, 양가의 사회적 지위가 비슷하며 종교가 같다는 것, 이전에 다른 결혼관계가 있었는지 여부, 신부가 '잇다' 기간에 있지 않다는 것 등이다. '잇다' 기간이란 여성이 이전 결혼관계가 해제된 후 다음 결혼 전까지 두어야 하는 결혼 대기 기간으로, 이 기간 동안 전 결혼에서 발생했을지 모를 임신 여부를 확인한다.

① 이슬람사회에서 남성은 전처의 잇다 기간 동안에는 재혼할 수 없다.

② 이슬람사회에서 결혼은 계약관계로 간주되기 때문에 결혼의 당사자가 직접 결혼계약서에 서명해야 법적 효력이 있다.

③ 이슬람사회에서 대리인을 통하지 않고 법적으로 유효하게 결혼 동의 의사를 밝힌 결혼 당사자는 상대방에게 혼납금을 지급하였을 것이다.

④ 이슬람사회에서 남녀의 결혼이 합법적으로 인정받기 위해서는 결혼 중재자와 결혼식 주례, 결혼계약서, 혼납금, 증인, 결혼식 하객이 필수이다.

⑤ 이슬람 사회의 결혼계약서에는 신랑과 신부의 가족관계, 양가의 사회적 배경, 양가의 결합에 대한 정부의 승인 등의 내용이 들어 있다.

※ 다음 글의 내용으로 적절하지 않은 것을 고르시오. [8~9]

08

고야의 마녀도 리얼하다. 이는 고야가 인간과 마녀를 분명하게 구별하지 않고, 마녀가 실존하는 것처럼 그렸기 때문이다. 따라서 우리는 고야가 마녀의 존재를 믿었는지 의심할 수 있다. 그러나 그것은 중요한 문제가 아니다. 고야는 마녀를 비이성의 상징으로 그려서 세상이 완전하게 이성에 의해서만 지배되지 않음을 표현하고 있을 뿐이다. 또한 악마가 사실 인간 자신의 정신 내면에 존재하는 것임을 시사한다. 그것이 바로 가장 유명한 작품인 제43번 「이성이 잠들면 괴물이 나타난다.」에서 그려진 것이다.

① 고야는 이성의 존재를 부정하였다.
② 고야는 비이성이 인간 내면에 존재한다고 판단했다.
③ 고야가 마녀의 존재를 믿었는가의 여부는 알 수 없다.
④ 고야는 세상을 이성과 비이성이 뒤섞인 상태로 이해했다.
⑤ 고야는 악마가 인간의 정신 내면에 존재하는 점을 시사하였다.

09

현재 전해지는 조선 시대의 목가구는 대부분 조선 후기의 것들로 단단한 소나무, 느티나무, 은행나무 등의 곧은결을 기둥이나 쇠목으로 이용하고, 오동나무, 느티나무, 먹감나무 등의 늘결을 판재로 사용하여 자연스런 나뭇결의 재질을 살렸다. 또한 대나무 혹은 엇갈리거나 소용돌이 무늬를 이룬 뿌리 부근의 목재 등을 활용하여 자연스러운 장식이 되도록 하였다.

조선 시대의 목가구는 대부분 한옥의 온돌에서 사용되었기에 온도와 습도 변화에 따른 변형을 최대한 방지할 수 있는 방법이 필요하였다. 그래서 단단하고 가느다란 기둥재로 면을 나누고, 기둥재에 홈을 파서 판재를 끼워 넣는 특수한 짜임과 이음의 방법을 사용하였으며, 꼭 필요한 부위에만 접착제와 대나무 못을 사용하여 목재가 수축・팽창하더라도 뒤틀림과 휘어짐이 최소화될 수 있도록 하였다. 조선 시대 목가구의 대표적 특징으로 언급되는 '간결한 선'과 '명확한 면 분할'은 이러한 짜임과 이음의 방법에 기초한 것이다. 짜임과 이음은 조선 시대 목가구 제작에 필수적인 방법으로, 겉으로 드러나는 아름다움은 물론 보이지 않는 내부의 구조까지 고려한 격조 높은 기법이었다.

한편 물건을 편리하게 사용할 수 있게 해주며, 목재의 결합부위나 모서리에 힘을 보강하는 금속 장석은 장식의 역할도 했지만 기능상 반드시 필요하거나 나무의 질감을 강조하려는 의도에서 사용되어, 조선 시대 목가구의 절제되고 간결한 특징을 잘 살리고 있다.

① 금속 장석은 장식의 역할도 했지만, 기능상 필요에 의해서도 사용되었다.
② 나무의 곧은결을 기둥이나 쇠목으로 이용하고, 늘결을 판재로 사용하였다.
③ 목재의 결합부위나 모서리에 힘을 보강하기 위해 금속 장석을 사용하였다.
④ 접착제와 대나무 못을 사용하면 목재의 수축과 팽창이 발생하지 않게 된다.
⑤ 조선 시대 목가구는 온도와 습도 변화에 따른 변형을 방지할 방법이 필요하였다.

※ 다음 글을 읽고 추론한 내용으로 가장 적절한 것을 고르시오. [10~11]

10

사람들은 단순히 공복을 채우기 위해서가 아니라 다른 많은 이유로 '먹는다.'는 행위를 행한다. 먹는다는 것에 대한 비생리학적인 동기에 관해서 연구하고 있는 과학자들에 따르면 비만인 사람들과 표준체중인 사람들은 식사 패턴에서 꽤나 차이를 보이는 것을 알 수 있다고 한다. 한 연구에서는 비만인 사람들에 대해 식사 전에 그 식사에 대한 상세한 설명을 하면 설명을 하지 않은 경우에 비해서 식사량이 늘었지만 표준체중인 사람들에게서는 그런 현상이 보이지 않았다. 또한 표준체중인 사람들은 밝은 색 접시에 담긴 견과류와 어두운 색 접시에 담긴 견과류를 먹은 개수의 차가 거의 없는 것에 비해 비만인 사람들은 밝은 색 접시에 담긴 견과류를 어두운 색 접시에 담긴 견과류보다 2배 더 많이 먹었다는 연구도 있다.

① 비만인 사람들은 표준체중인 사람들보다 감각이 예민하다.
② 표준체중인 사람들은 음식에 대한 욕구를 절제할 수 있다.
③ 표준체중인 사람들은 비만체중인 사람들에 비해 식사량이 적다.
④ 비만인 사람들은 표준체중인 사람들에 비해 외부 자극에 의해 식습관에 영향을 받기 쉽다.
⑤ 비만인 사람들은 생리학적인 필요성이라기보다 감정적 또는 심리적인 필요성에 쫓겨서 식사를 한다.

11

한 연구원이 어떤 실험을 계획하고 참가자들에게 이렇게 설명했다.
"여러분은 지금부터 둘씩 조를 지어 함께 일을 하게 됩니다. 여러분의 파트너는 다른 작업장에서 여러분과 똑같은 일을, 똑같은 노력을 기울여야 할 것입니다. 이번 실험에 대한 보수는 각 조당 5만 원입니다."
실험 참가자들이 작업을 마치자 연구원은 참가자들을 세 부류로 나누어 각각 2만 원, 2만 5천 원, 3만 원의 보수를 차등 지급하면서, 그들이 다른 작업장에서 파트너가 받은 액수를 제외한 나머지 보수를 받은 것으로 믿게 하였다.
그 후 연구원은 실험 참가자들에게 몇 가지 설문을 했다. '보수를 받고 난 후에 어떤 기분이 들었는지, 나누어 받은 돈이 공정하다고 생각하는지'를 묻는 것이었다. 연구원은 설문을 하기 전에 3만 원을 받은 참가자가 가장 행복할 것이라고 예상했다. 그런데 결과는 예상과 달랐다. 3만 원을 받은 사람은 2만 5천 원을 받은 사람보다 덜 행복해 했다. 자신이 과도하게 보상을 받아 부담을 느꼈기 때문이다. 2만 원을 받은 사람도 덜 행복해 한 것은 마찬가지였다. 받아야 할 만큼 충분히 받지 못했다고 생각했기 때문이다.

① 인간은 타인과 협력할 때 더 행복해 한다.
② 인간은 공평한 대우를 받을 때 더 행복해 한다.
③ 인간은 남보다 능력을 인정받을 때 더 행복해 한다.
④ 인간은 자신이 설정한 목표를 달성했을 때 가장 행복해 한다.
⑤ 인간은 상대를 위해 자신의 몫을 양보했을 때 더 행복해 한다.

12 다음 글을 읽고 추론한 내용으로 적절하지 않은 것은?

> 소크라테스와 플라톤은 파르메니데스를 존경스럽고 비상한 능력을 지닌 인물로 높이 평가했다. 그러나 그의 사상은 지극히 난해하다고 했다. 유럽 철학사에서 파르메니데스의 중요성은 그가 최초로 '존재'의 개념을 정립했다는 데 있다. 파르메니데스는 아르케, 즉 근원적인 원리에 대한 근본적인 질문을 이오니아의 자연철학자들과는 다른 방식으로 다룬다. 그는 원천의 개념에서 일체의 시간적·물리적 성질을 제거하고 오로지 존재론적인 문제만을 남겨 놓는다. 이 위대한 엘레아 사람은 지성을 기준으로 내세웠고, 예리한 인식에는 감각적 지각이 필요 없다고 주장했다. 경험적 인식과는 무관한 논리학이 사물의 본질을 파악할 수 있는 능력이라고 전제함으로써 그는 감각적으로 지각할 수 있는 세계 전체를 기만적인 것으로 치부하고 유일하게 실재하는 것은 '존재'라고 생각했다.
>
> 그리고 이 존재는 로고스에 의해 인식되며, 로고스와 같은 것이라고 했다. 파악함과 존재는 같은 것이므로 존재하는 것은 파악될 수 있다. 그리고 파악될 수 있는 것만이 존재한다. 파르메니데스는 '존재자'라는 근본적인 존재론적 개념을 유럽 철학에 최초로 도입한 인물일 뿐만 아니라, 경험세계와는 전적으로 무관하게 오로지 논리적 근거만을 사용하여 순수한 이론적 체계를 성립시킨 최초의 인물이기도 했다.

① 플라톤은 파르메니데스를 높게 평가했다.

② 파르메니데스는 감성보다 지성에 높은 지위를 부여했을 것이다.

③ 경험론자들의 주장과 파르메니데스의 주장은 일맥상통할 것이다.

④ 파르메니데스에게 예리한 인식이란 로고스로 파악하는 존재일 것이다.

⑤ 파르메니데스 사상의 업적은 존재란 개념을 이성적 파악의 대상으로 본 것이다.

13 다음 글의 빈칸에 들어갈 문장을 〈보기〉에서 찾아 순서대로 나열한 것은?

> 해프닝(Happening)이란 장르는 글자 그대로 지금 여기에서 일어나고 있는 것을 보여준다. 이것은 즉흥적으로 이루어지며, 말보다는 시각적이고 청각적인 소재들을 중요한 표현의 도구로 삼는다. 공연은 폐쇄된 극장이 아니라 화랑이나 길거리, 공원, 시장, 부엌 등과 같은 일상적인 공간에서 이루어지기 때문에 이동성이 뛰어나다. 또한 논리적으로 연결되지 않는 사건과 행동들이 파편적으로 이어져 있어 기이하고 추상적이기도 하다. 대화는 생략되거나 아예 없으며, 때로 불쑥불쑥 튀어나오는 말도 특별한 의미를 지니지 않는 경우가 많다. ________________ 이러한 해프닝의 발상은 미술의 콜라주, 영화의 몽타주와 비슷하고, 삶의 부조리를 드러내는 현대 연극, 랩과 같은 대중음악과도 통한다. 우리의 삶 자체가 일회적이고 일관된 논리에 의해 통제되지 않는다는 사실이야말로 해프닝과 삶 자체의 밀접한 관계를 보여주는 것이 아닐까.
>
> 다양한 예술 사이의 벽을 무너뜨리는 해프닝은 기존 예술에서의 관객의 역할을 변화시켰다. ________________ 공연은 정해진 어느 한 곳이 아니라 이곳저곳에서 혹은 동시다발적으로 이루어지기도 하며, 관객들은 볼거리를 따라 옮겨 다니면서 각기 다른 관점을 지닌 장면들을 보기도 한다. 이것은 관객들을 공연에 참여하게 하려는 의도라고 할 수 있다. 그렇게 함으로써 해프닝은 삶과 예술이 분리되지 않게 하고, 궁극적으로는 일상적 삶에 개입하는 의식(儀式)이 되고자 한다. 나아가 예술 시장에서 상징적 재화로 소수 사람들 사이에서 거래되는 것을 거부한다. 또 해프닝은 박물관에 완성된 작품으로 전시되고 보존되는 기존 예술의 관습에도 저항한다.
>
> 이와 같은 예술적 현상은 단순한 운동이 아니라 예술가들의 정신적 모험의 실천이라고 할 수 있다. ________________ 그럼에도 불구하고 현대 사회에서 안락한 감정에 마비되어 있는 우리들을 휘저어 놓으면서 삶과 예술의 관계를 새롭게 모색하는 이러한 예술적 모험은 좀 더 다양한 모습으로 예술의 지평을 넓혀갈 것이다.

보기

㉠ 이를 통해 해프닝은 우리 삶의 고통이나 희망 등을 논리적인 말로는 더 이상 전달할 수 없다는 것을 내세운다.

㉡ 인습적인 사회 제도에 순응하는 것을 비판하고 고정된 예술의 개념을 변혁하려고 했던 해프닝은 우연적 사건, 개인의 자의식 등을 강조해서 뭐가 뭔지 알 수 없는 것이라는 비판을 듣기도 했다.

㉢ 행위자들은 관객에게 봉사하는 것이 아니라 고함을 지르거나 물을 끼얹으면서 관객들을 자극하고 희롱하기도 한다.

① ㉠, ㉡, ㉢
② ㉠, ㉢, ㉡
③ ㉡, ㉢, ㉠
④ ㉢, ㉠, ㉡
⑤ ㉢, ㉡, ㉠

※ 다음 제시된 문단을 논리적 순서대로 바르게 나열한 것을 고르시오. **[14~15]**

14

(가) 그런데 예술 작품 중에서는 우리의 감각으로 파악하기에 적합한 크기와 형식에서 벗어난 거대한 건축물이나 추상적인 작품이 있다. 이러한 경우에도 우리는 아름다움을 느끼게 되는데, 그 이유는 무엇일까?

(나) 우리가 한두 가지 단조로운 색으로 칠해진 거대한 추상화에서 모호하고도 경이로운 존재의 신비를 느꼈다면, 그것은 비감각적 차원에서 유사성을 지각함으로써 정신적 합일을 통한 아름다움을 느낀 것이다.

(다) 이는 예술 작품에서 표현된 것은 색채나 형태 그 자체가 아니라 그것을 넘어서 있는 어떤 정신적인 것일 경우가 많기 때문이다. 이러한 정신적인 것을 우리의 감각에 적합한 형식으로 나타낼 수 없기 때문에 작가는 내용을 암시만 하는 정도로 색채나 형태와 같은 감각적 매체를 사용할 수밖에 없다.

(라) 아름다운 것이란 일반적으로 적절한 크기와 형식을 가질 때 성립한다. 어떤 대상이 우리의 감각으로 파악하기에 적합한 크기와 형식을 벗어날 때 우리는 아름다움이나 조화보다는 불편함을 느끼게 된다.

① (나) – (가) – (다) – (라)
② (나) – (가) – (라) – (다)
③ (라) – (가) – (나) – (다)
④ (라) – (가) – (다) – (나)
⑤ (라) – (다) – (가) – (나)

15

(가) 결국 이를 다시 생각하면, 과거와 현재의 문화 체계와 당시 사람들의 의식 구조, 생활상 등을 역추적할 수 있다는 말이 된다. 즉, 동물의 상징적 의미가 문화를 푸는 또 하나의 열쇠이자 암호가 되는 것이다. 그리고 동물의 상징적 의미를 통해 인류의 총체인 문화의 실타래를 푸는 것은 우리는 어떤 존재인가라는 정체성에 대한 답을 하는 과정이 될 수 있다.

(나) 인류는 선사시대부터 생존을 위한 원초적 본능에서 동굴이나 바위에 그림을 그리는 일종의 신앙 미술을 창조했다. 신앙 미술은 동물에게 여러 의미를 부여하기 시작했고, 동물의 상징적 의미는 현재까지도 이어지고 있다. 1억 원 이상 복권 당첨자의 23%가 돼지꿈을 꿨다거나, 황금돼지해에 태어난 아이는 만복을 타고난다는 속설 때문에 결혼과 출산이 줄을 이었고, 대통령 선거에서 '두 돼지가 나타나 두 뱀을 잡아 먹는다.'는 식으로 후보들이 홍보를 하기도 했다. 이렇게 동물의 상징적 의미는 우리 시대에도 여전히 유효한 관념으로 남아 있는 것이다.

(다) 동물의 상징적 의미는 시대나 나라에 따라 변하고 새로운 역사성을 담기도 했다. 예를 들어 뱀은 다산의 상징이자 불사의 존재이기도 했지만, 사악하고 차가운 간사한 동물로 여겨지기도 했다. 하지만 그리스에서 뱀은 지혜의 신이자 아테네의 상징물이었고 논리학의 상징이었다. 그리고 과거에 용은 숭배의 대상이었으나, 상상의 동물일 뿐이라는 현대의 과학적 사고는 지금의 용에 대한 믿음을 약화시키고 있다.

(라) 동물의 상징적 의미가 이렇게 다양하게 변하는 것은 문화가 살아 움직이기 때문이다. 문화는 인류의 지식, 신념, 행위의 총체로서, 동물의 상징적 의미 또한 문화에 속한다. 문화는 항상 현재 진행형이기 때문에 현재의 생활이 바로 문화이며, 이것은 미래의 문화로 전이된다. 문화는 과거, 현재, 미래가 따로 떨어진 게 아니라 뫼비우스의 띠처럼 연결되어 있는 것이다. 다시 말하면 그 속에 포함된 동물의 상징적 의미 또한 거미줄처럼 얽히고설켜 형성된 것으로, 그 시대의 관념과 종교, 사회・정치적 상황에 따라 의미가 달라질 수밖에 없다는 말이다.

① (가) – (다) – (라) – (나)
② (나) – (다) – (라) – (가)
③ (나) – (라) – (다) – (가)
④ (다) – (나) – (라) – (가)
⑤ (다) – (라) – (가) – (나)

16 다음 제시된 글에 이어질 문단을 논리적 순서대로 바르게 나열한 것은?

연금 제도의 금융 논리와 관련하여 결정적으로 중요한 원리는 중세에서 비롯된 신탁 원리이다. 12세기 영국에서는 미성년 유족(遺族)에게 토지에 대한 권리를 합법적으로 이전할 수 없었다. 그럼에도 불구하고 영국인들은 유언을 통해 자식에게 토지 재산을 물려주고 싶어 했다.

(가) 이런 상황에서 귀족들이 자신의 재산을 미성년 유족이 아닌, 친구나 지인 등 제3자에게 맡기기 시작하면서 신탁 제도가 형성되기 시작했다. 여기서 재산을 맡긴 성인 귀족, 재산을 물려받은 미성년 유족 그리고 미성년 유족을 대신해 그 재산을 관리·운용하는 제3자로 구성되는 관계, 즉 위탁자, 수익자 그리고 수탁자로 구성되는 관계가 등장했다.

(나) 연금 제도가 이 신탁 원리에 기초해 있는 이상, 연금 가입자는 연기금 재산의 운용에 대해 영향력을 행사하기 어렵게 된다. 왜냐하면 신탁의 본질상 공·사 연금을 막론하고 신탁 원리에 기반을 둔 연금 제도에서는 수익자인 연금 가입자의 적극적인 권리 행사가 허용되지 않기 때문이다.

(다) 이 관계에서 주목해야 할 것은 미성년 유족은 성인이 될 때까지 재산권을 온전히 인정받지는 못했다는 점이다. 즉, 신탁 원리하에서 수익자는 재산에 대한 운용 권리를 모두 수탁자인 제3자에게 맡기도록 되어 있었기 때문에 수익자의 지위는 불안정했다.

(라) 결국 신탁 원리는 수익자의 연금 운용 권리를 현저히 약화시키는 것을 기본으로 한다. 그 대신 연금 운용을 수탁자에게 맡기면서 '수탁자 책임'이라는 논란이 분분하고 불분명한 책임이 부과된다. 수탁자 책임 이행의 적절성을 어떻게 판단할 수 있는가에 대해 많은 논의가 있었지만 수탁자 책임의 내용에 대해서 실질적인 합의가 이루어지지는 못했다.

① (가) – (나) – (라) – (다)
② (가) – (다) – (나) – (라)
③ (나) – (가) – (다) – (라)
④ (나) – (라) – (가) – (다)
⑤ (다) – (가) – (나) – (라)

17 **다음 글에서 필자가 생각하는 바람직한 사회 변혁 운동의 성격은?**

> 임꺽정의 반란은 훈구파와 사림파의 교체를 촉진하였다. 기존의 지배 세력을 역사의 무대에서 끌어내리고, 새로운 사회 세력을 전면에 등장시키는 데 중요한 역할을 한 것이다. 그러나 정작 임꺽정 자신의 문제인 천민층의 신분 해방은 해결하지 못했다. 그가 이러한 문제를 해결하려는 의식을 지니고 있었는지도 사실은 의문이다. 그는 원초적으로 봉건 지배층의 권위에 도전하는 반항심을 지녔지만, 모순을 객관적으로 인식하고 이를 생산 대중의 힘을 결집하여 해결하려는 사회의식은 지니지 못했다. 이 때문에 그의 저항은 생산 활동에서 유리된 채, 잉여물을 약탈하는 도적 형태를 띨 수밖에 없었다.
> 봉건 사회의 변혁 운동은 생산 현장에서 유리된 사회 주변부 세력이 주도하는 산발적이고 일시적인 저항으로부터 생산 활동에 뿌리를 내린 농민 대중의 지속적이며 견실한 저항으로 발전해 간다. 이런 의미에서 볼 때, 16세기 임꺽정의 활동은 봉건 사회 변혁 운동의 초기적인 형태로서 역사적 의의가 있다.

① 도적 활동을 통한 게릴라 전술
② 백성들의 무력에 의한 왕권 쟁취
③ 세력 교체를 가져올 수 있는 강력한 도전
④ 신분의 철폐를 전제로 하는 천민층의 저항
⑤ 생산 대중에 의한 계속적이고 견실한 저항

18 **다음 글의 전개 방식으로 가장 적절한 것은?**

> 교육센터는 7가지 코스로 구성된다. 먼저, 기초 훈련 코스에서는 자동차 특성의 이해를 통해 안전운전의 기본 능력을 향상시킨다. 자유 훈련 코스는 운전자의 운전 자세 및 공간 지각 능력에 따른 안전 위험 요소를 교육한다. 위험 회피 코스에서는 돌발 상황 발생 시 위험 회피 능력을 향상시키며, 직선 제동 코스에서는 다양한 도로 환경에 적응하여 긴급 상황 시 효과적으로 제동할 수 있도록 교육한다. 빗길 제동 코스에서는 빗길 주행 시 위험 요인을 체득하여 안전운전 능력을 향상시키고, 곡선 주행 코스에서는 미끄러운 곡선 주행에서 안전운전을 할 수 있도록 가르친다. 마지막으로 일반·고속 주행 코스에서는 속도에 따라 발생할 수 있는 다양한 위험 요인의 대처 능력을 향상시켜 방어 운전 요령을 습득하도록 돕는다. 이외에도 친환경 운전 방법 '에코 드라이브'에 대해 교육하는 에코 드라이빙존, 안전한 교차로 통행 방법을 가르치는 딜레마존이 있다. 안전운전의 기본은 사업용 운전자의 올바른 습관이다. 교통안전 체험교육센터에서 교육만 받더라도 교통사고 발생 확률이 크게 낮아진다.

① 각 구조에 따른 특성을 대조하고 있다.
② 상반된 결과를 통해 결론을 도출하고 있다.
③ 여러 가지를 비교하면서 그 우월성을 논하고 있다.
④ 의견의 타당성을 검증하기 위해 수치를 제시하고 있다.
⑤ 각 구성에 따른 특징과 그에 따른 기대 효과를 설명하고 있다.

※ 다음 글의 빈칸에 들어갈 문장으로 가장 적절한 것을 고르시오. [19~20]

19

일반적으로 물체, 객체를 의미하는 프랑스어 오브제는 라틴어에서 유래된 단어로, 어원적으로는 앞으로 던져진 것을 의미한다. 미술에서 대개 인간이라는 '주체'와 대조적인 '객체'로서의 대상을 지칭할 때 사용되는 오브제가 미술사 전면에 나타나게 된 것은 입체주의 이후이다.

20세기 초 입체파 화가들이 화면에 나타나는 공간을 자연의 모방이 아닌 독립된 공간으로 인식하기 시작하면서 회화는 재현미술로서의 단순한 성격을 벗어나기 시작한다. 즉, '미술은 그 자체가 실재이다. 또한 그것은 객관세계의 계시 혹은 창조이지 그것의 반영이 아니다.'라는 세잔의 사고에 의하여 공간의 개방화가 시작된 것이다. 이는 평면에 실제 사물이 부착되는 콜라주 양식의 탄생과 함께 일상의 평범한 재료들이 회화와 자연스레 연결되는 예술과 비예술의 결합으로 차츰 변화하게 된다.

이러한 오브제의 변화는 다다이즘과 쉬르리얼리즘에서 '일용의 기성품과 자연물 등을 원래의 그 기능이나 있어야 할 장소에서 분리하고, 그대로 독립된 작품으로서 제시하여 일상적 의미와는 다른 상징적·환상적인 의미를 부여하는 것'으로 일반화된다. 그리고 동시에 기존 입체주의에서 단순한 보조수단에 머물렀던 오브제를 캔버스와 대리석의 대체하는 확실한 표현방법으로 완성시켰다.

이후 오브제는 그저 예술가가 지칭하는 것만으로도 우리의 일상생활과 환경 그 자체가 곧 예술작품이 될 수 있음을 주장한다. ______________________ 거기에서 더 나아가 오브제는 일상의 오브제를 다양하게 전환시켜 다양성과 대중성을 내포하고, 오브제의 진정성과 상징성을 제거하는 팝아트에서 다시 한번 새롭게 변화하기에 이른다.

① 화려하게 채색된 소변기를 통해 일상성에 환상적인 의미를 부여한 것이다.

② 무너진 베를린 장벽의 조각을 시내 한복판에 장식함으로써 예술과 비예술을 결합한 것이다.

③ 폐타이어나 망가진 금관악기 등으로 제작된 자동차를 통해 일상의 비일상화를 나타낸 것이다.

④ 평범한 세면대일지라도 예술가에 의해 오브제로 정해진다면 일상성을 간직한 미술과 일치되는 것이다.

⑤ 기존의 수프 통조림을 실크 스크린으로 동일하게 인쇄하여 손쉽게 대량생산되는 일상성을 풍자하는 것이다.

20

한 존재가 가질 수 있는 욕망과 그 존재가 가졌다고 할 수 있는 권리 사이에는 모종의 개념적 관계가 있는 것 같다. 권리는 침해될 수 있는 것이며, 어떤 것에 대한 개인의 권리를 침해하는 것은 그것과 관련된 욕망을 좌절시키는 것이다. 예를 들어 당신이 차를 가지고 있다고 가정해 보자. 그럴 때 나는 우선 그것을 당신으로부터 빼앗지 말아야 한다는 의무를 가진다. 그러나 그 의무는 무조건적인 것이 아니다. 이는 부분적으로 당신이 그것과 관련된 욕망을 가지고 있는지 여부에 달려 있다. 만약 당신이 차를 빼앗기든지 말든지 관여치 않는다면, 내가 당신의 차를 빼앗는다고 해서 당신의 권리를 침해하는 것은 아닐 수 있다.
물론 권리와 욕망 간의 관계를 정확히 설명하는 것은 어렵다. 이는 졸고 있는 경우나 일시적으로 의식을 잃는 경우와 같은 특수한 상황 때문인데, 그러한 상황에서도 졸고 있는 사람이나 의식을 잃은 사람에게 권리가 없다고 말하는 것은 옳지 않을 것이다. 그러나 이와 같이 권리의 소유가 실제적인 욕망 자체와 연결되지는 않는다고 하더라도, 권리를 소유하려면 어떤 방식으로든 관련된 욕망을 가지는 능력이 있어야 한다. 어떤 권리를 소유할 수 있으려면 최소한 그 권리와 관련된 욕망을 가질 수 있어야 한다는 것이다.
이러한 관점을 '생명에 대한 권리'라는 경우에 적용해보자. 생명에 대한 권리는 개별적인 존재의 생존을 지속시킬 권리이고, 이를 소유하는 데 관련되는 욕망은 개별존재로서 생존을 지속시키고자 하는 욕망이다. 따라서 자신을 일정한 시기에 걸쳐 존재하는 개별존재로서 파악할 수 있는 존재만이 생명에 대한 권리를 가질 수 있다. 왜냐하면 ______________________________

① 자신을 일정한 시기에 걸쳐 존재하는 개별존재로서 파악할 수 있는 존재는 다른 존재자의 생명을 빼앗지 말아야 한다는 의무를 지니기 때문이다.
② 자신을 일정한 시기에 걸쳐 존재하는 개별존재로서 파악할 수 있는 존재만이 개별존재로서 생존을 지속시키고자 하는 욕망을 가질 수 있기 때문이다.
③ 개별존재로서 생존을 지속시키고자 하는 욕망을 가질 수 있는 존재만이 자신을 일정한 시기에 걸쳐 존재하는 개별존재로서 파악할 수 있기 때문이다.
④ 자신을 일정한 시기에 걸쳐 존재하는 개별존재로서 파악할 수 있는 존재는 어떤 실제적인 욕망을 가지지 않는다고 하여도 욕망을 가질 수 있는 능력이 있다고 파악되기 때문이다.
⑤ 생명에 대한 권리를 가질 수 있는 존재만이 개별존재로서 생존을 지속시키고자 하는 욕망을 가질 수 있기 때문이다.

제2영역 언어추리

※ 제시된 명제가 모두 참일 때, 빈칸에 들어갈 명제로 가장 적절한 것을 고르시오. [1~2]

01

- 비가 오지 않으면 산책을 나간다.
- 공원에 들르지 않으면 산책을 나가지 않은 것이다.
- ______________________________

① 공원에 들르면 산책을 나간 것이다.
② 공원에 들르지 않으면 비가 온 것이다.
③ 비가 오면 공원에 들르지 않은 것이다.
④ 비가 오면 산책을 나가지 않은 것이다.
⑤ 산책을 나가면 공원에 들르지 않은 것이다.

02

- 모든 환경 보호 단체는 일회용품을 사용하지 않는다.
- 어떤 환경 보호 단체는 에너지 절약 캠페인에 참여한다.
- ______________________________

① 모든 환경 보호 단체는 에너지 절약 캠페인에 참여한다.
② 에너지 절약 캠페인에 참여하는 단체는 환경 보호 단체에 속해 있다.
③ 일회용품을 사용하지 않는 어떤 단체는 에너지 절약 캠페인에 참여한다.
④ 일회용품을 사용하지 않는 모든 단체는 에너지 절약 캠페인에 참여한다.
⑤ 일회용품을 사용하는 모든 단체는 에너지 절약 캠페인에 참여하지 않는다.

※ 제시된 명제가 모두 참일 때, 다음 중 반드시 참인 것을 고르시오. [3~4]

03

- 속도에 관심 없는 사람은 디자인에도 관심이 없다.
- 연비를 중시하는 사람은 내구성도 따진다.
- 내구성을 따지지 않는 사람은 속도에도 관심이 없다.

① 디자인에 관심 없는 사람도 내구성은 따진다.
② 연비를 중시하지 않는 사람도 내구성은 따진다.
③ 연비를 중시하는 사람은 디자인에는 관심이 없다.
④ 속도에 관심이 있는 사람은 연비를 중시하지 않는다.
⑤ 내구성을 따지지 않는 사람은 디자인에도 관심이 없다.

04

- 집 주변에 카페, 슈퍼, 꽃집, 학교가 있다.
- 집과 카페의 거리는 집과 슈퍼의 거리보다 멀다.
- 집과 꽃집의 거리는 집과 슈퍼의 거리보다 가깝다.
- 집과 학교의 거리는 집과 카페의 거리보다 멀다.

① 학교는 집에서 가장 멀다.
② 학교는 카페보다 집에서 가깝다.
③ 슈퍼는 꽃집보다 집에서 가깝다.
④ 집과 가장 가까운 곳은 슈퍼이다.
⑤ 카페는 집에서 두 번째로 가깝다.

※ 제시된 명제가 모두 참일 때, 다음 중 참이 아닌 것을 고르시오. [5~6]

05

- 운동을 좋아하는 사람은 담배를 좋아하지 않는다.
- 커피를 좋아하는 사람은 담배를 좋아한다.
- 커피를 좋아하지 않는 사람은 주스를 좋아한다.
- 과일을 좋아하는 사람은 커피를 좋아하지 않는다.

① 과일을 좋아하는 사람은 담배를 좋아한다.
② 운동을 좋아하는 사람은 주스를 좋아한다.
③ 과일을 좋아하는 사람은 주스를 좋아한다.
④ 주스를 좋아하지 않는 사람은 담배를 좋아한다.
⑤ 운동을 좋아하는 사람은 커피를 좋아하지 않는다.

06

- 대구, 경주, 광주, 전주, 익산, 대전 중 방문할 도시를 결정하고자 한다.
- 대구를 방문하면, 경주는 방문하지 않는다.
- 광주와 전주 중 한 도시만 방문한다.
- 익산을 반드시 방문한다.
- 대구를 방문하지 않으면, 익산을 방문하지 않는다.
- 경주를 방문하지 않으면, 대전과 전주를 방문한다.

① 대구를 반드시 방문한다.
② 경주를 반드시 방문한다.
③ 전주를 반드시 방문한다.
④ 대전을 반드시 방문한다.
⑤ 광주를 방문하지 않는다.

07 **제시된 명제가 모두 참일 때, 다음 중 참인지 거짓인지 알 수 없는 것은?**

- 월계 빌라의 주민들은 모두 A의 친척이다.
- B는 자식이 없다.
- C는 A의 오빠이다.
- D는 월계 빌라의 주민이다.
- A의 아들은 미국에 산다.

① A의 아들은 C와 친척이다.
② A와 D는 둘 다 남자이다.
③ B는 월계 빌라의 주민이다.
④ C는 A의 아들의 이모이다.
⑤ D는 A와 친척 간이다.

08 **연극 동아리 회원인 갑 ~ 무 5명은 얼마 남지 않은 연극 연습을 위해 동아리 회장으로부터 동아리 방의 열쇠를 빌렸으나, 얼마 뒤 이들 중 1명이 동아리 방의 열쇠를 잃어버렸다. 다음 대화에서 2명이 거짓말을 한다고 할 때, 열쇠를 잃어버린 사람은?**

- 갑 : 나는 누군가가 회장에게 열쇠를 받는 것을 봤어. 난 열쇠를 갖고 있던 적이 없어.
- 을 : 나는 회장에게 열쇠를 받지 않았어. 열쇠를 잃어버린 사람은 정이야.
- 병 : 나는 마지막으로 무가 열쇠를 가지고 있는 것을 봤어. 무가 열쇠를 잃어버린 게 확실해.
- 정 : 갑과 을 중 1명이 회장에게 열쇠를 받았고, 그중 1명이 열쇠를 잃어버렸어.
- 무 : 사실은 내가 열쇠를 잃어버렸어.

① 갑
② 을
③ 병
④ 정
⑤ 무

09 윗마을에 사는 남자는 진실만 말하고 여자는 거짓말만 한다. 아랫마을에 사는 남자는 거짓말만 하고 여자는 진실만 말한다. 두 마을에 사는 사람들은 남자이거나 여자이다. 윗마을 사람 2명과 아랫마을 사람 2명이 다음과 같이 대화하고 있을 때, 반드시 참인 것은?

- 갑 : 나는 아랫마을에 살아.
- 을 : 나는 아랫마을에 살아. 갑은 남자야.
- 병 : 을은 아랫마을에 살아. 을은 남자야.
- 정 : 을은 윗마을에 살아. 병은 윗마을에 살아.

① 갑은 윗마을에 산다.
② 갑과 을은 같은 마을에 산다.
③ 을과 병은 다른 마을에 산다.
④ 을, 병, 정 가운데 둘은 아랫마을에 산다.
⑤ 이 대화에 참여하고 있는 사람들은 모두 여자이다.

10 다음 글의 내용이 참일 때, 반드시 참인 것을 〈보기〉에서 모두 고르면?

L사에서는 채용 후보자들을 대상으로 A ~ D 네 종류의 자격증 소지 여부를 조사하였다. 그 결과 다음과 같은 정보가 밝혀졌다.
- A와 D를 둘 다 가진 후보자가 있다.
- B와 D를 둘 다 가진 후보자는 없다.
- A나 B를 가진 후보자는 모두 C는 가지고 있지 않다.
- A를 가진 후보자는 모두 B는 가지고 있지 않다는 것은 사실이 아니다.

보기

㉠ 네 종류 중 세 종류의 자격증을 가지고 있는 후보자는 없다.
㉡ 어떤 후보자는 B를 가지고 있지 않고, 또 다른 후보자는 D를 가지고 있지 않다.
㉢ D를 가지고 있지 않은 후보자는 누구나 C를 가지고 있지 않다면, 네 종류 중 한 종류의 자격증만 가지고 있는 후보자가 있다.

① ㉠
② ㉢
③ ㉠, ㉡
④ ㉡, ㉢
⑤ ㉠, ㉡, ㉢

11 **홍보팀, 총무팀, 연구개발팀, 고객지원팀, 법무팀, 디자인팀으로 구성된 L사가 봄에 사내 체육대회를 실시하였다. 여섯 팀이 참가한 경기가 〈조건〉과 같을 때, 다음 중 항상 참인 것은?**

조건

- 체육대회는 모두 네 종목이며, 모든 팀은 적어도 한 종목에 참가해야 한다.
- 이어달리기 종목에 참가한 팀은 다섯 팀이다.
- 홍보팀은 모든 종목에 참가하였다.
- 연구개발팀은 두 종목에 참가하였다.
- 총무팀이 참가한 어떤 종목은 네 팀이 참가하였다.
- 연구개발팀과 디자인팀은 같은 종목에 참가하지 않았다.
- 고객지원팀과 법무팀은 모든 종목에 항상 같이 참가하였거나 같이 참가하지 않았다.
- 디자인팀은 족구 종목에 참가하였다.

① 참가하는 종목이 가장 적은 팀은 디자인팀이다.
② 연구개발팀과 법무팀이 참가한 종목의 수는 같다.
③ 홍보팀과 고객지원팀이 동시에 참가하지 않는 종목은 없다.
④ 연구개발팀과 디자인팀이 동시에 참가하지 않는 종목은 없다.
⑤ 총무팀이 참가한 종목의 수와 법무팀이 참가한 종목의 수는 같다.

12 **3학년 1반에서는 학생들의 투표를 통해 득표수에 따라 학급 대표를 선출하기로 하였고, 학급 대표 후보로 A～E 5명이 나왔다. 투표 결과 득표수가 다음과 같을 때, 항상 참인 것은?(단, 1반 학생들은 총 30명이며, 1명에게만 투표할 수 있고, 각 후보의 득표수는 서로 다르다)**

- A는 15표를 얻었다.
- B는 C보다 2표를 더 얻었지만, A보다는 낮은 표를 얻었다.
- D는 A보다 낮은 표를 얻었지만, C보다는 높은 표를 얻었다.
- E는 1표를 얻어 가장 낮은 득표수를 기록했다.

① A가 학급 대표로 선출된다.
② B보다 D의 득표수가 높다.
③ D보다 B의 득표수가 높다.
④ 5명 중 2명이 10표 이상을 얻었다.
⑤ 최다 득표자는 과반수 이상의 표를 얻었다.

13 어느 날 밤, 도둑이 금은방에 침입하여 보석을 훔쳐 달아났다. 용의자는 갑～무 5명으로, 조사 결과 이들은 서로 친구임이 밝혀졌다. 2명은 거짓말을 하고 있으며, 그중 1명이 보석을 훔친 범인이라고 할 때, 다음 중 범인은?(단, 거짓말을 한 사람의 진술은 모두 거짓이다)

- 갑 : 을은 그 시간에 병과 함께 동네 PC방에 있었습니다.
- 을 : 그날 밤 저는 갑, 병과 함께 있었습니다.
- 병 : 저는 사건이 일어났을 때 집에 혼자 있었습니다.
- 정 : 을의 진술은 참이며, 저는 금은방에 있지 않았습니다.
- 무 : 저는 그날 밤 갑과 함께 집에 있었고, 금은방에 있지 않았습니다.

① 갑
② 을
③ 병
④ 정
⑤ 무

14 김대리는 회사의 새로운 사무실을 임대계약하기 위해 L지역의 지리를 파악하고 있다. 〈조건〉에 따라 건물이 배치되어 있을 때, 다음 중 학교와 병원의 위치가 바르게 연결된 것은?

〈L지역 지도〉

	7번 도로			7번 도로	
대형마트	E	주차장	9	공터	D
	12번 도로		번	12번 도로	
미술관	A	교회	도	C	영화관
공터	카페	B	로	식료품점	공터
	13번 도로			13번 도로	

※ 건물들의 면적 및 도로들의 폭은 각각 동일하다고 가정함

조건

- 두 건물의 사이에 도로나 다른 건물이 없을 때, '두 건물이 이웃'한다고 표현한다. 도로와 건물 간의 이웃 여부도 동일한 기준에 따라 표현한다.
- A～E는 각각 학교, 놀이터, 병원, 학원, 공원 중 서로 다른 하나에 해당한다.
- 학교는 병원보다 주차장으로부터의 직선거리가 더 가까운 곳에 있다.
- 학원은 공터와 이웃하고 있다.
- 13번 도로와 이웃하고 있는 곳은 공원뿐이다.
- 놀이터와 학원은 모두 동일한 2개의 도로에 이웃하고 있다.

	학교	병원
①	A	B
②	A	C
③	A	E
④	B	C
⑤	B	D

15 **A ~ E 5명 중 1명이 테이블 위에 놓여 있던 사탕을 먹었다. 이들 중 1명의 진술만 거짓일 때, 사탕을 먹은 사람은?**

> • A : D의 말은 거짓이다.
> • B : A가 사탕을 먹었다.
> • C : D의 말은 사실이다.
> • D : B는 사탕을 먹지 않았다.
> • E : D는 사탕을 먹지 않았다.

① A ② B
③ C ④ D
⑤ E

16 **L사는 공개 채용을 통해 4명의 남자 사원과 2명의 여자 사원을 최종 선발하였고, 선발된 6명의 신입사원을 기획부, 인사부, 구매부 세 부서에 배치하려고 한다. 〈조건〉에 따라 신입사원을 배치할 때, 다음 중 참이 아닌 것은?**

> **조건**
> • 기획부, 인사부, 구매부 각 부서에 적어도 1명의 신입사원을 배치한다.
> • 기획부, 인사부, 구매부에 배치되는 신입사원의 수는 서로 다르다.
> • 부서별로 배치되는 신입사원의 수는 구매부가 가장 적고, 기획부가 가장 많다.
> • 여자 신입사원만 배치되는 부서는 없다.

① 인사부에는 2명의 신입사원이 배치된다.
② 구매부에는 1명의 남자 신입사원이 배치된다.
③ 기획부에는 반드시 여자 신입사원이 배치된다.
④ 인사부에는 반드시 여자 신입사원이 배치된다.
⑤ 인사부에는 1명 이상의 남자 신입사원이 배치된다.

17 **L사의 부산 지점에서 근무 중인 A과장, B대리, C대리, D대리, E사원은 2명 또는 3명으로 팀을 이루어 세종특별시, 서울특별시, 광주광역시, 인천광역시 네 지역으로 출장을 가야 한다. 〈조건〉에 따라 지역별로 출장을 가는 팀을 구성할 때, 다음 중 항상 참인 것은?(단, 모든 직원은 1회 이상의 출장을 가며, 지역별 출장일은 서로 다르다)**

> **조건**
> - A과장은 네 지역으로 모두 출장을 간다.
> - B대리는 모든 특별시로 출장을 간다.
> - C대리와 D대리가 함께 출장을 가는 경우는 단 한 번뿐이다.
> - 광주광역시에는 E사원을 포함한 2명의 직원이 출장을 간다.
> - 한 지역으로만 출장을 가는 사람은 E사원뿐이다.

① B대리는 C대리와 함께 출장을 가지 않는다.
② B대리는 D대리와 함께 출장을 가지 않는다.
③ C대리는 특별시로 출장을 가지 않는다.
④ D대리는 특별시로 출장을 가지 않는다.
⑤ D대리는 E사원과 함께 출장을 가지 않는다.

18 **L사의 6개 A ~ F팀은 월요일부터 토요일까지 하루에 2팀씩 함께 회의를 진행했다. 〈조건〉에 따라 회의를 진행했을 때, 다음 중 항상 참인 것은?(단, 월요일부터 토요일까지 각 팀의 회의 진행 횟수는 서로 같다)**

> **조건**
> - 오늘은 목요일이고 A팀과 F팀이 함께 회의를 진행했다.
> - B팀은 A팀과 연이은 요일에 회의를 진행하지 않는다.
> - B팀은 오늘을 포함하여 이번 주에는 더 이상 회의를 진행하지 않는다.
> - C팀은 월요일에 회의를 진행했다.
> - D팀과 C팀은 B팀과 한 번씩 회의를 진행했다.
> - A팀과 F팀은 이번 주에 이틀을 연이어 함께 회의를 진행했다.

① C팀은 월요일과 수요일에 회의를 진행했다.
② C팀과 E팀은 함께 회의를 진행하지 않았다.
③ F팀은 목요일과 금요일에 회의를 진행했다.
④ 화요일에 회의를 진행한 팀은 B팀과 E팀이다.
⑤ E팀은 수요일과 토요일 하루 중에만 회의를 진행했다.

19 L사의 사내 체육대회에서 A ~ F 6명은 키가 큰 순서부터 2명씩 1팀, 2팀, 3팀으로 나뉘어 배치된다. 〈조건〉에 따라 배치된다고 할 때, 다음 중 키가 가장 큰 사람은?

조건

- A, B, C, D, E, F의 키는 서로 다르다.
- 2팀의 B는 A보다 키가 작다.
- D보다 키가 작은 사람은 4명이다.
- A는 1팀에 배치되지 않는다.
- E와 F는 같은 팀에 배치된다.

① A
② C
③ D
④ E
⑤ F

20 L회사에 재직 중인 A ~ D 4명은 각각 서로 다른 지역인 인천, 세종, 대전, 강릉에서 근무하고 있다. 〈조건〉에 따라 A ~ D 모두 연수에 참여하기 위해 서울에 있는 본사를 방문한다고 할 때, 다음 중 항상 참인 것은? (단, A ~ D 모두 같은 종류의 교통수단을 이용하고, 거리가 멀수록 이동 시간이 많이 소요되며, 그 외 소요되는 시간은 서로 동일하다)

조건

- 서울과의 거리가 먼 순서대로 나열하면 강릉 – 대전 – 세종 – 인천 순이다.
- D가 서울에 올 때 B보다 더 많은 시간이 소요된다.
- C는 A보다는 많이, B보다는 적게 시간이 소요된다.

① B는 세종에서 근무한다.
② C는 대전에서 근무한다.
③ D는 강릉에서 근무한다.
④ C는 B보다 먼저 출발해야 한다.
⑤ 이동 시간이 긴 순서대로 나열하면 'C – D – B – A'이다.

제3영역 자료해석

01 다음은 2020 ~ 2022년 L사의 데스크탑 PC와 노트북 판매량에 대한 자료이다. 데스크탑 PC와 노트북의 전년 대비 2022년의 판매량 증감률을 바르게 짝지은 것은?

〈데스크탑 PC 및 노트북 판매량〉

(단위 : 천 대)

구분	2020년	2021년	2022년
데스크탑 PC	5,500	5,000	4,700
노트북	1,800	2,000	2,400

	데스크탑 PC	노트북
①	6%	20%
②	6%	10%
③	−6%	20%
④	−6%	10%
⑤	−6%	5%

02 다음은 L시 아파트 실거래지수 현황에 대한 자료이다. 2025년 4월 아파트 실거래지수가 137.8일 때, 2024년 3월 대비 2025년 3월 아파트 실거래지수의 증감률은?

〈L시 아파트 실거래지수 현황〉

구분	전월 대비 아파트 실거래지수 증감량	구분	전월 대비 아파트 실거래지수 증감량
2024년 1월	−1.3(▼)	2024년 9월	+1.2(▲)
2024년 2월	+0.8(▲)	2024년 10월	−0.9(▼)
2024년 3월	+1.3(▲)	2024년 11월	−1.1(▼)
2024년 4월	+2.7(▲)	2024년 12월	+0.7(▲)
2024년 5월	+3.3(▲)	2025년 1월	+1.3(▲)
2024년 6월	+2.1(▲)	2025년 2월	−2.1(▼)
2024년 7월	−0.7(▼)	2025년 3월	+1.7(▲)
2024년 8월	−0.5(▼)	2025년 4월	−1.5(▼)

① 약 4.3%
② 약 5.2%
③ 약 5.9%
④ 약 6.4%
⑤ 약 6.7%

03 다음은 일반가구의 지역별 및 소득계층별 점유형태에 대한 자료이다. 빈칸에 들어갈 수치는?(단, 광역시 저소득층 구성비는 나열된 항목 순으로 일정한 규칙으로 변화한다)

〈일반가구의 지역별 및 소득계층별 점유형태〉

(단위 : %)

구분		자가	전세	보증부 월세	월세	사글세	무상
전국	전체	57.7	15.2	19.9	2.6	0.8	3.7
	저소득층	47.5	11.5	28.9	5.3	1.6	5.1
	중소득층	60.2	18.0	17.0	1.0	0.2	3.6
	고소득층	73.5	17.1	6.9	0.2	0.1	2.0
수도권	전체	49.7	21.6	22.1	2.9	0	3.7
	저소득층	35.9	17.8	34.5	6.9	0	4.9
	중소득층	52.3	24.3	18.7	1.2	0	3.5
	고소득층	66.4	22.8	8.6	0.1	0	2.1
광역시	전체	60.3	11.6	21.9	2.6	0.5	3.1
	저소득층	51.2	25.6	12.8	6.4		1.6
	중소득층	66.0	13.3	16.5	0.9	0.1	3.2
	고소득층	83.0	10.7	4.5	0	0	0.8
도지역	전체	68.1	7.7	15.3	2.0	2.1	4.8
	저소득층	62.9	5.1	19.0	3.3	3.6	6.0
	중소득층	69.3	10.7	14.5	0.7	0.8	4.0
	고소득층	82.3	9.1	5.0	0.4	0.3	2.8

① 3.2
② 3.4
③ 4.2
④ 4.4
⑤ 5.2

04 다음은 연도별 우리나라의 출생 및 사망 현황에 대한 자료이다. 이에 대한 설명으로 옳지 않은 것은?

〈우리나라 출생 및 사망 현황〉

(단위 : 명)

구분	2020년	2021년	2022년	2023년	2024년
출생아 수	436,455	435,435	438,420	406,243	357,771
사망자 수	266,257	267,692	275,895	280,827	285,534

① 출생아 수가 가장 많았던 해는 2022년이다.
② 2022년 출생아 수는 같은 해 사망자 수의 1.7배 이상이다.
③ 2021년 출생아 수는 2024년 출생아 수보다 15% 이상 많다.
④ 사망자 수는 2021년부터 2024년까지 매년 전년 대비 증가하고 있다.
⑤ 2020년부터 2024년까지 사망자 수가 가장 많은 해와 가장 적은 해의 사망자 수 차이는 15,000명 이상이다.

05 다음은 8개국 무역수지에 대한 자료이다. 이에 대한 설명으로 옳지 않은 것은?

〈8개국 무역수지〉

(단위 : 백만 USD)

구분	한국	그리스	노르웨이	뉴질랜드	대만	독일	러시아	미국
7월	40,882	2,490	7,040	2,825	24,092	106,308	22,462	125,208
8월	40,125	2,145	7,109	2,445	24,629	107,910	23,196	116,218
9월	40,846	2,656	7,067	2,534	22,553	118,736	25,432	122,933
10월	41,983	2,596	8,005	2,809	26,736	111,981	24,904	125,142
11월	45,309	2,409	8,257	2,754	25,330	116,569	26,648	128,722
12월	45,069	2,426	8,472	3,088	25,696	102,742	31,128	123,557

① 뉴질랜드의 무역수지는 8월 이후 지속해서 증가하였다.
② 그리스의 12월 무역수지의 전월 대비 증가율은 약 0.7%이다.
③ 한국 무역수지의 전월 대비 증가량이 가장 많았던 달은 11월이다.
④ 12월 무역수지가 7월 대비 감소한 나라는 그리스, 독일, 미국이다.
⑤ 10월부터 12월 사이 한국의 무역수지 변화 추이와 같은 양상을 보이는 나라는 2개국이다.

06 다음은 성별 국민연금 가입자 수에 대한 자료이다. 이에 대한 설명으로 옳은 것은?

〈성별 국민연금 가입자 수〉

(단위 : 명)

구분	사업장 가입자	지역 가입자	임의 가입자	임의계속 가입자	합계
남성	8,059,994	3,861,478	50,353	166,499	12,138,324
여성	5,775,011	3,448,700	284,127	296,644	9,804,482
합계	13,835,005	7,310,178	334,480	463,143	21,942,806

① 전체 가입자 중 여성 가입자 수의 비율은 40% 이상이다.

② 전체 지역 가입자 수는 전체 사업장 가입자 수의 50% 미만이다.

③ 남성 사업장 가입자 수는 남성 지역 가입자 수의 2배 미만이다.

④ 여성 사업장 가입자 수는 나머지 여성 가입자 수를 모두 합친 것보다 적다.

⑤ 가입자 수가 많은 순서대로 나열하면 '사업장 가입자 – 지역 가입자 – 임의 가입자 – 임의계속 가입자' 순서이다.

07 다음은 연도별 우리나라 지진 발생 현황에 대한 자료이다. 이에 대한 설명으로 옳은 것은?

〈우리나라 지진 발생 현황〉

구분	지진 횟수	최고 규모
2018년	42회	3.3
2019년	52회	4.0
2020년	56회	3.9
2021년	93회	4.9
2022년	49회	3.8
2023년	44회	3.9
2024년	492회	5.8

① 지진 횟수가 증가할 때 지진의 최고 규모도 커진다.

② 2021년에는 2020년보다 지진이 44회 더 발생했다.

③ 2018년 이후 지진 발생 횟수가 꾸준히 증가하고 있다.

④ 2021년에 일어난 규모 4.9의 지진은 제시된 기간 동안 우리나라에서 발생한 지진 중 가장 강력한 규모이다.

⑤ 2024년에 발생한 지진 횟수는 2018년부터 2023년까지의 평균 지진 발생 횟수에 비해 약 8.8배 급증했다.

08 다음은 우리나라 19세 이상 성인의 흡연율과 고위험 음주율에 대한 자료이다. 이에 대한 설명으로 옳지 않은 것은?

〈연도별 19세 이상 성인의 흡연율과 고위험 음주율〉

(단위 : %)

구분	흡연율			고위험 음주율		
	전체	남성	여성	전체	남성	여성
2019년	26.3	46.8	6.5	13.6	23.1	4.4
2020년	25.0	43.3	7.4	13.4	21.9	5.3
2021년	23.2	41.4	5.7	11.9	19.4	4.8
2022년	23.3	42.3	5.1	13.1	20.6	5.9
2023년	21.6	38.3	5.3	12.7	20.5	5.1
2024년	22.6	39.4	6.1	13.2	21.2	5.4

〈2024년 연령대별 흡연율과 고위험 음주율〉

(단위 : %)

구분	흡연율			고위험 음주율		
	전체	남성	여성	전체	남성	여성
19 ~ 29세	25.4	41.7	7.2	13.8	17.7	9.6
30 ~ 39세	30.4	51.5	7.6	16.4	23.5	8.6
40 ~ 49세	25.0	43.9	5.6	15.8	25.7	5.7
50 ~ 59세	22.7	38.2	7.1	15.4	26.0	4.9
60 ~ 69세	14.6	25.7	4.0	9.0	17.5	0.9
70세 이상	9.1	18.0	3.4	2.7	6.3	0.3

※ 고위험 음주율 : 1회 평균 음주량이 남성 7잔 이상, 여성 5잔 이상이며, 주 2회 이상 음주

① 2024년 여성의 경우, 연령대가 높아질수록 고위험 음주율은 감소한다.
② 2024년 19세 이상 성인의 전체 흡연율과 고위험 음주율은 2019년 대비 감소하였다.
③ 조사기간 중 19세 이상 성인의 흡연율은 남성은 2019년, 여성은 2020년에 가장 높다.
④ 2024년 고위험 음주율은 남성은 50 ~ 59세, 여성은 19 ~ 29세가 연령대에서 가장 높다.
⑤ 2024년 50대 이상 연령대의 전체 흡연율의 합은 2024년 19세 이상 성인의 전체 흡연율보다 낮다.

09 다음은 주요 10개국의 2021년과 2024년 부채 현황에 대한 자료이다. 이에 대한 설명으로 옳은 것은?

〈국가별 부채 현황〉

(단위 : %)

구분	2024년			2021년		
	GDP 대비 가계부채	GDP 대비 기업부채	GDP 대비 국가부채	GDP 대비 가계부채	GDP 대비 기업부채	GDP 대비 국가부채
한국	96.8	106.8	44.1	92.8	99.8	38.8
영국	85.4	81.2	97.9	82.1	78.8	110.2
홍콩	82.5	94.9	60.2	80.9	105.3	63.1
미국	75.8	72.8	98.8	70.2	73.9	108.2
중국	73.1	150.2	58.1	70.5	152.9	50.8
일본	70.2	119.8	120.2	66.1	101.2	115.9
필리핀	68.1	38.1	42.2	64.0	35.5	37.7
브라질	65.4	45.2	88.8	62.1	46.8	81.2
멕시코	58.7	26.7	37.3	55.8	27.7	33.5
인도	55.5	25.2	28.8	52.3	25.8	30.8

① GDP 대비 가계부채 순위는 2021년과 2024년이 동일하다.

② GDP 대비 국가부채 상위 3개 국가는 2021년과 2024년이 동일하다.

③ 2021년과 2024년의 GDP 대비 기업부채 비율이 100% 이상인 국가는 동일하다.

④ 2024년 GDP 대비 국가부채가 50% 이하인 국가는 GDP 대비 기업부채도 50% 이하이다.

⑤ 2021년 대비 2024년에 GDP 대비 기업부채 비율이 증가한 국가의 수와 감소한 국가의 수는 같다.

10 다음은 우리나라가 중국에 수출하고 있는 간식에 대한 자료이다. 이에 대한 설명으로 옳은 것을 〈보기〉에서 모두 고르면?(단, 비율은 소수점 둘째 자리에서 반올림하며, 금액은 억 원 미만은 버림한다)

〈연간 간식별 매출액 비율〉

(단위 : %)

구분	2020년	2021년	2022년	2023년	2024년
캔디·초콜릿	31.8	33.2	32.1	22.5	18.4
비스킷	29.7	30.1	35.4	19.4	16.5
베이커리	18.6	17.5	14.9	15.1	15.3
견과류	8.7	9.1	11.4	36.5	41.2
기타	11.2	10.1	6.2	6.5	8.6

〈우리나라 간식의 중국 연간 매출액〉

(단위 : 억 원)

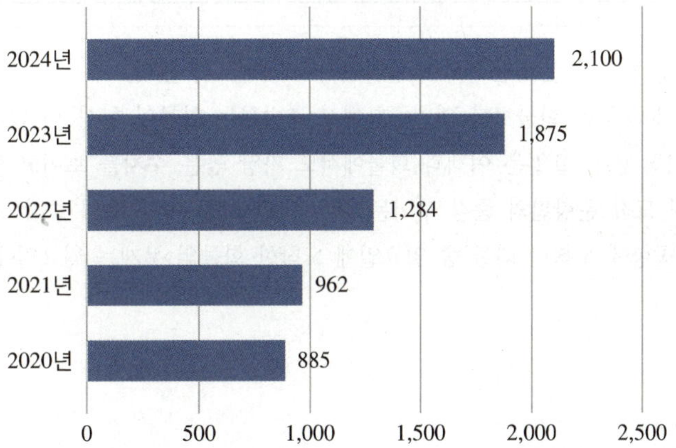

보기

㉠ 캔디·초콜릿, 비스킷, 베이커리의 매출액 비율의 순위는 매년 동일하다.
㉡ 2021년부터 2024년까지 비스킷과 베이커리의 매출액 비율의 증감 추이가 동일하다.
㉢ 우리나라 간식의 중국 연간 매출액은 2022년 대비 2023년 증가율이 2020년 대비 2021년 증가율의 5배 이상이다.
㉣ 2020년 견과류 매출액과 2024년 견과류 매출액의 차이는 780억 원 이상이다.

① ㉠, ㉡
② ㉠, ㉢
③ ㉠, ㉣
④ ㉡, ㉣
⑤ ㉢, ㉣

11 다음은 2024년 9월 인천국제공항 요일별 통계에 대한 자료이다. 이에 대한 설명으로 옳지 않은 것은?

〈2024년 9월 인천국제공항 요일별 통계〉

(단위 : 편, 명, 톤)

구분	운항			여객			화물		
	도착	출발	합계	도착	출발	합계	도착	출발	합계
월요일	2,043	2,013	4,056	343,499	365,749	709,248	11,715	12,316	24,031
화요일	2,024	2,074	4,098	338,558	338,031	676,589	14,322	16,501	30,823
수요일	2,148	2,129	4,277	356,678	351,097	707,775	17,799	18,152	35,951
목요일	2,098	2,104	4,202	342,374	341,613	683,987	17,622	17,859	35,481
금요일	2,141	2,158	4,299	361,849	364,481	726,330	17,926	18,374	36,300
토요일	2,714	2,694	5,408	478,544	475,401	953,945	23,386	24,647	48,033
일요일	2,710	2,671	5,381	476,258	460,560	936,818	21,615	22,285	43,900
합계	15,878	15,843	31,721	2,697,760	2,696,932	5,394,692	124,385	130,134	254,519

① 비행기 1대당 탑승객은 평균적으로 출발편이 도착편보다 많다.

② 인천공항에 도착하는 화물보다 인천공항에서 출발하는 화물이 항상 더 많다.

③ 운항편이 가장 많은 요일은 여객과 화물에서도 가장 높은 수치를 보이고 있다.

④ 화~일요일 도착 운항편의 증감 추이는 같은 기간 출발 여객 수의 증감 추이와 같다.

⑤ 9월간 인천공항에 도착한 화물 중 일요일에 도착한 화물의 무게는 월요일에 도착한 화물 무게의 1.5배 이상이다.

12 다음은 A지역의 곡물 재배면적 및 생산량에 대한 자료이다. 이에 대한 설명으로 옳은 것은?

〈A지역의 곡물 재배면적 및 생산량〉

(단위 : ha, 백 톤)

구분		2020년	2021년	2022년	2023년	2024년
미곡	재배면적	1,148	1,100	998	1,118	1,164
	생산량	15,276	14,145	13,057	15,553	18,585
맥류	재배면적	1,146	773	829	963	1,034
	생산량	7,347	4,407	4,407	6,339	7,795
두류	재배면적	450	283	301	317	339
	생산량	1,940	1,140	1,143	1,215	1,362
잡곡	재배면적	334	224	264	215	208
	생산량	1,136	600	750	633	772
서류	재배면적	59	88	87	101	138
	생산량	821	1,093	1,228	1,436	2,612

① 2020 ~ 2024년 동안 매년 생산량은 두류가 잡곡보다 많다.

② 2020 ~ 2024년까지 잡곡의 재배면적은 매년 서류의 2배 이상이다.

③ 두류의 생산량이 가장 많은 해에 재배면적이 가장 큰 곡물은 맥류이다.

④ 잡곡의 생산량이 가장 적은 해와 잡곡의 재배면적이 가장 작은 해는 같다.

⑤ 2022 ~ 2024년 동안 미곡과 두류의 전년 대비 생산량 증감 추이는 동일하다.

13 다음은 2020 ~ 2024년 지역별 이혼건수에 대한 자료이다. 이에 대한 설명으로 옳은 것은?

〈2020 ~ 2024년 지역별 이혼건수〉

(단위 : 천 건)

구분	2020년	2021년	2022년	2023년	2024년
서울	28	29	34	33	38
인천	22	24	35	32	39
경기	19	21	22	28	33
대전	11	13	12	11	10
광주	8	9	9	12	7
대구	15	13	14	17	18
부산	18	19	20	19	21
울산	7	8	8	5	7
제주	4	5	7	6	5
합계	132	141	161	163	178

※ 수도권 : 서울, 인천, 경기

① 2020 ~ 2024년까지 전체 이혼건수가 가장 적은 해는 2024년이다.

② 2020 ~ 2024년까지 수도권의 이혼건수가 가장 많은 해는 2023년이다.

③ 2020 ~ 2024년까지 전체 이혼건수의 증감 추이와 같은 지역은 한 곳뿐이다.

④ 2022 ~ 2024년까지 인천의 전체 이혼건수 합은 서울의 전체 이혼건수 합보다 낮다.

⑤ 전체 이혼건수 대비 수도권의 이혼건수 비중은 2020년에 50% 이하, 2024년은 60% 이상을 차지한다.

14 다음은 2024년 기술자격시험 위탁 시행기관 현황에 대한 자료이다. 이에 대한 설명으로 옳지 않은 것은? (단, 1 ~ 3급의 종목 수는 각각 한 종목으로 계산한다)

〈2024년 기술자격시험 위탁 시행기관 현황〉

시행기관	기술자격시험	수탁연도
대한상공회의소	비서 1, 2, 3급	2008년
	워드프로세서	2006년
	전산회계운용사 1, 2, 3급	
	전자상거래관리사 1, 2급	
	전자상거래운용사	
	컴퓨터활용능력 1, 2급	2005년
	한글속기 1, 2, 3급	
한국방송통신전파진흥원	무선설비기능사, 기사, 산업기사	2000년
	방송통신기능사, 기사, 산업기사	2003년
	전파전자통신기능사, 기사, 산업기사	
	정보통신기사, 기술사, 산업기사	2009년
	통신기기기능사	
	통신선로기능사, 산업기사	
	통신설비기능장	
한국광해관리공단	광산보안기능사, 기사, 산업기사	2002년
	광해방지기사, 기술사	2011년
	시추기능사	2008년
	자원관리기술사	
한국원자력안전기술원	방사선관리기술사	2006년
	원자력발전기술사	
	원자력기사	2010년
한국인터넷진흥원	정보보안기사	2011년
	정보보안산업기사	
한국콘텐츠진흥원	게임그래픽전문가	2012년
	게임기획전문가	
	게임프로그래밍전문가	2010년
영화진흥위원회	영사기능사	2013년
	영사산업기사	

① 산업기사 자격시험을 시행하는 기관은 4곳이다.
② 한국광해관리공단이 시행하는 기술자격시험 종목은 10가지 미만이다.
③ 기술자격시험 종목 수가 가장 많은 곳은 '한국방송통신전파진흥원'이다.
④ 위탁 시행기관 중 수탁 시작 연도가 가장 늦은 곳은 '영화진흥위원회'이다.
⑤ 한국콘텐츠진흥원이 시행하는 시험 종목 수보다 적은 기관은 '한국원자력안전기술원'이다.

15 다음은 시도별 자전거도로 현황에 대한 자료이다. 이에 대한 설명으로 옳은 것은?

〈시도별 자전거도로 현황〉

(단위 : km)

구분	합계	자전거전용도로	자전거보행자 겸용도로	자전거전용차로	자전거우선도로
전국	21,176	2,843	16,331	825	1,177
서울특별시	869	104	597	55	113
부산광역시	425	49	374	1	1
대구광역시	885	111	758	12	4
인천광역시	742	197	539	6	–
광주광역시	638	109	484	18	27
대전광역시	754	73	636	45	–
울산광역시	503	32	408	21	42
세종특별자치시	207	50	129	6	22
경기도	4,675	409	4,027	194	45
강원도	1,498	105	1,233	62	98
충청북도	1,259	202	824	76	157
충청남도	928	204	661	13	50
전라북도	1,371	163	1,042	112	54
전라남도	1,262	208	899	29	126
경상북도	1,992	414	1,235	99	244
경상남도	1,844	406	1,186	76	176
제주특별자치도	1,324	7	1,299	0	18

① 전국에서 자전거전용도로의 비율은 약 13.4%를 차지한다.

② 제주특별자치도는 전국에서 다섯 번째로 자전거도로가 길다.

③ 자전거보행자겸용도로를 볼 때, 부산광역시가 전국에서 가장 짧다.

④ 경상남도의 자전거보행자겸용도로는 전국에서 9% 이상의 비율을 차지한다.

⑤ 전국 대비 광주광역시의 자전거전용도로의 비율이 자전거보행자겸용도로의 비율보다 낮다.

※ 다음은 L카페의 커피 종류별 하루 평균 판매량 비율과 1잔당 가격에 대한 자료이다. 이어지는 질문에 답하시오. **[16~17]**

〈하루 평균 판매량 비율〉

(단위 : %)

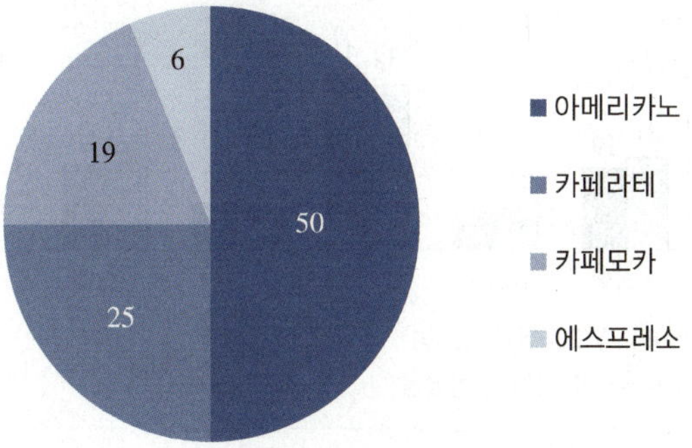

〈종류별 1잔당 가격〉

(단위 : 원)

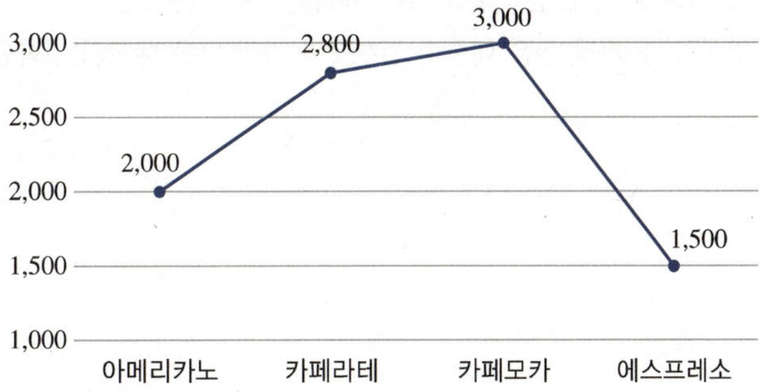

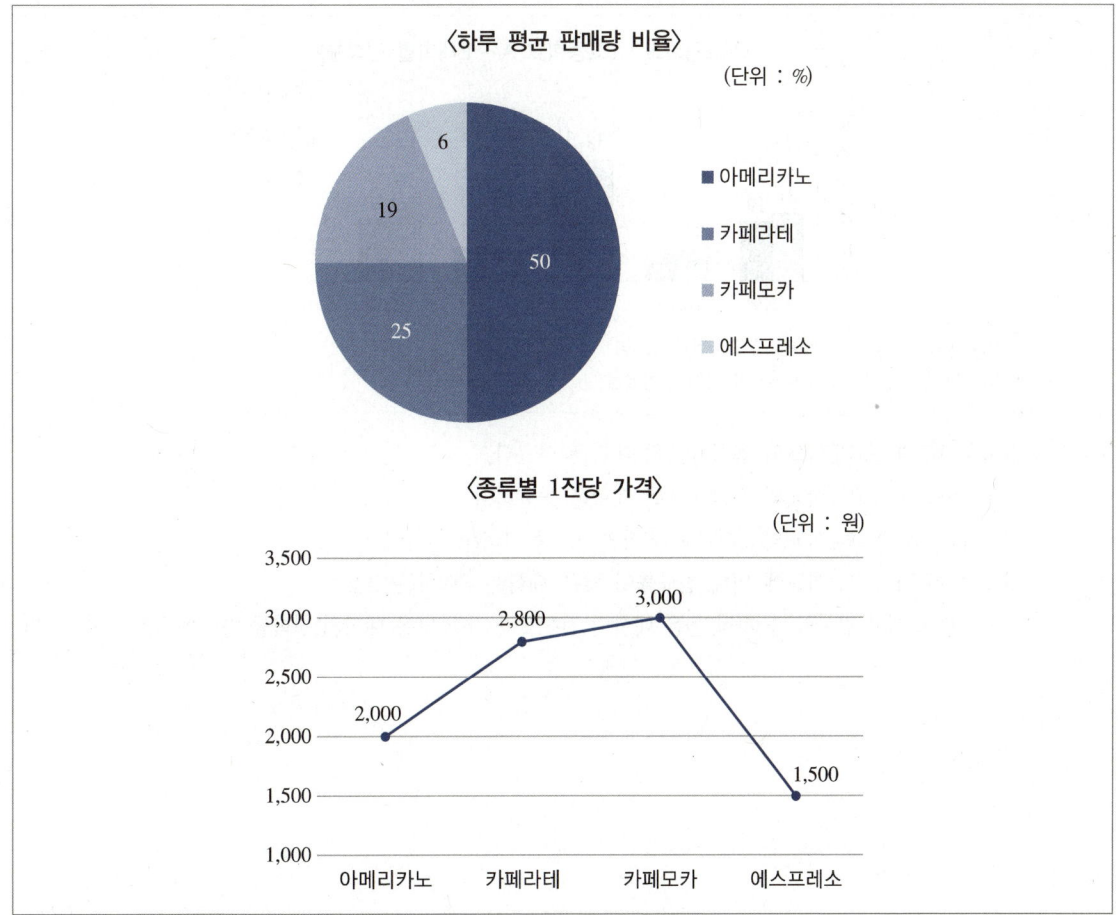

16 L카페가 하루 평균 200잔의 커피를 판매한다고 할 때, 카페라테는 에스프레소보다 하루에 몇 잔이 더 팔리는가?

① 38잔
② 40잔
③ 41잔
④ 42잔
⑤ 45잔

17 L카페에서 오늘 총 180잔을 팔았다고 할 때, 아메리카노의 오늘 매출은 얼마인가?(단, 매출량은 하루 평균 판매량 비율을 따른다)

① 150,000원
② 165,000원
③ 180,000원
④ 200,000원
⑤ 205,000원

18 다음은 X, Y고등학교의 A ~ E대학 진학률에 대한 자료이다. 이에 대한 설명으로 옳지 않은 것은?(단, 소수점 이하는 버림한다)

〈X고등학교 · Y고등학교 A ~ E대학별 진학률〉

(단위 : %)

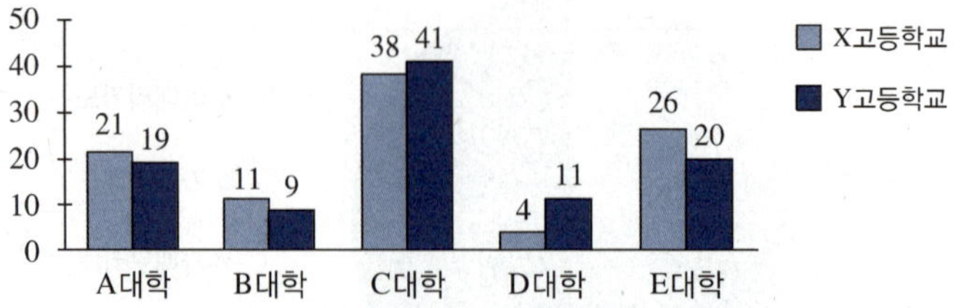

※ 입학생 : X고등학교 280명, Y고등학교 310명

※ 입학생 전원은 A ~ E대학 중 한 곳에 진학했음

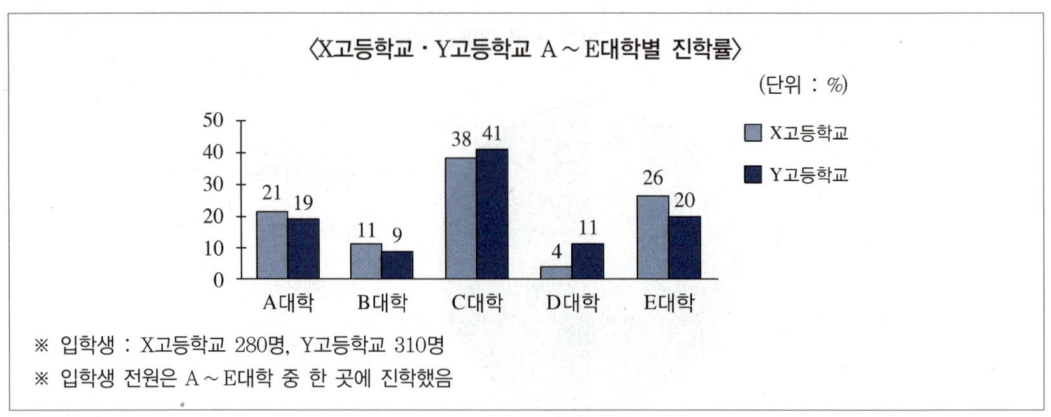

① X고등학교와 Y고등학교의 진학률 5위 대학은 다르다.

② X고등학교와 Y고등학교의 진학률 1위 대학은 동일하다.

③ X고등학교와 Y고등학교의 E대학교 진학률 차이는 10%p 미만이다.

④ X고등학교가 Y고등학교에 비해 진학률이 낮은 대학은 C대학뿐이다.

⑤ Y고등학교 대학 진학률 중 가장 높은 대학의 진학률과 가장 낮은 대학의 진학률 차이는 30%p 이상이다.

19 다음은 한·중·일의 평판 TV 시장점유율 추이에 대한 자료이다. 이에 대한 설명으로 옳지 않은 것은?

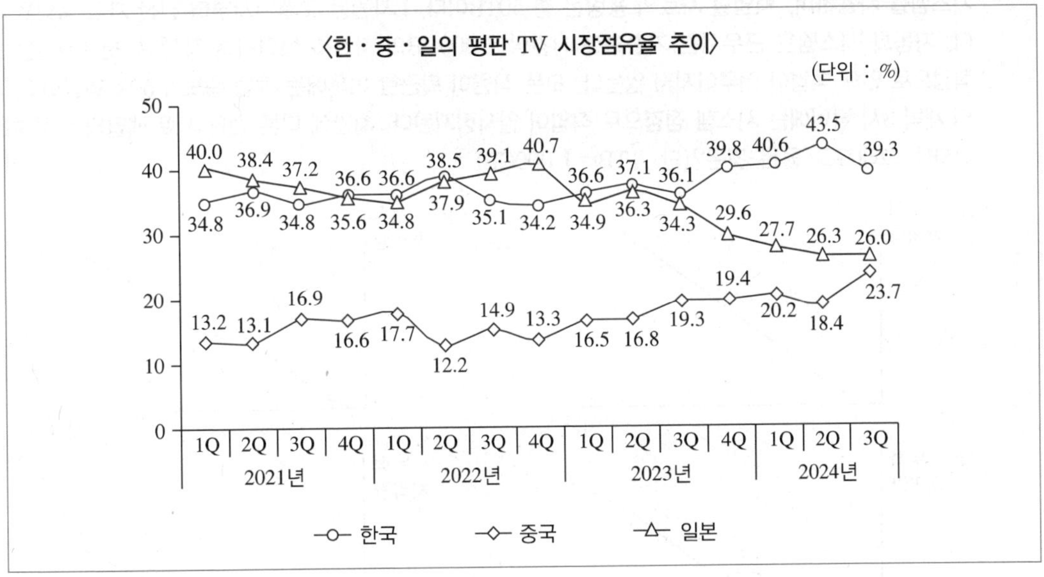

① 한국과 중국의 점유율 차이는 매분기 15%p 이상이다.

② 중국과 일본의 점유율 차이는 2023년부터 계속 줄어들고 있다.

③ 2023년 4분기의 한국과 일본, 일본과 중국의 점유율 차이는 같다.

④ 15분기 동안 한국이 10번, 일본이 5번 시장점유율 1위를 차지했다.

⑤ 2021년 2분기에 중국과 일본의 점유율 차이는 2024년 3분기 차이의 10배 이상이다.

20 L사원은 모든 직원이 9시부터 오후 6시까지 근무하는 기관에서 전산 자료 백업을 진행하려고 한다. 자동화 시스템을 사용하며, 백업할 자료의 용량은 총 50TB이다. L사원은 오후 3시부터 전산 자료 백업을 시작했다. 자동화 시스템은 근무시간 기준으로 시간당 2,000GB의 자료를 백업하며 동작 후 첫 1시간은 초기화 작업으로 인해 백업이 이루어지지 않는다. 모든 직원이 퇴근한 이후에는 백업 속도가 50% 향상되고, 자정부터 새벽 3시 사이에는 시스템 점검으로 작업이 일시정지된다. 시간에 따른 전산 자료 백업의 누적 처리량을 나타낸 그래프로 옳은 것은?(단, 1TB=1,000GB)

①
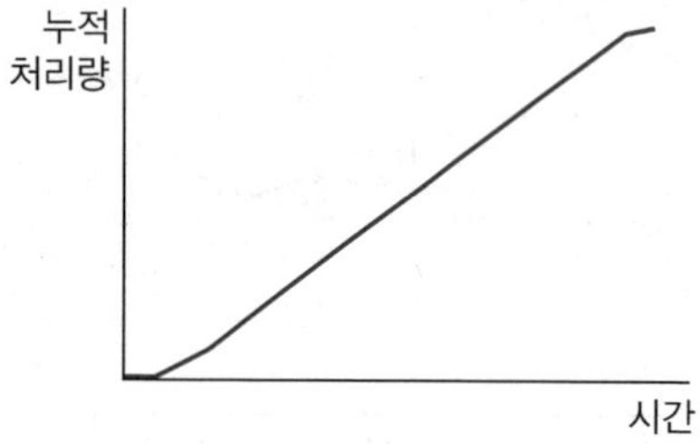

②
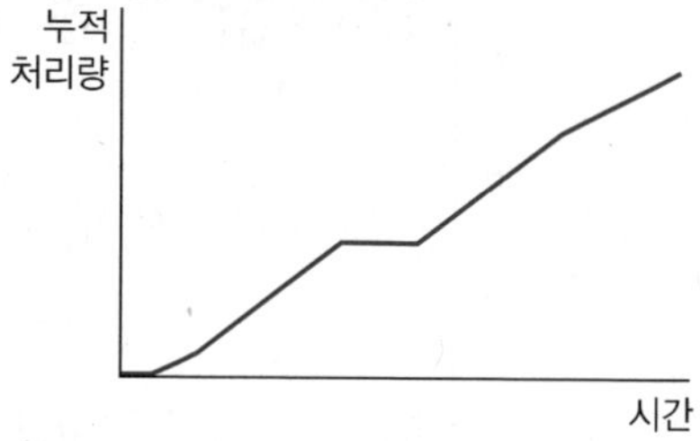

③
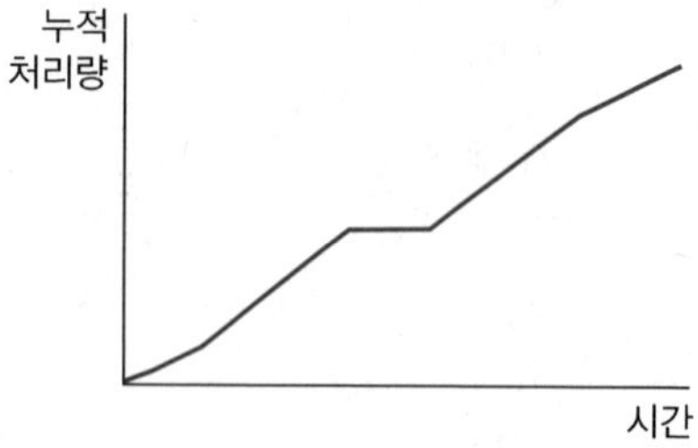

④
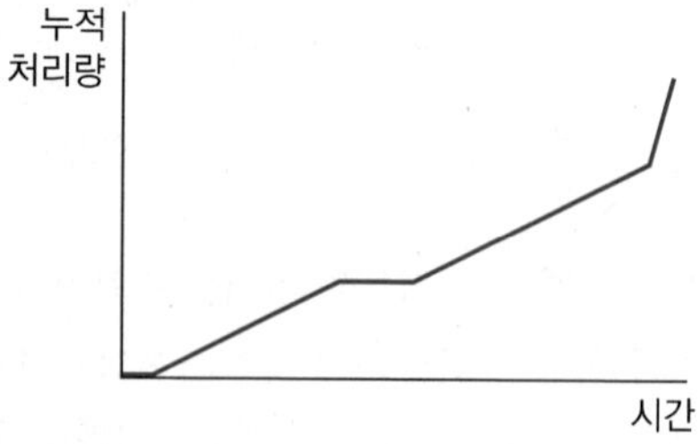

⑤
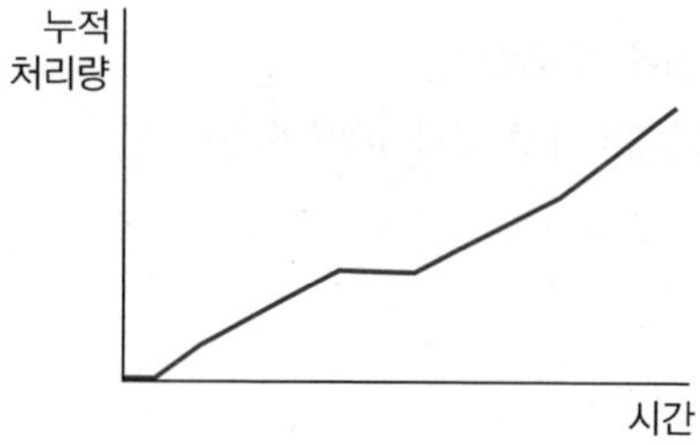

01 L씨는 저가항공을 이용하여 비수기에 제주도 출장을 가려고 한다. 1인 기준으로 작년에 비해 비행기 왕복 요금은 20% 내렸고, 1박 숙박비는 15% 올라서 올해의 비행기 왕복 요금과 1박 숙박비 합계는 작년보다 10% 증가한 금액인 308,000원이라고 한다. 이때, 1인 기준으로 올해의 비행기 왕복 요금은?

① 31,000원
② 32,000원
③ 33,000원
④ 34,000원
⑤ 35,000원

02 일정한 규칙으로 수를 나열할 때, 빈칸에 들어갈 알맞은 수는?

20.02	41.03	83.05	167.09	335.17	( )	1,343.65

① 668.13
② 669.21
③ 670.27
④ 671.33
⑤ 672.36

03 L을 포함한 6명이 한국사 자격증 시험을 보았다. 시험 점수가 70점 이상인 2명이 고급 자격증을 획득하였고, 1명이 60점 미만인 54점으로 과락을 하였다. 그리고 나머지는 중급 자격증을 획득하였는데, 이들의 평균은 62점이었다. 6명의 평균이 65점일 때, L이 얻을 수 있는 시험 점수의 최댓값은?

① 70점
② 75점
③ 80점
④ 85점
⑤ 90점

04 일정한 규칙으로 수를 나열할 때, 빈칸에 들어갈 알맞은 수는?

72.9　56.72　42.56　30.42　20.3　12.2　(　)　2.06　0.02　0

① 4.08
② 6.12
③ 7.96
④ 8.54
⑤ 10.46

05 둘레가 6km인 공원을 나래는 자전거를 타고, 진혁이는 걷기로 했다. 서로 동시에 출발하여 같은 방향으로 돌면 1시간 30분 후에, 반대 방향으로 돌면 1시간 후에 다시 만난다. 이때 나래가 자전거를 타는 속도는?

① 4.5km/h
② 5km/h
③ 5.5km/h
④ 6km/h
⑤ 6.5km/h

06 L전자의 작년 신입사원 모집 지원자 수는 1,000명이었다. 올해는 작년보다 남성의 지원율이 2% 증가하고 여성의 지원율은 3% 증가하여 전체 지원자 수는 24명이 증가하였다. 올해의 남성 지원자 수는?

① 600명
② 610명
③ 612명
④ 508명
⑤ 512명

07 일정한 규칙으로 수를 나열할 때, 12번째 항의 값은?

1　0　−1　0　7　28　79　192　431　…

① 3,858
② 3,886
③ 3,914
④ 3,952
⑤ 3,980

08 L중학교 1, 2, 3학년 학생들의 수학 점수 평균을 구했더니 각각 38점, 64점, 44점이었다. 각 학년의 학생 수가 50명, 20명, 30명이라고 할 때, L중학교 학생들의 전체 수학 점수 평균은?

① 43점
② 44점
③ 45점
④ 46점
⑤ 47점

09 농도 8%의 소금물 200g에서 소금물을 조금 퍼낸 후, 퍼낸 소금물만큼 물을 부었다. 그리고 소금 50g을 넣어 농도 24%의 소금물 250g을 만들었을 때, 처음 퍼낸 소금물의 양은?

① 75g
② 80g
③ 90g
④ 95g
⑤ 100g

10 일정한 규칙으로 수를 배치할 때, 빈칸에 들어갈 알맞은 수는?

10	1	2
13		

8	11	−6
(　)		

5	−1	2
6		

① 9
② 11
③ 13
④ 15
⑤ 17

11 갑~병 3명은 이어달리기로 운동장 한 바퀴를 완주할 예정이다. 갑이 트랙의 절반하고도 30m를 뛰고, 을은 남은 거리의 $\frac{1}{3}$과 40m를 뛰었을 때 병이 뛰는 거리는 100m라고 한다. 운동장의 전체 길이는?

① 420m
② 440m
③ 460m
④ 480m
⑤ 500m

12 일정한 규칙으로 수를 나열할 때, 빈칸에 들어갈 알맞은 수는?

$\frac{8}{5}$ $\frac{10}{3}$ $\frac{19}{10}$ $\frac{100}{9}$ $\frac{30}{20}$ $\frac{1,000}{27}$ $\frac{41}{40}$ $\frac{10,000}{81}$ ( )

① $\frac{52}{60}$
② $\frac{56}{60}$
③ $\frac{52}{70}$
④ $\frac{56}{70}$
⑤ $\frac{52}{80}$

13 은미는 지름이 다른 세 가지 A ~ C호스를 사용하여 수족관에 물을 채우려고 한다. A호스 하나를 사용하여 물을 채우면 6분, B호스는 18분, C호스는 36분이 걸린다. 세 호스를 각각 수도관에 연결하여 동시에 수족관 물을 채운다고 할 때, 은미가 수족관 물을 다 채울 때까지 걸리는 시간은?

① 1.5분
② 3분
③ 4분
④ 4.5분
⑤ 6분

14 일정한 규칙으로 수를 나열할 때, 빈칸에 들어갈 알맞은 수는?

$\underline{3 \quad 1 \quad 3}$ $\underline{4 \quad 2 \quad 16}$ $\underline{5 \quad (\ \ ) \quad 125}$

① 2
② 3
③ 10
④ 25
⑤ 30

15 L회사는 대표 화장품인 A제품의 병 디자인을 새로 만들어 홍보하려 한다. 새로 만든 화장품 병은 1.8L에 80%를 채울 예정이며, 예전의 화장품 병은 2.0L에 75%를 채워 판매하였다. L회사에서 예전 2.0L 병에 48병을 채울 수 있는 양을 새로운 병에 넣으려고 할 때, 새로운 1.8L 병은 몇 병이 필요한가?

① 50병
② 52병
③ 54병
④ 56병
⑤ 58병

16 일정한 규칙으로 수를 나열할 때, 빈칸에 들어갈 알맞은 수는?

−7 −4.5 −1 ( ) 9

① 1.5
② 3.5
③ 4
④ 6.5
⑤ 7

17 일정한 규칙에 따라 수를 배치할 때, A−B의 값은?

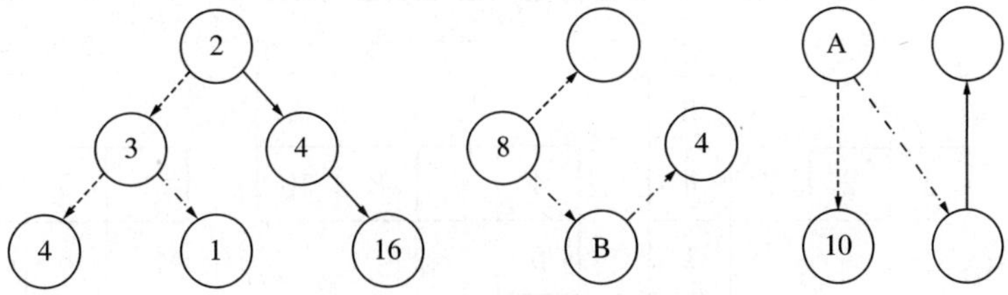

① 2
② 3
③ 5
④ 6
⑤ 9

18 민우, 현호, 용재, 경섭, 진수가 일렬로 줄을 설 때 양 끝에 현호와 진수가 서게 될 확률은 $\frac{b}{a}$ 이다. 이때 $a+b$의 값은?(단, a와 b는 서로소이다)

① 9
② 10
③ 11
④ 12
⑤ 13

19 L사에서 파견 근무를 나갈 10명을 뽑아 팀을 구성하려 한다. 새로운 팀 내에서 팀장 1명과 회계 담당 2명을 뽑으려고 할 때 이 인원을 뽑는 경우의 수는?

① 300가지
② 320가지
③ 348가지
④ 360가지
⑤ 396가지

20 일정한 규칙으로 수를 배치할 때, 빈칸에 들어갈 알맞은 수는?

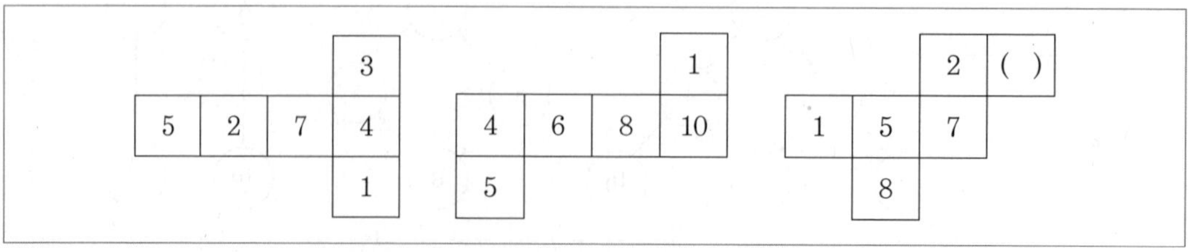

① 11
② 14
③ 18
④ 20
⑤ 22

4일 차
기출응용 모의고사

〈문항 수 및 시험시간〉

LG그룹 온라인 적성검사		
영역	문항 수	시험시간
언어이해	20문항	20분
언어추리	20문항	20분
자료해석	20문항	20분
창의수리	20문항	20분

LG그룹 온라인 적성검사

4일 차 기출응용 모의고사

문항 수 : 80문항
시험시간 : 80분

제1영역 언어이해

01 다음 글의 (가)~(마) 문단의 소제목으로 적절하지 않은 것은?

(가) 우리 경제는 1997년을 기준으로 지난 30년간 압축성장을 이룩하는 과정에서 많은 문제점을 안게 되었다. 개발을 위한 물자 동원을 극대화하는 과정에서 가명·무기명 금융거래 등 잘못된 금융 관행이 묵인되어 음성·불로 소득이 널리 퍼진 소위 지하경제가 번창한 것이다.

(나) 이에 따라 계층 간 소득과 조세 부담의 불균형이 심화되었으며, 재산의 형성 및 축적에 대한 불신이 팽배해져 우리 사회의 화합과 지속적인 경제성장의 장애 요인이 되고 있었다. 또한 비실명거래를 통해 부정한 자금이 불법 정치자금·뇌물·부동산투기 등에 쓰이면서 각종 비리와 부정부패의 온상이 되기도 하였다. 이로 인하여 일반 국민들 사이에 위화감이 조성되었으며, 대다수 국민들의 근로의욕을 약화시키는 요인이 되었다.

(다) 이와 같이 비실명 금융거래의 오랜 관행에서 발생되는 폐해가 널리 번짐에 따라 우리 경제가 더 나은 경제로 진입하기 위해서는 금융실명제를 도입하여 금융거래를 정상화할 필요가 절실했으며, 그러한 요구가 사회단체를 중심으로 격렬하게 제기되었다.

(라) 이에 문민정부는 과거 정권에서 부작용을 우려하여 실시를 유보하였던 금융실명제를 과감하게 도입했다. 금융실명제는 모든 금융거래를 실제의 명의(實名)로 하도록 함으로써 금융거래와 부정부패·부조리를 연결하는 고리를 차단하여 깨끗하고 정의로운 사회를 구현하고자 하는 데 의미가 있었다.

(마) 이러한 금융실명제가 도입되면서 금융거래의 투명성은 진전되었으나 여전히 차명거래와 같은 문제점은 존재했다. 이전까지는 탈세 목적을 가진 차명거래가 적발되어도 법률로 계좌를 빌려준 사람과 실소유주를 처벌할 수 없었던 것이다.

① (가) : 잘못된 금융 관행으로 나타난 지하경제
② (나) : 비실명 금융거래의 폐해
③ (다) : 금융실명제의 경제적 효과
④ (라) : 금융실명제의 도입과 의미
⑤ (마) : 금융실명제 도입에서 나타난 허점

02 다음 글의 중심 내용으로 가장 적절한 것은?

> 판소리는 한국의 서사무가의 서술 원리와 구연 방식을 빌려다가 흥미 있는 설화 자료를 각색해 굿이 아닌 세속의 저잣거리에서 일반 사람들을 상대로 노래하면서 시작되었다. 호남지역에서 대대로 무당을 세습하던 세습 무당 집안에서는 여자 무당이 굿을 담당하고 남자 무당은 여자 무당을 도와 여러 가지 잡일을 했다. 당연히 굿을 해주고 받는 굿값의 분배도 여자 무당을 중심으로 이루어졌고, 힘든 잡일을 담당한 남자 무당은 몫이 훨씬 적었다. 남자 무당이 굿에 참여하고 그 몫의 돈을 받는 경우는 노래할 때뿐이었다. 따라서 세습 무당 집안에서 태어난 남자들은 노래를 잘하는 것이 잘 살 수 있는 길이었다. 남자들은 노래 공부를 열심히 했고, 이 과정에서 세습 무당 집안에서는 많은 명창을 배출하였다.
> 이러한 호남지역의 무속적 특징은 조선 후기 사회 변화와 관련을 맺으면서 판소리의 발생을 자극했다. 조선 후기로 갈수록 지역 마을마다 행하던 주민 공동 행사인 마을굿이 제사 형태로 바뀌었고, 이에 따라 무당이 참여하지 않는 마을굿이 늘어났다. 정부와 양반 지배층이 유교 이념에 입각하여 지속적으로 무속을 탄압하는 정책을 펴왔던 탓이었다. 또한 합리적 사고의 발달에 따라 무속이 사회적 신임을 잃은 탓이기도 하였다.
> 호남지역의 세습 무당들은 개인의 질병을 치료하는 굿보다는 풍년이나 풍어를 기원하는 정기적인 마을굿을 하여 생계를 유지했다. 이러한 마을굿이 점차 사라지면서 그들은 생계를 위협받게 되었다. 한편 이 시기에는 상업이 발달하면서 상행위가 활발해졌고, 생활이 풍족해짐에 따라 백성들의 문화 욕구가 커지면서 예능이 상품으로 인정받았다. 이에 따라 춤과 소리 등의 예술과 곡예가 구경거리로 부상하였다. 세습 무당 집안 출신의 노래 잘하는 남자 무당들은 무속이라는 속박을 떨쳐버리고 돈을 벌기 위하여 소리판을 벌이게 되었다. 이들의 소리가 많은 사람에게 환영을 받자 점차 전문 직업인으로서 명창이 등장하게 되었다. 대중적 인기가 자신의 명성과 소득에 직결되었으므로 이들은 대중이 좋아할 만한 내용을 담은 소리들을 발굴하고 개발하였다.

① 유교 이념의 전파로 전통 무속신앙이 쇠퇴하면서 서사무가가 자취를 감추게 되었다.
② 판소리의 발달은 무속신앙의 상업화와 함께 남자 무당들이 대거 성장하는 계기가 되었다.
③ 조선 후기 사회 변화는 유교 중심 체제의 쇠퇴와 민중 기반 무속신앙의 성장을 가져 왔다.
④ 세습 무당 집안의 남자들이 상업적인 공연에 뛰어들면서 판소리 개발과 전파의 주축이 되었다.
⑤ 조선 후기에 전문 직업인으로서의 판소리 명창들이 대거 출현하면서 무속인들이 설 자리를 잃었다.

※ 다음 글의 내용으로 가장 적절한 것을 고르시오. [3~4]

03

> 통증은 조직 손상이 일어나거나 일어나려고 할 때 의식적인 자각을 주는 방어적 작용으로, 감각의 일종이다. 통증을 유발하는 자극에는 강한 물리적 충격에 의한 기계적 자극, 높은 온도에 의한 자극, 상처가 나거나 미생물에 감염되었을 때 세포에서 방출하는 화학 물질에 의한 화학적 자극 등이 있다. 이러한 자극은 온몸에 퍼져 있는 감각 신경의 말단에서 받아들이는데, 이 신경 말단을 통각 수용기라고 한다. 통각 수용기는 피부에 가장 많아 피부에서 발생한 통증은 위치를 확인하기 쉽지만, 통각 수용기가 많지 않은 내장 부위에서 발생한 통증은 위치를 정확히 확인하기 어렵다. 후각이나 촉각 수용기 등에는 지속적인 자극에 대해 수용기의 반응이 감소되는 감각 적응 현상이 일어난다. 하지만 통각 수용기에는 지속적인 자극에 대해 감각 적응 현상이 거의 일어나지 않는다. 그래서 우리 몸은 위험한 상황에 대응할 수 있게 된다.
> 대표적인 통각 수용 신경 섬유에는 Aδ섬유와 C섬유가 있다. Aδ섬유에는 기계적 자극이나 높은 온도 자극에 반응하는 통각 수용기가 분포되어 있으며, C섬유에는 기계적 자극이나 높은 온도 자극뿐만 아니라 화학적 자극에도 반응하는 통각 수용기가 분포되어 있다. Aδ섬유를 따라 전도된 통증 신호가 대뇌피질로 전달되면 대뇌피질에서는 날카롭고 쑤시는 듯한 짧은 초기 통증을 느끼고 통증이 일어난 위치를 파악한다. C섬유를 따라 전도된 통증 신호가 대뇌피질로 전달되면 대뇌피질에서는 욱신거리고 둔한 지연 통증을 느낀다. 이는 두 신경 섬유의 특징과 관련이 있다. Aδ섬유는 직경이 크고 전도 속도가 빠르며, C섬유는 직경이 작고 전도 속도가 느리다.

① Aδ섬유는 C섬유보다 직경이 작고 전도 속도가 느리다.
② 통각 수용기가 적은 부위일수록 통증 위치를 확인하기 쉽다.
③ 기계적 자극이나 높은 온도에 반응하는 통각 수용기는 Aδ섬유에만 분포되어 있다.
④ 통각 수용기는 수용기의 반응이 감소되는 감각 적응 현상이 거의 일어나지 않는다.
⑤ Aδ섬유를 따라 전도된 통증 신호가 대뇌피질로 전달되면 대뇌피질에서는 욱신거리고 둔한 지연 통증을 느낀다.

04

> 온갖 사물이 뒤섞여 등장하는 사진들에서 고양이를 틀림없이 알아보는 인공지능이 있다고 해 보자. 그러한 식별 능력은 고양이 개념을 이해하는 능력과 어떤 관계가 있을까? 고양이를 실수 없이 가려내는 능력이 고양이 개념을 이해하는 능력의 필요충분조건이라고 할 수 있을까?
> 먼저, 인공지능이든 사람이든 고양이 개념에 대해 이해하면서도 영상 속의 짐승이나 사물이 고양이인지 정확히 판단하지 못하는 경우는 있을 수 있다. 예를 들어 누군가가 전형적인 고양이와 거리가 먼 희귀한 외양의 고양이를 보고 "좀 이상하게 생긴 족제비로군요."라고 말했다고 해 보자. 이것은 틀린 판단이지만, 그렇다고 그가 고양이 개념을 이해하지 못하고 있다고 평가하는 것은 부적절한 일일 것이다.
> 이번에는 다른 예로 누군가가 영상자료에서 가을에 해당하는 장면들을 실수 없이 가려낸다고 해 보자. 그는 가을 개념을 이해하고 있다고 보아야 할까? 그 장면들을 실수 없이 가려낸다고 해도 그가 가을이 적잖은 사람들을 왠지 쓸쓸하게 하는 계절이라든가, 농경문화의 전통에서 수확의 결실이 있는 계절이라는 것, 혹은 가을이 지구 자전축의 기울기와 유관하다는 것 등을 반드시 알고 있는 것은 아니다. 심지어 가을이 지구의 1년을 넷으로 나눈 시간 중 하나를 가리킨다는 사실을 모르고 있을 수도 있다. 만일 가을이 여름과 겨울 사이에 오는 계절이라는 사실조차 모르는 사람이 있다면, 우리는 그가 가을 개념을 이해하고 있다고 인정할 수 있을까? 그것은 불합리한 일일 것이다.
> 가을이든 고양이든 인공지능이 그런 개념들을 충분히 이해하는 것이 영원히 불가능하다고 단언할 이유는 없다. 하지만 우리가 여기서 확인한 점은 개념의 사례를 식별하는 능력이 개념을 이해하는 능력을 함축하는 것은 아니고, 그 역도 마찬가지라는 것이다.

① 인간과 동물의 개념을 명확하게 이해하고 있다면, 동물과 인간을 실수 없이 구별해야 한다.
② 날아가는 비둘기를 참새로 오인했다고 해서 비둘기 개념을 이해하지 못하고 있다고 평가할 수는 없다.
③ 영상자료에서 가을의 장면을 제대로 가려내지 못한 사람은 가을의 개념을 명확히 이해하지 못한 사람이다.
④ 인공지능이 자동차와 사람의 개념을 제대로 이해했다면, 영상 속의 자동차를 사람으로 착각할 리 없다.
⑤ 다양한 형태의 크고 작은 상자들 가운데 정확하게 정사각형의 상자를 찾아낸다면, 정사각형의 개념을 이해한 것이라고 볼 수 있다.

05 다음 글에서 〈보기〉의 문장이 들어갈 위치로 가장 적절한 곳은?

기억이 착오를 일으키는 프로세스는 인상적인 사물을 받아들이는 단계부터 이미 시작된다. (가) 감각적인 지각 대부분은 무의식중에 기록되고 오래 유지되지 않는다. (나) 대개는 수 시간 안에 사라져 버리며, 약간의 본질만이 남아 장기 기억이 된다. 무엇이 남을지는 선택에 의해서 그리고 그 사람의 견해에 따라서도 달라진다. (다) 분주하고 정신이 없는 장면을 보여 주고, 나중에 그 모습에 관해서 이야기하게 해 보자. (라) 어느 부분에 주목하고, 또 어떻게 그것을 해석했는지에 따라 즐겁기도 하고 무섭기도 하다. (마) 단순히 정신 사나운 장면으로만 보이는 경우도 있다. 기억이란 원래 일어난 일을 단순하게 기록하는 것이 아니다.

보기

일어난 일에 대한 묘사는 본 사람이 무엇을 중요하게 판단하고, 무엇에 흥미를 느꼈느냐에 따라 크게 다르다.

① (가)
② (나)
③ (다)
④ (라)
⑤ (마)

06 다음 글의 옵트인 방식을 도입하자는 주장에 대한 근거로 적절하지 않은 것은?

스팸 메일 규제와 관련한 논의는 스팸 메일 발송자의 표현의 자유와 수신자의 인격권 중 어느 것을 우위에 둘 것인가를 중심으로 전개되어 왔다. 스팸 메일의 규제 방식은 옵트인(Opt-in) 방식과 옵트아웃(Opt-out) 방식으로 구분된다. 전자는 광고성 메일을 금지하지는 않되 수신자의 동의를 받아야만 발송할 수 있게 하는 방식으로, 영국 등 EU 국가들에서 시행하고 있다. 그러나 이 방식은 수신 동의 과정에서 발송자와 수신자 양자에게 모두 비용이 발생하며, 시행 이후에도 스팸 메일이 줄지 않았다는 조사 결과도 나오고 있어 규제 효과가 크지 않을 수 있다.

반면 옵트아웃 방식은 일단 스팸 메일을 발송할 수 있게 하되 수신자가 이를 거부하면 이후에는 메일을 재발송할 수 없도록 하는 방식으로, 미국에서 시행되고 있다. 그런데 이러한 방식은 스팸 메일과 일반적 광고 메일의 선별이 어렵고, 수신자가 수신 거부를 하는 데 따르는 불편과 비용을 초래하며 불법적으로 재발송되는 메일을 통제하기 힘들다. 또한 육체적 · 정신적으로 취약한 청소년들이 스팸 메일에 무차별적으로 노출되어 피해를 입을 수 있다.

① 옵트인 방식은 수신자 인격권 보호에 효과적이다.
② 옵트아웃 방식을 사용한다면 재발송 방지가 효과적으로 이루어지지 않을 것이다.
③ 옵트인 방식은 수신에 동의하는 데 따르는 수신자의 경제적 손실을 막을 수 있다.
④ 옵트아웃 방식을 사용한다면 수신자가 수신 거부를 하는 것이 더 불편해질 것이다.
⑤ 날로 수법이 교묘해지는 스팸 메일을 규제하기 위해서는 수신자 사전 동의를 받아야 하는 옵트인 방식을 채택하는 것이 효과적이다.

07 다음 글을 읽고 추론한 내용으로 적절하지 않은 것은?

기존의 형사 사법은 응보형론과 재사회화론을 기저에 두고 있다. 응보형론은 범죄를 상쇄할 해악의 부과를 형벌의 본질로 보는 이론으로, 형벌 자체가 목적이다. 그런데 지속적인 범죄의 증가 현상은 응보형론이 이미 발생한 범죄와 범죄인의 처벌에 치중하고 예방은 미약하다는 문제를 보여준다. 재사회화론은 형벌의 목적을 범죄인의 정상적인 구성원으로서의 사회 복귀에 두는 이론이다. 이것은 형벌과 교육으로 범죄인의 반사회적 성격을 교화하여 장래의 범법 행위를 방지하는 것에 주안점을 두지만 이도 증가하는 재범률로 인해 비판받고 있다. 또한 응보형론이나 재사회화론에 입각한 형사 사법은 법적 분쟁에서 국가가 피해자를 대신하면서 국가와 범죄 행위자 간의 관계에 집중하기 때문에 피해자나 지역사회에 대한 관심이 적다는 문제점이 제기되었다.

회복적 사법은 기본적으로 범죄에 대해 다른 관점으로 접근한다. 기존의 관점은 범죄를 국가에 대한 거역이고 위법 행위로 보지만, 회복적 사법은 범죄를 개인 또는 인간관계를 파괴하는 행위로 본다. 지금까지의 형사 사법은 주로 범인, 침해당한 법, 처벌 등에 관심을 두고 피해자는 무시한 채 가해자와 국가 간의 경쟁적 관계에서 대리인에 의한 법정 공방을 통해 문제를 해결해 왔다. 그러나 회복적 사법은 피해자와 피해의 회복 등에 초점을 두고 있다. 기본적 대응 방법은 피해자와 가해자, 이 둘을 조정하는 조정자를 포함한 공동체 구성원까지 자율적으로 참여하는 가운데 이루어지는 대화와 합의이다. 가해자가 피해자의 상황을 직접 듣고 죄책감이 들면 그의 감정이나 태도에 변화가 생기고, 이런 변화로 피해자도 상처를 치유받고 변화할 수 있다고 보는 것이다. 이러한 회복적 사법은 사과와 피해 배상, 용서와 화해 등을 통한 회복을 목표로 하며 더불어 범죄로 피해 입은 공동체를 회복의 대상이자 문제 해결의 주체로 본다.

회복적 사법이 기존의 관점을 완전히 대체할 수 있는 것은 아니다. 현재 우리나라에서는 이를 형사 사법을 보완하는 차원 정도로 적용되고 있다. 그럼에도 회복적 사법은 가해자에게는 용서받을 수 있는 기회를, 피해자에게는 회복의 가능성을 부여할 수 있다는 점에서 의미가 있다.

① 응보형론은 형벌 자체를 통해 범죄를 상쇄하고자 한다.
② 기존의 관점과 달리 회복적 사법은 피해자를 우선시한다.
③ 응보형론과 재사회화론 모두 범죄를 국가에 대한 거역으로 취급한다.
④ 회복적 사법은 재사회화론을 완전히 대체할 수 있는 방안으로 사용되고 있다.
⑤ 응보형론과 재사회화론 모두 실질적인 범죄율 감소에 기여하지 못한다는 비판을 받는다.

08 다음 글의 논지를 이끌 수 있는 첫 문장으로 가장 적절한 것은?

> 사람과 사람이 직접 얼굴을 맞대고 하는 접촉이 라디오나 텔레비전 등의 매체를 통한 접촉보다 결정적인 영향력을 미친다는 것이 일반적인 견해로 알려져 있다. 매체는 어떤 마음의 자세를 준비하게 하는 구실을 하여 나중에 직접 어떤 사람에게서 새 어형을 접했을 때 그것이 텔레비전에서 자주 듣던 것이면 더 쉽게 그쪽으로 마음의 문을 열게 하는 면에서 영향력을 행사하기는 하지만, 새 어형이 전파되는 것은 매체를 통해서보다 상면하는 사람과의 직접적인 접촉에 의해서라는 것이 더 일반화된 견해이다. 사람들은 한두 사람의 말만 듣고 언어 변화에 가담하지는 않고, 주위의 여러 사람들이 다 같은 새 어형을 쓸 때 비로소 그것을 받아들이게 된다고 한다. 매체를 통해서보다 자주 접촉하는 사람들을 통해 언어 변화가 진전된다는 사실은 언어 변화의 여러 면을 바로 이해하는 하나의 핵심적인 내용이라 해도 좋을 것이다.

① 일반적으로 젊은 층이 언어 변화를 주도한다.
② 언어 변화는 결국 접촉에 의해 진행되는 현상이다.
③ 접촉의 형식도 언어 변화에 영향을 미치는 요소로 지적되고 있다.
④ 매체의 발달이 언어 변화에 중요한 영향을 미치는 것으로 알려져 있다.
⑤ 언어 변화는 외부와의 접촉이 극히 제한되어 있는 곳일수록 속도가 느리다.

09 다음 글의 내용과 상충하는 것을 〈보기〉에서 모두 고르면?

> 벼슬에 나아감과 물러남의 도리에 밝은 옛 군자는 조금이라도 관직에 책임을 다하지 못하거나 의리의 기준으로 보아 직책을 더 이상 수행할 수 없을 경우, 반드시 몸을 이끌고 급히 물러났습니다. 그들도 임금을 사랑하는 정(情)이 있기에 차마 물러나기 어려웠을 터이나, 정 때문에 주저하여 자신이 물러나야 할 때를 놓치지는 않았으니, 이는 정보다는 의리를 지키지 않을 수 없었기 때문입니다.
> 임금과 어버이는 일체이므로 모두 죽음으로 섬겨야 할 대상입니다. 그러나 부자관계는 천륜이어서 자식이 어버이를 봉양하는 데 한계가 없지만, 군신관계는 의리로 합쳐진 것이라 신하가 임금을 받드는 데 한계가 있습니다. 한계가 없는 경우에는 은혜가 항상 의리에 우선하므로 관계를 떠날 수 없지만, 한계가 있는 경우에는 때때로 의리가 은혜보다 앞서기도 하므로 떠날 수 있는 상황이 생기는 것입니다. 의리의 문제는 사람과 때에 따라 같지 않습니다. 공들의 경우는 벼슬에 나가는 것이 의리가 되지만 나에게 공들처럼 하도록 요구해서는 안 되며, 내 경우는 물러나는 것이 의리가 되니 공들에게 나처럼 하도록 바라서도 안 됩니다.

보기

㉠ 부자관계에서는 은혜가 의리보다 중요하다.
㉡ 군신관계에서 의리가 은혜에 항상 우선하는 것은 아니다.
㉢ 군신관계에서 신하들이 임금에 대해 의리를 실천하는 방식은 누구에게나 동일하다.

① ㉠
② ㉢
③ ㉠, ㉡
④ ㉡, ㉢
⑤ ㉠, ㉡, ㉢

10 다음 글의 서술 방식으로 가장 적절한 것은?

> 사람들은 어떤 결과에는 항상 그에 상응하는 원인이 존재한다고 생각한다. 원인과 결과의 필연성은 개별적인 사례들을 통해 일반화될 수 있다. 가령 A라는 사람이 스트레스로 병에 걸렸고, B도 스트레스로 병에 걸렸다면 이런 개별적인 사례들로부터 '스트레스가 병의 원인이다.'라는 일반적인 인과가 도출된다. 이때 개별적인 사례에 해당하는 인과를 '개별자 수준의 인과'라 하고, 일반적인 인과를 '집단 수준의 인과'라 한다. 사람들은 오랫동안 이러한 집단 수준의 인과가 필연성을 지닌다고 믿어 왔다.
> 그런데 집단 수준의 인과를 필연적인 것이 아니라 개연적인 것으로 파악해야 한다고 주장하는 사람들이 있다. 가령 '스트레스가 병의 원인이다.'라는 진술에서 스트레스는 병의 필연적인 원인이 아니라 단지 병을 발생시킬 확률을 높이는 요인일 뿐이라고 한다. A와 B가 특정한 병에 걸렸다 하더라도 집단 수준에서는 그 병의 원인을 스트레스로 단언할 수 없다는 것이다. 그렇게 본다면 스트레스와 병은 필연적인 관계가 아니라 개연적인 관계에 놓인 것으로 설명된다. 이에 따르면 '스트레스가 병의 원인이다.'라는 집단 수준의 인과는 'A가 스트레스를 받았지만 병에 걸리지 않은 경우'나 'A가 스트레스를 받았고 병에 걸리기도 했지만 병의 실제 원인은 다른 것인 경우' 등의 개별자 수준의 인과와 동시에 성립될 수 있다. 이렇게 되면 개별자 수준의 인과와 집단 수준의 인과는 별개로 존재하게 되는 것이다.
> 이처럼 개별자 수준과 집단 수준의 인과가 독립적이라고 주장하는 철학자들은 두 수준의 인과가 서로 다른 방식으로 해명되어야 한다고 본다. 왜냐하면 이들은 개별자 수준의 인과가 지닌 복잡성과 특이성은 집단 수준의 인과로 설명될 수 없다고 여기기 때문이다. 가령 A의 병은 유전적 요인, 환경적 요인, 개인의 생활 습관 등에서 비롯될 수도 있고, 그 요인들이 우연적이며 복합적으로 작용하는 과정을 거치며 발생될 수도 있다.
> 이에 대해 개별자 수준과 집단 수준의 인과가 연관된다고 주장하는 사람들은 병의 여러 요인들이 있다 하더라도 여전히 인과의 필연성이 성립된다고 본다. 개별적인 사례들에서 스트레스와 그 외의 모든 요인을 함께 고려할 때 여전히 스트레스가 병의 필수적인 요인이라면 개별자 수준 인과의 필연성은 훼손되지 않으며, 이에 따라 집단 수준 인과의 필연성도 훼손되지 않는다는 것이다.

① 일반인의 상식을 논리적으로 비판하고 있다.
② 대비되는 두 관점을 예를 들어서 설명하고 있다.
③ 상반된 견해에 대하여 절충적 대안을 제시하고 있다.
④ 이론의 장단점을 비교하여 독자의 이해를 돕고 있다.
⑤ 논의된 내용을 종합하면서 새로운 주장을 제기하고 있다.

※ 다음 제시된 문단을 논리적 순서대로 바르게 나열한 것을 고르시오. [11~12]

11

(가) 세종대왕은 백성들이 어려운 한자를 익히지 못해 글을 읽고 쓰지 못하는 것을 안타깝게 여겼다. 당시에는 오직 사대부들만 한자를 배워 지식을 독점했기 때문에 권력 역시 이들의 것이었다. 세종대왕은 이를 가엾게 여기다가, 온 국민이 쉽게 깨우칠 수 있는 문자를 만들었다.

(나) 훈민정음을 세상에 설명하기 위해 1446년(세종 28년) 정인지 등의 학자가 세종대왕의 명령을 받고 한문으로 편찬한 해설서인 『훈민정음 해례본』을 편찬하고, 정인지 · 안지 · 권제 등을 명해 조선 왕조 창업을 노래한 『용비어천가』를 펴냈다.

(다) 이러한 반대를 물리치고 세종대왕은 1446년 훈민정음을 세상에 알리게 된다. 실제로 '백성을 가르치는 바른 소리'라는 뜻의 훈민정음의 서문을 보면 평생 글을 모른 채 살아가는 사람들에 대한 애민정신이 명확히 드러난다.

(라) 각고의 노력 끝에 훈민정음을 만들었지만, 대신들은 물론 집현전 학자들까지도 한글 창제에 대해 거세게 반발했다. 최만리, 정찬손 등의 학자들이 반대 상소를 올리자 세종대왕이 "이두를 제작한 뜻이 백성을 편리하게 하려 함이라면, 지금의 언문(한글)도 백성을 편리하게 하려는 것이다."라고 질타한 일화가 『세종실록』에 남아 있을 정도다.

① (가) – (나) – (라) – (다)
② (가) – (라) – (다) – (나)
③ (나) – (가) – (다) – (라)
④ (나) – (다) – (가) – (라)
⑤ (나) – (다) – (라) – (가)

12

(가) 여기에 반해 동양에서는 보름달에 좋은 이미지를 부여한다. 예를 들어, 우리나라의 처녀귀신이나 도깨비는 달빛이 흐린 그믐 무렵에나 활동하는 것이다. 그런데 최근에는 동서양의 개념이 마구 뒤섞여 보름달을 배경으로 악마의 상징인 늑대가 우는 광경이 동양의 영화에 나오기도 한다.

(나) 동양에서 달은 '음(陰)'의 기운을, 해는 '양(陽)'의 기운을 상징한다는 통념이 자리를 잡았다. 그래서 달을 '태음', 해를 '태양'이라고 불렀다. 동양에서는 해와 달의 크기가 같은 덕에 음과 양도 동등한 자격을 갖춘다. 즉, 음과 양은 어느 하나가 좋고 다른 하나는 나쁜 것이 아니라 서로 보완하는 관계를 이루는 것이다.

(다) 옛날부터 형성된 이러한 동서양 간의 차이는 오늘날까지 영향을 끼치고 있다. 동양에서는 달이 밝으면 달맞이를 하는데, 서양에서는 달맞이를 자살 행위처럼 여기고 있다. 특히 보름달은 서양인들에게 거의 공포의 상징과 같은 존재이다. 예를 들어, 13일의 금요일에 보름달이 뜨면 사람들이 외출조차 꺼린다.

(라) 하지만 서양의 경우는 다르다. 서양에서 낮은 신이, 밤은 악마가 지배한다는 통념이 자리를 잡았다. 따라서 밤의 상징인 달에 좋지 않은 이미지를 부여하게 되었다. 이는 해와 달의 명칭을 보면 알 수 있다. 라틴어로 해를 'Sol', 달을 'Luna'라고 하는데 정신병을 뜻하는 단어 'Lunacy'의 어원이 바로 'Luna'이다.

① (나) – (가) – (라) – (다)
② (나) – (다) – (가) – (라)
③ (나) – (라) – (다) – (가)
④ (다) – (가) – (라) – (나)
⑤ (다) – (나) – (라) – (가)

※ 다음 글에 이어질 내용으로 가장 적절한 것을 고르시오. [13~14]

13

태초의 자연은 인간과 동등한 위치에서 상호 소통할 수 있는 균형적인 관계였다. 그러나 기술의 획기적인 발달로 인해 자연과 인간사회 사이에 힘의 불균형이 초래되었다. 자연과 인간의 공생은 힘의 균형을 전제로 한다. 균형적 상태에서 자연과 인간은 긴장감을 유지하지만 한쪽에 의한 폭력적 관계가 아니기에 소통이 원활히 발생한다. 또한 일방적인 관계에서는 한쪽의 희생이 필수적이지만 균형적 관계에서는 상호 호혜적인 거래가 발생한다. 이때의 거래란 단순히 경제적인 효율을 의미하는 것이 아니다. 대자연의 환경에서 각 개체와 그 후손들의 생존은 상호 관련성을 지닌다. 이에 따라 자연은 인간에게 먹거리를 제공하고 인간은 자연을 위한 의식을 행함으로써 상호 이해와 화해를 도모하게 된다. 인간에게 자연이란 정복의 대상이 아닌 존중받아야 할 거래 대상인 것이다. 결국 대칭적인 관계로의 회복을 위해서는 힘의 균형이 전제되어야 한다.

① 인간 사회에서 소통의 중요성
② 인간과 자연이 거래하는 방법
③ 태초의 자연이 인간을 억압해온 사례
④ 경제적인 효율을 극대화하기 위한 방법
⑤ 인간과 자연이 힘의 균형을 회복하기 위한 방법

14

테레민이라는 악기는 손을 대지 않고 연주하는 악기이다. 이 악기를 연주하기 위해 연주자는 허리 높이쯤에 위치한 상자 앞에 선다. 오른손은 상자에 수직으로 세워진 안테나 주위에서 움직인다. 오른손의 엄지와 집게 손가락으로 고리를 만들고 손을 흔들면서 나머지 손가락을 하나씩 펴면 안테나에 손이 닿지 않고서도 음이 들린다. 이때 들리는 음은 피아노 건반을 눌렀을 때 나는 것처럼 정해진 음이 아닌 현악기를 연주하는 것과 같은 연속음이며, 소리는 손과 손가락의 움직임에 따라 변한다. 왼손은 손가락을 펼친 채로 상자에서 수평으로 뻗은 안테나 위에서 서서히 오르내리면서 소리를 조절한다.

오른손으로는 수직 안테나와의 거리에 따라 음고(音高)를 조절하고, 왼손으로는 수평 안테나와의 거리에 따라 음량을 조절한다. 따라서 오른손과 수직 안테나는 음고를 조절하는 회로에 속하고 왼손과 수평 안테나는 음량을 조절하는 또 다른 회로에 속한다. 이 두 회로가 하나로 합쳐지면서 두 손의 움직임에 따라 음고와 음량을 변화시킬 수 있다.

어떻게 테레민에서 다른 음고의 음이 발생되는지 알아보자. 음고를 조절하는 회로는 가청주파수 범위 바깥의 주파수를 갖는 서로 다른 두 개의 음파를 발생시킨다. 이 두 개의 음파 사이에 존재하는 주파수의 차이 값에 의해 가청주파수를 갖는 새로운 진동이 발생하는데 그것으로 소리를 만든다. 가청주파수 범위 바깥의 주파수 중 하나는 고정된 주파수를 갖고 다른 하나는 연주자의 손 움직임에 따라 주파수가 바뀐다. 이렇게 발생한 주파수의 변화에 의해 진동이 발생하고 이 진동의 주파수는 가청주파수 범위 내에 있기 때문에 그 진동을 증폭시켜 스피커로 보내면 소리가 들린다.

① 왼손의 손가락 모양에 따라 음고가 바뀌는 원리
② 수직 안테나에 손이 닿으면 소리가 발생하는 원리
③ 수평 안테나와 왼손 사이의 거리에 따라 음량이 조절되는 원리
④ 음고를 조절하는 회로에서 가청주파수의 진동이 발생하는 원리
⑤ 오른손의 손가락으로 가상의 피아노 건반을 눌러 음량을 변경하는 원리

※ 다음 글의 빈칸에 들어갈 내용으로 가장 적절한 것을 고르시오. [15~16]

15

조선 시대의 금속활자는 제작 방법이나 비용의 문제로 민간에서 제작하기도 어려웠지만, 그 제작 및 소유를 금지하였다. 때문에 금속활자는 왕실의 위엄과 권위를 상징하는 것이었고 조선의 왕들은 금속활자 제작에 각별한 관심을 가졌다. 태종이 1403년 최초의 금속활자인 계미자(癸未字)를 주조한 것을 시작으로 조선은 왕의 주도하에 수십 차례에 걸쳐 활자를 제작하였고, 특히 정조는 금속활자 제작에 많은 공을 들였다. 세손 시절 영조에게 건의하여 임진자(壬辰字) 15만 자를 제작하였고, 즉위 후에도 정유자(丁酉字), 한구자(韓構字), 생생자(生生字) 등을 만들었는데, 이들 활자를 합하면 100만 자가 넘는다. 정조가 많은 활자를 만들고 관리하는 데 신경을 쓴 것 역시 권위와 관련이 있다. 정조가 만든 수많은 활자 중에서도 정리자(整理字)는 이러한 측면을 가장 잘 보여주는 활자라 할 수 있다. 정리(整理)라는 말은 조선 시대에 국왕이 바깥으로 행차할 때 호조에서 국왕이 머물 행궁을 정돈하고 수리해서 새롭게 만드는 일을 의미한다. 1795년 정조는 어머니인 혜경궁 홍씨의 회갑을 기념하기 위해 대대적인 화성 행차를 계획하였다. 행사를 마친 후 행사와 관련된 여러 사항을 기록한 의궤를 『원행을묘정리의궤(園幸乙卯整理儀軌)』라 이름하였고, 이를 인쇄하기 위해 제작한 활자가 바로 정리자이다. 왕실의 행사를 기록한 의궤를 금속활자로 간행했다는 것은 그만큼 이 책을 널리 보급하겠다는 뜻이며, 왕실의 위엄을 널리 알리겠다는 것으로 받아들여진다. 이후 정리자는 『화성성역의궤(華城城役儀軌)』, 『진작의궤(進爵儀軌)』, 『진찬의궤(進饌儀軌)』의 간행에 사용되어 왕실의 위엄과 권위를 널리 알리는 효과를 발휘하였다. 정리자가 주조된 이후에도 고종 이전에는 과거 합격자를 기록한 『사마방목(司馬榜目)』을 대부분 임진자로 간행하였는데, 화성 행차가 있었던 을묘년 식년시의 방목만은 유독 정리자로 간행하였다. 이 역시 화성 행차의 의미를 부각하고자 했던 것으로 생각된다. 정조가 세상을 떠난 후 출간된 그의 문집 『홍재전서(弘齋全書)』를 정리자로 간행한 것은 아마도 이 활자가 ______________________

① 희귀하였기 때문이 아닐까?
② 문집 제작에 널리 쓰였기 때문이 아닐까?
③ 정조를 가장 잘 나타내기 때문이 아닐까?
④ 문집 제작에 적절한 서체였기 때문이 아닐까?
⑤ 정조가 가장 중시하고 분신처럼 여겼던 활자이기 때문이 아닐까?

16

> 어떻게 그 공이 세 가지가 있다고 말하는가, 그 하나는 직통(直通)이요 다른 하나는 합통(合通)이요 또 다른 하나는 추통(推通)이다. 직통(直通)이라는 것은 많은 여러 물건을 일일이 취하되 순수하고 섞이지 않는 것이다. 합통(合通)이라는 것은 두 물건을 화합하여 아울러서 거두되 그렇고 그렇지 않은 것을 분별한다. 추통(推通)이라는 것은 이 물건으로써 전 물건에 합하고 또 다른 물건에 유추하는 것이다. 직통(直通)은 모두 참되고 오류가 없으니 하나의 사물이 스스로 하나의 사물이 되기 때문이다. 합통(合通)과 추통(推通)은 참도 있고 오류도 있으니 이것으로써 저것에 합하고, 맞는 것도 있고 맞지 않은 것도 있다. ______________________ ______________________ 더욱 많으면 맞지 않은 경우가 있기 때문이다.
>
> – 최한기, 『기학』

① 무릇 추통은 다만 사람은 가능하지만 금수는 추통을 하지 못하니
② 무릇 추통은 다만 사람만이 가능하고 유추하는 데는 위험이 더욱 적으니
③ 이것으로써 저것에 합하는 것은 맞지 않는 것보다 맞는 것이 더욱 많으니
④ 이것으로써 저것에 합하고 또 다른 것을 유추하는 데는 위험이 더욱 많으니
⑤ 이것으로 저것에 합하는 것은 참이고, 이것으로 저것을 분별하는 것은 거짓이니

17 **다음 글에 나타난 ㉡의 관점에서 ㉠의 관점을 비판한 내용으로 가장 적절한 것은?**

> 20세기 초에 이르기까지 유럽의 언어학자들은 언어를 진화하고 변화하는 대상으로 보고, 언어학이 역사적이어야 한다고 생각하였다. 이러한 관점은 "언어가 역사적으로 발달해 온 방식을 어느 정도 고찰하지 않고서는 그 언어를 성공적으로 설명할 수 없다."라는 ㉠ 파울의 말로 대변된다.
>
> 이러한 경향에 반해 ㉡ 소쉬르는 언어가 역사적인 산물이더라도 변화 이전과 변화 이후를 구별해서 보아야 한다고 주장하였다. 언어는 구성 요소의 순간 상태 이외에는 어떤 것에 의해서도 규정될 수 없는 가치 체계이므로, 그 자체로서의 가치 체계와 변화에 따른 가치를 구별하지 않고서는 언어를 정확하게 연구할 수 없다는 것이다. 화자는 하나의 상태 앞에 있을 뿐이며, 화자에게는 시간 속에 위치한 현상의 연속성이 존재하지 않기 때문이다. 그러므로 한 시기의 언어 상태를 기술하기 위해서는 그 상태에 이르기까지의 모든 과정을 무시해야 한다고 하였다.

① 언어는 끊임없이 변화하므로 변화의 내용보다는 변화의 원리를 밝히는 것이 더 중요하다.
② 현재의 언어와 과거의 언어는 각각 정적인 상태이지만 전자는 후자를 바탕으로 하고 있다.
③ 자연 현상과는 달리 과거의 언어와 현재의 언어는 상호 간의 인과 관계에 의해 설명될 수 있다.
④ 화자의 말은 발화 당시의 언어 상태를 반영하므로 언어 연구는 그 당시의 언어를 대상으로 해야 한다.
⑤ 언어에는 역사의 유물과 같은 증거가 없기 때문에 언어학은 과거의 언어와 관련된 사실을 밝힐 수 없다.

18 다음 글을 읽은 독자의 반응으로 적절하지 않은 것은?

> 우주로 쏘아진 인공위성들은 지구 주위를 돌며 저마다의 임무를 충실히 수행한다. 이들의 수명은 얼마나 될까? 인공위성들은 태양 전지판으로 햇빛을 받아 전기를 발생시키는 태양전지와 재충전용 배터리를 장착하여 지구와의 통신은 물론 인공위성의 온도를 유지하고 자세와 궤도를 조정하는데, 이러한 태양전지와 재충전용 배터리의 수명은 평균 15년 정도이다.
> 방송 통신 위성은 원활한 통신을 위해 안테나가 늘 지구의 특정 위치를 향해 있어야 하는데, 안테나 자세 조정을 위해 추력기라는 작은 로켓에서 추진제를 소모한다. 자세 제어용 추진제가 모두 소진되면 인공위성은 자세를 유지할 수 없기 때문에 더 이상의 임무 수행이 불가능해지고 자연스럽게 수명을 다하게 된다.
> 첩보 위성의 경우는 임무의 특성상 아주 낮은 궤도를 비행한다. 하지만 낮은 궤도로 비행하게 될 경우 인공위성은 공기의 저항 때문에 마모가 훨씬 빨라지므로 수명이 몇 개월에서 몇 주일까지 짧아진다. 게다가 운석과의 충돌 등 예기치 못한 사고로 인하여 부품이 훼손되어 수명이 다하는 경우도 있다.

① 수명이 다 된 인공위성들은 어떻게 되는 걸까?
② 아무런 사고 없이 임무를 수행한 인공위성이라도 15년 정도만 사용할 수 있겠구나.
③ 첩보 위성을 높은 궤도로 비행시키면 임무를 더욱 오래 효과적으로 수행할 수 있을 거야.
④ 별도의 충전 없이 오래가는 배터리를 사용한다면 인공위성의 수명을 더 늘릴 수 있지 않을까?
⑤ 안테나가 특정 위치를 향하지 않더라도 통신이 가능하도록 만든다면 방송 통신 위성의 수명을 늘릴 수 있을지도 모르겠군.

19 **다음 글의 ㉠에 대한 설명으로 가장 적절한 것은?**

> 하나의 패러다임 형성은 애초에 불완전하지만 이후 연구의 방향을 제시하고 소수 특정 부분의 성공적인 결과를 약속할 수 있을 뿐이다. 그러나 패러다임의 정착은 연구의 정밀화, 집중화 등을 통하여 자기 지식을 확장해 가며 차츰 폭넓은 이론 체계를 구축한다.
> 이처럼 과학자들이 패러다임을 기반으로 하여 연구를 진척시키는 것을 쿤은 '정상 과학'이라고 부른다. 기초적인 전제가 확립되었으므로 과학자들은 이 시기에 상당히 심오한 문제의 작은 영역들에 집중함으로써 그렇지 않았더라면 상상조차 못했을 자연의 어느 부분을 깊이 있게 탐구하게 된다. 그에 따라 각종 실험 장치들도 정밀해지고 다양해지며, 문제를 해결해 가는 특정 기법과 규칙들이 만들어진다.
> 연구는 이제 혼란으로서의 다양성이 아닌, 이론과 자연 현상을 일치시켜 가는 지식의 확장으로서의 다양성을 이루게 된다.
> 그러나 정상 과학은 완성된 과학이 아니다. 과학적 사고방식과 관습, 기법 등이 하나의 기반으로 통일돼 있다는 것일 뿐 해결해야 할 과제는 무수하다. 패러다임이란 과학자들 사이의 세계관 통일이지, 세계에 대한 해석의 끝은 아니다.
> 그렇다면 ㉠ 정상 과학의 시기에는 어떤 연구가 어떻게 이루어지는가? 정상 과학의 시기에는 이미 이론의 핵심 부분들은 정립돼 있다. 따라서 과학자들의 연구는 근본적인 새로움을 좇지는 않으며, 다만 연구의 세부 내용이 좀 더 깊어지거나 넓어질 뿐이다. 이러한 시기에 과학자들의 열정과 헌신성은 무엇으로 유지될 수 있을까? 연구가 고작 예측된 결과를 좇아갈 뿐이고, 예측된 결과가 나오지 않으면 실패라고 규정되는 상태에서 과학의 발전은 어떻게 이루어지는가?
> 쿤은 이 물음에 대하여 '수수께끼 풀이'라는 대답을 준비한다. 어떤 현상의 결과가 충분히 예측된다 할지라도 정작 그 예측이 달성되는 세세한 과정은 대개 의문 속에 있게 마련이다. 자연 현상의 전 과정을 우리가 일목요연하게 알고 있는 것은 아니기 때문이다. 이론으로서의 예측 결과와 실제의 현상을 일치시키기 위해서는 여러 복합적인 기기적, 개념적, 수학적인 방법이 필요하다. 이것이 수수께끼 풀이이다.

① 기초적인 전제가 확립되었으므로 작은 범주의 영역에 대한 연구에 집중한다.
② 이 시기는 문제를 해결해 가는 과정보다는 기초 이론에 대한 발견이 주가 된다.
③ 예측된 결과만을 좇을 수밖에 없기 때문에 과학자들의 열정과 헌신성은 낮아진다.
④ 패러다임을 기반으로 하여 연구를 진척하기 때문에 다양한 학설과 이론이 등장한다.
⑤ 과학자들 사이의 세계관이 통일된 시기이기 때문에 완성된 과학이라고 부를 수 있다.

20 다음 글의 구조를 분석한 것으로 가장 적절한 것은?

(가) 호락논쟁(湖洛論爭)은 중국으로부터 건너온 성리학을 온전히 우리 스스로의 역사적 경험과 실천 가운데 소화해 낸 그야말로 적공(積功)의 산물이다. 그것은 이제 펼쳐질 새로운 근대 세계를 앞두고 최종적으로 성취해 낸 우리 정신사의 한 정점이다. 낙학(洛學)과 호학(湖學)이 정립된 시기는 양란을 거치면서 사대부의 자기 확인이 절실히 필요한 시대였다.

(나) 낙학의 정신은 본체로 향하고 있다. 근원적 실재인 본체에 접근하는 낙학의 방법은 이론적 탐색이 아니라 강력하고 생생한 주관적 체험이었다. 그들은 본체인 본성에 대한 체험을 통해 현실 세계 속에서 실천하는 주체적인 자아로 자신을 정립하고자 하였다. 그 자아는 바로 사대부의 자아를 의미한다. 본체를 실천하는 주체에 대한 낙학의 관심은 마음에 대한 탐구로 나타났다. 낙학은 이론의 구성에서는 주희의 마음 이론을 표준으로 삼았지만 호학이라는 또 하나의 조선 성리학 전통과의 논쟁을 통해 형성된 것이었다.

(다) 호학은 현실 세계를 규율하는 원리와 규범에 집중하였다. 그들에게 절박했던 것은 규범의 현실성이며, 객관성이었다. 본체인 본성은 현실 세계를 객관적, 합법적으로 강제하는 규범의 근저로서 주관적 체험의 밖에 존재한다. 본체의 인식은 마음의 체험을 통해서가 아니라 세계에 대한 객관적 인식의 축적에 의해 달성되는 것이다. 그런 점에서 호학의 정신은 이성주의라 할 수 있다.

(라) 호학의 정신은 기질의 현실 세계, 곧 생산 계층인 농민들의 우연적이고 다양한 욕망의 세계를 객관 규범에 의해 제어하면서 왕권까지도 규범의 제약 아래 두려 한다는 점에서 역시 사대부의 자아 정립과 관련이 깊다. 객관 규범에 대한 호학의 강조는 왕권마저 본체의 제약을 받아야 한다는 의미를 함축하고 있는 것이다.

① (가) ┬ (나) ─ (다)
      └ (라)

② (가) ┬ (나)
      ├ (다)
      └ (라)

③ (가) ─ (나) ┬ (다)
            └ (라)

④ (가) ┬ (나)
      └ (다) ─ (라)

⑤ (가) ─ (나) ─ (다) ─ (라)

제2영역 언어추리

※ 제시된 명제가 모두 참일 때, 빈칸에 들어갈 명제로 가장 적절한 것을 고르시오. [1~2]

01

> • 저녁에 일찍 자면 상쾌하게 일어날 수 있다.
> • ______________________
> • 자기 전 휴대폰을 보면 저녁에 일찍 잘 수 없다.

① 상쾌하게 일어나면 저녁에 일찍 잔 것이다.
② 저녁에 일찍 자면 자기 전 휴대폰을 본 것이다.
③ 자기 전 휴대폰을 보면 상쾌하게 일어날 수 없다.
④ 저녁에 일찍 자면 자기 전 휴대폰을 보지 않은 것이다.
⑤ 저녁에 일찍 잘 수 없으면 상쾌하게 일어나지 않은 것이다.

02

> • A세포가 있는 동물은 물체의 상을 감지할 수 없다.
> • B세포가 없는 동물은 물체의 상을 감지할 수 있다.
> • ______________________
> • A세포가 있는 동물은 빛의 유무를 감지할 수 있다.

① 빛의 유무를 감지할 수 있는 동물은 B세포가 있다.
② B세포가 없는 동물은 빛의 유무를 감지할 수 없다.
③ B세포가 있는 동물은 빛의 유무를 감지할 수 있다.
④ 물체의 상을 감지할 수 있는 동물은 빛의 유무를 감지할 수 있다.
⑤ 빛의 유무를 감지할 수 없는 동물은 물체의 상을 감지할 수 없다.

※ **제시된 명제가 모두 참일 때, 다음 중 반드시 참인 것을 고르시오. [3~4]**

03

- 신혜와 유민이 앞에 사과, 포도, 딸기가 놓여있다.
- 사과, 포도, 딸기 중에는 각자 좋아하는 과일이 반드시 있다.
- 신혜는 사과와 포도를 싫어한다.
- 유민이가 좋아하는 과일은 신혜가 싫어하는 과일이다.

① 신혜는 딸기를 좋아한다.
② 신혜는 좋아하는 과일이 없다.
③ 포도를 좋아하는 사람은 없다.
④ 유민이가 딸기를 좋아하는지 알 수 없다.
⑤ 유민이와 신혜가 같이 좋아하는 과일이 있다.

04

- 마케팅 팀의 사원은 기획 역량이 있다.
- 마케팅 팀이 아닌 사원은 영업 역량이 없다.
- 기획 역량이 없는 사원은 소통 역량이 없다.

① 마케팅 팀의 사원은 영업 역량이 있다.
② 영업 역량이 없으면 소통 역량도 없다.
③ 소통 역량이 있는 사원은 마케팅 팀이다.
④ 영업 역량을 가진 사원은 기획 역량이 있다.
⑤ 기획 역량이 있는 사원은 소통 역량이 있다.

※ 제시된 명제가 모두 참일 때, 다음 중 참이 아닌 것을 고르시오. [5~6]

05

- 건강한 사람은 건강한 요리를 좋아한다.
- 건강한 요리를 좋아하면 혈색이 좋다.
- 건강하지 않은 사람은 인상이 좋지 않다.
- 건강한 요리를 좋아하는 사람은 그렇지 않은 사람보다 콜레스테롤 수치가 낮다.

① 건강한 사람은 혈색이 좋다.
② 혈색이 좋지 않으면 인상이 좋지 않다.
③ 인상이 좋은 사람은 건강한 요리를 좋아한다.
④ 건강한 사람은 그렇지 않은 사람보다 콜레스테롤 수치가 낮다.
⑤ 인상이 좋은 사람은 그렇지 않은 사람보다 콜레스테롤 수치가 높다.

06

- 햇살론, 출발적금, 희망예금, 미소펀드, 대박적금 중 3개의 금융상품에 가입한다.
- 햇살론에 가입하면 출발적금에는 가입하지 않으며, 미소펀드에도 가입하지 않는다.
- 대박적금에 가입하지 않으면 햇살론에 가입한다.
- 미소펀드에 반드시 가입한다.
- 미소펀드에 가입하거나 출발적금에 가입하면 희망예금에 가입한다.

① 출발적금에 가입한다.
② 희망예금에 가입한다.
③ 대박적금에 가입한다.
④ 햇살론에는 가입하지 않는다.
⑤ 미소펀드와 햇살론 중 1개의 금융상품에만 가입한다.

07 **L프랜차이즈 카페에서는 디저트로 빵, 케이크, 마카롱, 쿠키를 판매하고 있다. 최근 각 지점에서 디저트를 섭취하고 땅콩 알레르기가 발생했다는 컴플레인이 제기되었다. 해당 디저트에는 모두 땅콩이 들어가지 않으며, 땅콩을 사용한 제품과 인접 시설에서 제조하고 있다. 다음을 참고할 때, 반드시 참이 아닌 것은?**

- 땅콩 알레르기 유발 원인이 된 디저트는 빵, 케이크, 마카롱, 쿠키 중 하나이다.
- 각 지점에서 땅콩 알레르기가 있는 손님이 섭취한 디저트와 알레르기 유무는 다음과 같다.

A지점	빵과 케이크를 먹고, 마카롱과 쿠키를 먹지 않은 경우, 알레르기가 발생했다.
B지점	빵과 마카롱을 먹고, 케이크와 쿠키를 먹지 않은 경우, 알레르기가 발생하지 않았다.
C지점	빵과 쿠키를 먹고, 케이크와 마카롱을 먹지 않은 경우, 알레르기가 발생했다.
D지점	케이크와 마카롱을 먹고, 빵과 쿠키를 먹지 않은 경우, 알레르기가 발생했다.
E지점	케이크와 쿠키를 먹고, 빵과 마카롱을 먹지 않은 경우, 알레르기가 발생하지 않았다.
F지점	마카롱과 쿠키를 먹고, 빵과 케이크를 먹지 않은 경우, 알레르기가 발생하지 않았다.

① A, B, D지점의 사례만을 고려하면, 케이크가 알레르기의 원인이다.
② A, C, E지점의 사례만을 고려하면, 빵이 알레르기의 원인이다.
③ B, D, F지점의 사례만을 고려하면, 케이크가 알레르기의 원인이다.
④ C, D, F지점의 사례만을 고려하면, 마카롱이 알레르기의 원인이다.
⑤ D, E, F지점의 사례만을 고려하면, 쿠키는 알레르기의 원인이 아니다.

08 **L사에 입사한 A～E사원 5명은 각각 2개 항목의 물품을 신청하였다. 이들 중 2명의 진술이 거짓일 때, 다음 중 신청 사원과 신청 물품이 바르게 연결된 것은?**

※ A～E사원이 신청한 항목은 4개이며, 항목별 신청 사원의 수는 다음과 같다.
- 필기구 : 2명
- 의자 : 3명
- 복사용지 : 2명
- 사무용 전자제품 : 3명

- A : 나는 필기구를 신청하였고, E는 거짓을 말하고 있다.
- B : 나는 의자를 신청하지 않았고, D는 진실을 말하고 있다.
- C : 나는 의자를 신청하지 않았고, E는 진실을 말하고 있다.
- D : 나는 필기구와 사무용 전자제품을 신청하였다.
- E : 나는 복사용지를 신청하였고, B와 D는 거짓을 말하고 있다.

① A – 의자
② A – 복사용지
③ C – 필기구
④ C – 사무용 전자제품
⑤ E – 필기구

09 **테니스공, 축구공, 농구공, 배구공, 야구공, 럭비공을 〈조건〉에 따라 각각 A, B, C상자에 넣으려고 한다. 각 상자에 공을 2개까지 넣을 수 있을 때, 다음 중 항상 참이 될 수 없는 것은?**

> **조건**
> • 테니스공과 축구공은 같은 상자에 넣는다.
> • 럭비공은 B상자에 넣는다.
> • 야구공은 C상자에 넣는다.

① 테니스공과 축구공은 반드시 A상자에 들어간다.
② 배구공과 농구공은 같은 상자에 들어갈 수 없다.
③ 럭비공은 반드시 배구공과 같은 상자에 들어간다.
④ 농구공을 C상자에 넣으면 배구공은 B상자에 들어가게 된다.
⑤ B상자에 배구공을 넣으면 농구공은 야구공과 같은 상자에 들어가게 된다.

10 **다음 글의 내용이 참일 때, 반드시 참인 것을 〈보기〉에서 모두 고르면?**

> A부서는 새로운 프로젝트인 '하늘'을 진행할 예정이다. 이 부서에는 남자 사무관 가훈, 나훈, 다훈, 라훈 4명과 여자 사무관 모연, 보연, 소연 3명이 소속되어 있다. 아래의 조건을 지키면서 이들 가운데 4명을 뽑아 '하늘' 전담팀을 꾸리고자 한다.
> • 남자 사무관 가운데 적어도 1명은 뽑아야 한다.
> • 여자 사무관 가운데 적어도 1명은 뽑지 말아야 한다.
> • 가훈, 나훈 중 적어도 1명을 뽑으면, 라훈과 소연도 뽑아야 한다.
> • 다훈을 뽑으면, 모연과 보연은 뽑지 말아야 한다.
> • 소연을 뽑으면, 모연도 뽑아야 한다.

> **보기**
> ㉠ 남녀 동수로 팀이 구성된다.
> ㉡ 다훈과 보연 둘 다 팀에 포함되지 않는다.
> ㉢ 라훈과 모연 둘 다 팀에 포함된다.

① ㉠
② ㉢
③ ㉠, ㉡
④ ㉡, ㉢
⑤ ㉠, ㉡, ㉢

11 어느 날 사무실에 도둑이 들었다. CCTV를 확인해보니 흐릿해서 잘 보이지는 않았지만 도둑이 2명이라는 것을 확인했고, 사무실 직원들의 알리바이와 해당 시간대에 사무실에 드나든 사람들을 조사한 결과 피의자는 A～E 5명으로 좁혀졌다. 거짓을 말하는 사람이 1명이라고 할 때, 다음 중 거짓을 말한 사람은?(단, 모든 사람은 참이나 거짓만을 말한다)

- A : B는 확실히 범인이에요. 제가 봤어요.
- B : 저는 범인이 아니구요, E는 무조건 범인입니다.
- C : A가 말하는 건 거짓이니 믿지 마세요.
- D : C가 말하는 건 진실이에요.
- E : 저와 C가 범인입니다.

① A
② B
③ C
④ D
⑤ E

12 L사는 6층 건물의 모든 층을 사용하고 있으며, 건물에는 기획부, 인사운영부, 서비스개선부, 연구・개발부, 복지사업부, 가입지원부가 〈조건〉에 따라 층별로 위치하고 있다. 다음 중 항상 참인 것은?(단, 6개의 부서는 서로 다른 층에 위치하며, 3층 이하에 위치한 부서의 직원은 출근 시 반드시 계단을 이용해야 한다)

조건

- 기획부의 문대리는 복지사업부의 이주임보다 높은 층에 근무한다.
- 인사운영부는 서비스개선부와 복지사업부 사이에 위치한다.
- 가입지원부의 김대리는 오늘 아침 엘리베이터에서 서비스개선부의 조대리를 만났다.
- 6개의 부서 중 건물의 옥상과 가장 가까이에 위치한 부서는 연구・개발부이다.
- 연구・개발부의 오사원이 인사운영부 박차장에게 휴가 신청서를 제출하기 위해서는 4개의 층을 내려와야 한다.
- 건물 1층에는 L사에서 자체적으로 운영하는 커피숍이 부서 사무실과 함께 있다.

① 인사운영부와 커피숍은 같은 층에 위치한다.
② 기획부의 문대리는 출근 시 반드시 계단을 이용해야 한다.
③ 출근 시 엘리베이터를 탄 가입지원부의 김대리는 5층에서 내린다.
④ 가입지원부의 김대리가 서비스개선부의 조대리보다 먼저 엘리베이터에서 내린다.
⑤ 인사운영부의 박차장은 출근 시 연구・개발부의 오사원을 계단에서 만날 수 없다.

13 **김대리는 회의 참석자의 역할을 고려해 A ~ F 6명이 앉을 6인용 원탁 자리를 세팅 중이다. 〈조건〉에 따라 자리를 세팅했을 때, 다음 중 바로 옆 자리에 앉게 되는 사람끼리 짝지어진 것은?**

> 조건
> - 원탁 둘레로 6개의 의자를 같은 간격으로 세팅한다.
> - A가 C와 F 중 한 사람의 바로 옆 자리에 앉도록 세팅한다.
> - D의 바로 옆 자리에 C나 E가 앉지 않도록 세팅한다.
> - A가 좌우 어느 쪽을 봐도 B와의 사이에 2명이 앉도록 세팅하고, B의 바로 왼쪽 자리에 F가 앉도록 세팅한다.

① A와 D
② A와 E
③ B와 C
④ B와 D
⑤ C와 F

14 **L사에 근무하고 있는 A ~ E 5명의 직원 중 1명이 오늘 지각하였고, 이들은 다음과 같이 진술하였다. 1명의 진술이 거짓일 때, 지각한 사람은?**

> - A : 지각한 사람은 E이다.
> - B : 나는 지각하지 않았다.
> - C : B는 지각하지 않았다.
> - D : 내가 지각했다.
> - E : A의 말은 거짓말이다.

① A
② B
③ C
④ D
⑤ E

15 **세미는 1박 2일로 경주 여행을 떠나 〈조건〉에 따라 불국사, 석굴암, 안압지, 첨성대 4곳의 유적지를 방문했다. 다음 중 세미의 유적지 방문 순서가 될 수 없는 것은?**

조건

- 첫 번째로 방문한 곳은 석굴암, 안압지 중 한 곳이었다.
- 여행 계획대로라면 첫 번째로 석굴암을 방문했을 때, 두 번째로는 첨성대에 방문하기로 되어 있었다.
- 두 번째로 방문한 곳이 안압지가 아니라면, 불국사도 아니었다.
- 세 번째로 방문한 곳은 석굴암이 아니었다.
- 세 번째로 방문한 곳이 첨성대라면, 첫 번째로 방문한 곳은 불국사였다.
- 마지막으로 방문한 곳이 불국사라면, 세 번째로 방문한 곳은 안압지였다.

① 안압지 – 첨성대 – 불국사 – 석굴암

② 안압지 – 석굴암 – 첨성대 – 불국사

③ 안압지 – 석굴암 – 불국사 – 첨성대

④ 석굴암 – 첨성대 – 안압지 – 불국사

⑤ 석굴암 – 첨성대 – 불국사 – 안압지

16 **L사의 기획부서에는 사원 A ~ D 4명과 대리 E ~ G 3명이 소속되어 있다. 〈조건〉에 따라 이들 중 4명이 해외 진출 사업을 진행하기 위해 베트남으로 출장을 간다고 할 때, 다음 중 항상 참인 것은?**

조건

- 사원 중 적어도 한 사람은 출장을 간다.
- 대리 중 적어도 한 사람은 출장을 가지 않는다.
- A사원과 B사원 중 적어도 한 사람이 출장을 가면, D사원은 출장을 간다.
- C사원이 출장을 가면, E대리와 F대리는 출장을 가지 않는다.
- D사원이 출장을 가면, G대리도 출장을 간다.
- G대리가 출장을 가면, E대리도 출장을 간다.

① A사원은 출장을 간다.

② B사원은 출장을 간다.

③ C사원은 출장을 가지 않는다.

④ D사원은 출장을 가지 않는다.

⑤ G대리는 출장을 가지 않는다.

17 L사의 기획팀에서 근무하고 있는 직원 A ~ D 4명은 서로의 프로젝트 참여 여부에 대하여 다음과 같이 진술하였고, 이들 중 단 1명만 진실을 말하였다. 다음 중 반드시 프로젝트에 참여하는 사람은?

- A : 나는 프로젝트에 참여하고, B는 프로젝트에 참여하지 않는다.
- B : A와 C 중 적어도 1명은 프로젝트에 참여한다.
- C : 나와 B 중 적어도 1명은 프로젝트에 참여하지 않는다.
- D : B와 C 중 1명이라도 프로젝트에 참여한다면, 나도 프로젝트에 참여한다.

① A
② B
③ C
④ D
⑤ 없음

18 이웃해 있는 10개의 건물에 다음과 같이 초밥가게, 옷가게, 신발가게, 편의점, 약국, 카페가 있다. 카페가 3번째 건물에 있을 때, 항상 옳은 것은?(단, 각 건물에 1가지 업종만 들어갈 수 있다)

- 초밥가게는 카페보다 앞에 있다.
- 초밥가게와 신발가게 사이에 건물이 6개 있다.
- 옷가게와 편의점은 인접할 수 없으며, 옷가게와 신발가게는 인접해 있다.
- 신발가게 뒤에 아무것도 없는 건물이 2개 있다.
- 2번째와 4번째 건물은 아무것도 없는 건물이다.
- 편의점과 약국은 인접해 있다.

① 옷가게는 5번째 건물에 있다.
② 편의점은 6번째 건물에 있다.
③ 카페와 옷가게는 인접해 있다.
④ 신발가게는 8번째 건물에 있다.
⑤ 초밥가게와 약국 사이에 2개의 건물이 있다.

19 **7층짜리 L아파트에는 층마다 1명씩 거주하며, 현재 4명이 입주해 있다. E가 L아파트에 새로 입주하려 할 때, 다음 중 입주 가능한 층수는?(단, E는 반려동물이 없다)**

- 주민 간 합의를 통해 1 ~ 2층은 반려동물을 키우는 사람에게만 입주를 허용하였다.
- A는 개를 키우고 있다.
- B는 A보다 높은 곳에 살고 있고 홀수층에 산다.
- C는 B 바로 아래층에 살고 반려동물이 없다.
- D는 5층에 산다.

① 1층
② 2층
③ 4층
④ 6층
⑤ 7층

20 **체육교사 L은 학생들을 키 순서에 따라 한 줄로 세우려고 한다. A ~ F 6명이 〈조건〉에 따라 줄을 섰을 때, 다음 중 참이 아닌 것은?(단, 같은 키의 학생은 없으며, 키가 작은 학생이 큰 학생보다 앞에 선다)**

조건

- C는 A보다 키가 크고, F보다는 키가 작다.
- D는 E보다 키가 크지만 E 바로 뒤에 서지는 않다.
- B는 D보다 키가 크다.
- A는 맨 앞에 서지 않는다.
- F는 D보다 키가 크지만 맨 끝에 서지 않는다.
- E와 C는 1명을 사이에 두고 선다.

① E는 맨 앞에 선다.
② F는 B 바로 앞에 선다.
③ 키가 제일 큰 학생은 B이다.
④ C는 6명 중 3번째로 키가 크다.
⑤ A와 D는 1명을 사이에 두고 선다.

제3영역 자료해석

01 5개의 A～E투자안은 1년 투자만 가능하고 부분적으로는 투자가 불가능하다. 2,000원을 투자하는 경우, 다음 중 수익이 극대화되는 투자방법은?(단, 투자하고 남는 금액의 수익률은 0%이다)

〈투자안별 금액 및 수익률〉

(단위 : 원, %)

구분	투자금액	연수익률
A투자안	1,600	11
B투자안	1,400	10
C투자안	1,200	9
D투자안	800	7
E투자안	600	5

① A
② B+E
③ C+D
④ C+E
⑤ D+E

02 다음은 3개 회사 A～C사의 입사 및 퇴사 인원 추이에 대한 자료이다. 빈칸에 들어갈 수는?(단, 각 수치는 매년 일정한 규칙으로 변화한다)

〈회사별 입사 및 퇴사 인원 추이〉

(단위 : 명)

구분	A사		B사		C사	
	입사	퇴사	입사	퇴사	입사	퇴사
2020년	133	114	210	191	177	158
2021년	140	121	198	179	179	160
2022년	125	106	186	167	180	161
2023년	138	119	205	186	173	
2024년	156	137	212	193	162	143

① 143
② 151
③ 154
④ 163
⑤ 172

03 다음은 주요 온실가스의 연평균 농도 변화 추이에 대한 자료이다. 이에 대한 설명으로 옳지 않은 것은?

〈주요 온실가스의 연평균 농도 변화 추이〉

(단위 : ppm, DU)

구분	2018년	2019년	2020년	2021년	2022년	2023년	2024년
이산화탄소(CO_2)	387.2	388.7	389.9	391.4	392.5	394.5	395.7
오존전량(O_3)	331	330	328	325	329	343	335

① 오존전량의 농도는 계속해서 증가하고 있다.
② 이산화탄소의 농도는 계속해서 증가하고 있다.
③ 오존전량의 농도가 가장 크게 감소한 해는 2024년이다.
④ 2024년 오존전량의 농도는 2018년 대비 4DU 증가했다.
⑤ 2024년 이산화탄소의 농도는 2019년 대비 7ppm 증가했다.

04 다음은 2022년 상반기부터 2024년 하반기까지의 내용별 이메일 스팸 수신량 비율 추이에 대한 자료이다. 이에 대한 설명으로 옳은 것은?

〈내용별 이메일 스팸 수신량 비율 추이〉

(단위 : %)

구분	2022년 상반기	2022년 하반기	2023년 상반기	2023년 하반기	2024년 상반기	2024년 하반기
성인 이메일	14.8	11.6	26.5	49.0	19.2	29.5
대출·금융 이메일	0	1.9	10.2	7.9	2.1	0.1
일반 이메일	85.2	86.5	63.3	43.1	78.7	70.4
합계	100	100	100	100	100	100

① 일반 이메일 스팸의 경우 2023년 하반기부터 비율이 계속 증가하고 있다.
② 성인 이메일 스팸 수신량은 2022년 상반기보다 2024년 하반기에 더 많았다.
③ 2023년 하반기 대출·금융 이메일 스팸의 비율은 전년 동기의 4배 이상 증가하였다.
④ 성인 이메일 스팸 비율은 2022년 상반기보다 2024년 상반기에 50% 이상 증가하였다.
⑤ 조사 기간 동안 일반 이메일 스팸 비율의 전반기 대비 증감 추이는 대출·금융 이메일 스팸의 전반기 대비 증감 추이와 같다.

05 다음은 항목별 상위 7개 동의 자산규모에 대한 자료이다. 이에 대한 설명으로 옳은 것은?

〈항목별 상위 7개 동의 자산규모〉

(단위 : 조 원)

구분 / 순위	총자산		부동산자산		예금자산		가구당 총자산(억 원)	
	동명	규모	동명	규모	동명	규모	동명	규모
1	여의도동	24.9	대치동	17.7	여의도동	9.6	을지로동	51.2
2	대치동	23.0	서초동	16.8	태평로동	7.0	여의도동	26.7
3	서초동	22.6	압구정동	14.3	을지로동	4.5	압구정동	12.8
4	반포동	15.6	목동	13.7	서초동	4.3	도곡동	9.2
5	목동	15.5	신정동	13.6	역삼동	3.9	잠원동	8.7
6	도곡동	15.0	반포동	12.5	대치동	3.1	이촌동	7.4
7	압구정동	14.4	도곡동	12.3	반포동	2.5	서초동	6.4

※ (총자산)=(부동산자산)+(예금자산)+(증권자산)

※ $(\text{가구 수})=\dfrac{(\text{총자산})}{(\text{가구당 총자산})}$

① 이촌동의 가구 수는 2만 가구 이상이다.

② 여의도동의 증권자산은 최소 4조 원 이상이다.

③ 대치동의 증권자산은 서초동의 증권자산보다 많다.

④ 압구정동의 가구 수는 여의도동의 가구 수보다 적다.

⑤ 총자산 대비 부동산자산의 비율은 도곡동이 목동보다 높다.

06 다음은 연도별 화재 발생건수 및 피해액에 대한 자료이다. 이에 대한 설명으로 옳지 않은 것은?

〈화재 발생건수 및 피해액〉

(단위 : 만 건, 천억 원)

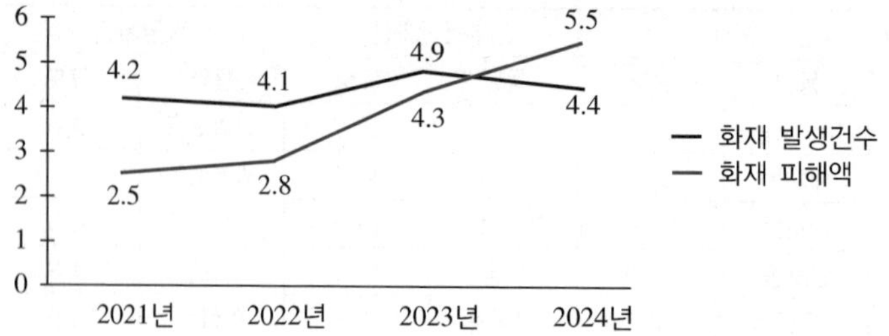

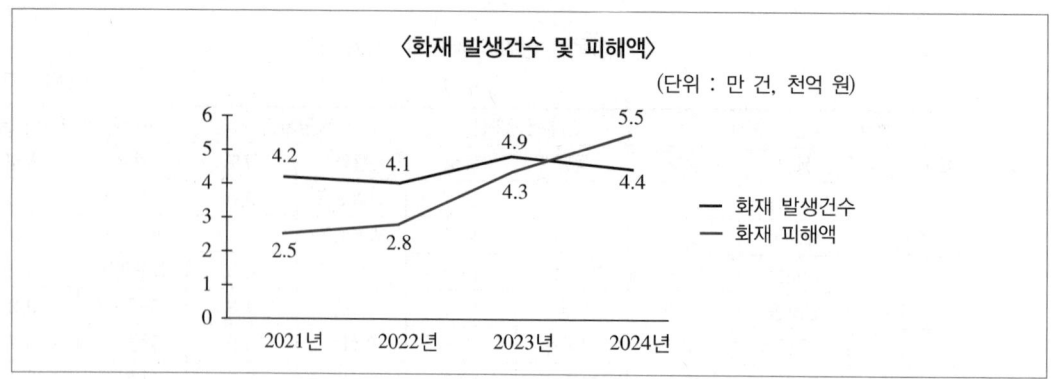

① 화재 피해액은 매년 증가한다.

② 화재 발생건수와 화재 피해액은 비례한다.

③ 화재 발생건수가 가장 높은 해는 2023년이다.

④ 화재 발생건수가 높다고 화재 피해액도 높은 것은 아니다.

⑤ 화재 피해액은 2023년 이후 처음으로 4천억 원을 넘어섰다.

07 다음은 출생아 수 및 합계 출산율에 대한 자료이다. 이에 대한 설명으로 옳은 것은?

〈연도별 출생아 수 및 합계 출산율〉

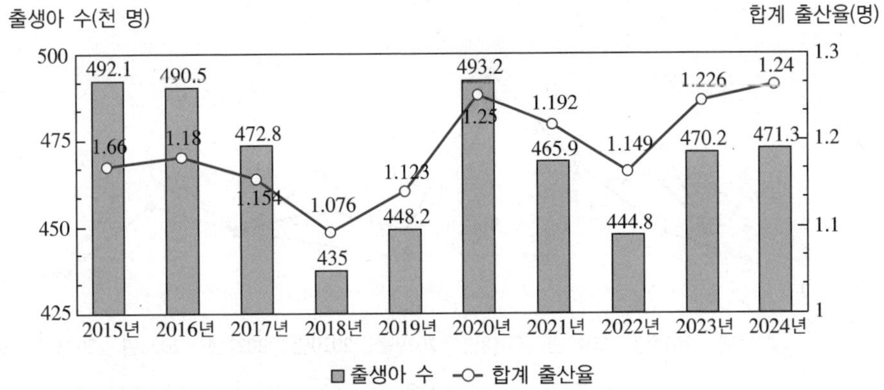

※ 합계 출산율 : 여성 1명이 평생 동안 낳을 것으로 예상되는 평균 출생아 수

① 2018년의 출생아 수는 2016년의 약 0.6배이다.

② 우리나라의 합계 출산율은 지속적으로 상승하고 있다.

③ 2023년 대비 2024년에는 합계 출산율이 0.024명 증가했다.

④ 여성 1명이 평생 동안 낳을 것으로 예상되는 평균 출생아 수는 2018년에 가장 낮다.

⑤ 2022년 이후 합계 출산율이 상승하고 있으므로 2025년에도 전년 대비 증가할 것이다.

08 다음은 주택전세가격 동향에 대한 자료이다. 이에 대한 설명으로 옳지 않은 것은?

〈전년 대비 주택전세가격 평균 증감률〉

(단위 : %)

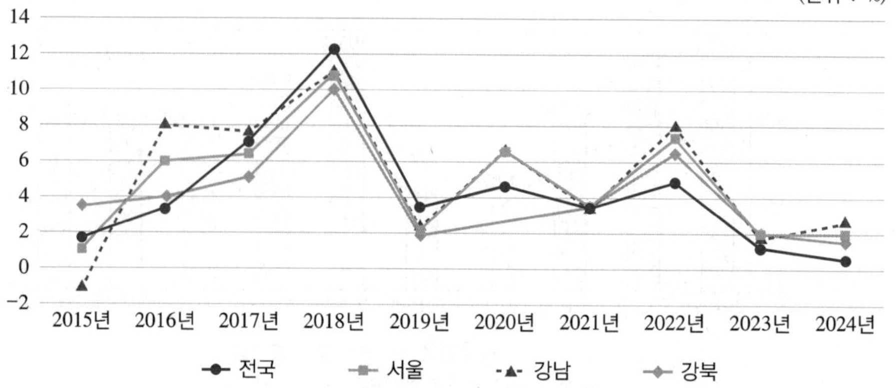

① 전국 주택전세가격은 2015년부터 2024년까지 매년 증가하고 있다.

② 2018년 강북의 주택전세가격은 2016년과 비교해 20% 이상 증가했다.

③ 2021년 이후 서울의 주택전세가격 증가율은 전국 평균 증가율보다 높다.

④ 강남 지역의 전년 대비 주택전세가격 증가율이 가장 높은 시기는 2018년이다.

⑤ 2015년부터 2024년까지 전년 대비 주택전세가격이 감소한 적이 있는 지역은 한 곳뿐이다.

09 정부나 기업의 투자 대안을 평가하기 위하여 투자 대안의 기대수익률과 수익률의 분포를 나타내는 표준편차를 동시에 이용하는 경우가 많다. 특히 표준편차는 투자 대안의 위험 수준을 대변하는 것으로 간주한다. 기대수익률은 높을수록, 표준편차는 낮을수록 바람직한 투자 대안으로 평가된다. 다음 A ~ G 7개의 투자 대안에 대한 설명으로 옳은 것은?(단, 기대수익률과 위험 수준에 대한 선호도는 고려하지 않는다)

〈투자 대안별 기대수익률 및 표준편차〉

(단위 : %)

구분	기대수익률	표준편차
투자 대안 A	10	1.0
투자 대안 B	15	1.0
투자 대안 C	10	0.9
투자 대안 D	15	1.5
투자 대안 E	8	1.2
투자 대안 F	20	2.5
투자 대안 G	17	1.8

① 투자 대안 E는 D와 G보다 바람직하다.

② 투자 대안 B, C, F, G 중에서 어느 것이 낫다고 평가할 수는 없다.

③ 투자 대안 F의 기대수익률이 가장 높으므로 F가 가장 바람직한 대안이다.

④ 투자 대안 A와 C, B와 D는 동일한 기대수익률이 예상되기 때문에 서로 우열을 가릴 수 없다.

⑤ 7개 투자 대안별 기대수익률의 상대적 크기에 따라 투자 비율을 구성하여 모든 대안에 투자하는 것이 바람직하다.

10 다음은 주요 국가별 자국 영화 점유율에 대한 자료이다. 이에 대한 설명으로 옳지 않은 것은?

〈주요 국가별 자국 영화 점유율〉

(단위 : %)

구분	2021년	2022년	2023년	2024년
한국	50.8	42.1	48.8	46.5
일본	47.7	51.9	58.8	53.6
영국	28.0	31.1	16.5	24.0
독일	18.9	21.0	27.4	16.8
프랑스	36.5	45.3	36.8	35.7
스페인	13.5	13.3	16.0	12.7
호주	4.0	3.8	5.0	4.5
미국	90.1	91.7	92.1	92.0

① 자국 영화 점유율에서 프랑스가 한국을 앞지른 해는 한 번도 없다.
② 4년간 자국 영화 점유율이 매년 꾸준히 상승한 국가는 하나도 없다.
③ 2021년 대비 2024년 자국 영화 점유율이 가장 많이 하락한 국가는 한국이다.
④ 2023년을 제외하고 영국, 독일, 프랑스, 스페인 간의 자국 영화 점유율 순위는 매년 같다.
⑤ 2023년 자국 영화 점유율이 해당 국가의 4년간 통계에서 가장 높은 경우가 절반이 넘는다.

11 다음은 한국과 일본을 찾아오는 외국인 관광객의 국적에 대한 자료이다. 이에 대한 설명으로 옳지 않은 것은?

〈한국 및 일본 방문 외국인 관광객 국적〉

(단위 : 만 명, %)

구분	국적		2019년	2020년	2021년	2022년	2023년	2024년	2025년 1 ~ 6월
방한 관광객	중국		101 (74.1)	131 (29.7)	203 (54.9)	314 (54.4)	477 (52.0)	471 (−1.3)	327 (36.0)
	기타		536 (4.9)	589 (10.0)	662 (12.4)	594 (−10.4)	615 (3.7)	542 (−11.9)	326 (17.2)
		일본	295 (−1.1)	321 (8.9)	342 (6.8)	263 (−23.1)	217 (−17.5)	174 (−19.8)	100 (11.5)
		일본 제외	241 (13.4)	268 (11.4)	320 (19.2)	330 (3.2)	398 (20.6)	368 (−7.6)	227 (19.9)
방일 관광객	중국		83 (72.7)	45 (−45.5)	83 (83.0)	70 (−15.0)	175 (148.8)	424 (141.7)	−
	기타		553 (29.3)	360 (−34.8)	521 (44.6)	726 (39.2)	913 (25.8)	1,273 (39.5)	−

※ (   )는 전년 동기 대비 증감률임

① 한국을 방문한 중국인 관광객의 수가 가장 많은 해는 2023년이다.

② 2022년부터 한국을 방문한 중국인 관광객은 매년 300만 명 이상이다.

③ 2019년부터 2023년까지 한국을 방문한 중국인 관광객 수는 꾸준히 증가하였다.

④ 2019년부터 2023년까지 일본을 방문한 중국인 관광객 수는 감소와 증가를 반복하고 있다.

⑤ 2019년과 2020년에 일본을 방문한 중국인 총관광객 수는 같은 기간 한국을 방문한 중국인 총관광객 수와 동일하다.

12 다음은 우리나라 국가채권 현황에 대한 자료이다. 이에 대한 설명으로 옳은 것을 〈보기〉에서 모두 고르면?

〈우리나라 국가채권 현황〉

(단위 : 조 원)

구분	2021년		2022년		2023년		2024년	
	국가채권	연체채권	국가채권	연체채권	국가채권	연체채권	국가채권	연체채권
합계	238	27	268	31	298	36	317	39
조세채권	26	18	30	22	34	25	38	29
경상 이전수입	8	7	8	7	9	8	10	8
융자회수금	126	0	129	0	132	0	142	0
예금 및 예탁금	73	0	97	0	118	0	123	0
기타	5	2	4	2	5	3	4	2

보기

㉠ 2021년 총연체채권은 2023년 총연체채권의 80% 이상이다.

㉡ 국가채권 중 조세채권의 전년 대비 증가율은 2022년이 2024년보다 높다.

㉢ 융자회수금의 국가채권과 연체채권의 총합이 가장 높은 해에는 경상 이전수입의 국가채권과 연체채권의 총합도 가장 높다.

㉣ 2021년 대비 2024년 경상 이전수입 중 국가채권의 증가율은 경상 이전수입 중 연체채권의 증가율보다 낮다.

① ㉠, ㉡
② ㉠, ㉢
③ ㉡, ㉢
④ ㉡, ㉣
⑤ ㉢, ㉣

13 다음은 국가별 자동차 변속기 경쟁력 점수에 대한 자료이다. 이에 대해 잘못 설명한 사원을 〈보기〉에서 모두 고르면?

〈자동차 변속기 경쟁력 점수의 국가별 비교〉

(단위 : 점)

구분	A국	B국	C국	D국	E국
변속감	98	93	102	80	79
내구성	103	109	98	95	93
소음	107	96	106	97	93
경량화	106	94	105	85	95
연비	105	96	103	102	100

※ 각국의 전체 경쟁력 점수는 각 부문 경쟁력 점수의 총합으로 구함

보기

김사원 : 전체 경쟁력 점수는 E국보다 D국이 더 높습니다.

박과장 : 경쟁력 점수가 가장 높은 부문과 가장 낮은 부문의 차이가 가장 큰 국가는 D국이고, 가장 작은 국가는 C국입니다.

최대리 : C국을 제외한다면 각 부문에서 경쟁력 점수가 가장 높은 국가와 가장 낮은 국가의 차이가 가장 큰 부문은 내구성이고, 가장 작은 부문은 변속감입니다.

오사원 : 내구성 부문에서 경쟁력 점수가 가장 높은 국가와 경량화 부문에서 경쟁력 점수가 가장 낮은 국가는 동일합니다.

정과장 : 전체 경쟁력 점수는 A국이 가장 높습니다.

① 김사원, 박과장, 최대리
② 김사원, 최대리, 오사원
③ 김사원, 최대리, 정과장
④ 박과장, 오사원, 정과장
⑤ 박과장, 최대리, 오사원

14 다음은 국민연금 운용수익률 추이에 대한 자료이다. 이에 대한 설명으로 옳은 것은?

〈국민연금 운용수익률 추이〉

(단위 : %)

구분		11년 연평균 (2014 ~ 2024년)	5년 연평균 (2020 ~ 2024년)	3년 연평균 (2022 ~ 2024년)	2024년 (2024년 1년간)
전체		5.24	3.97	3.48	−0.92
금융부문		5.11	3.98	3.49	−0.93
	국내주식	4.72	1.30	3.07	−16.77
	해외주식	5.15	4.75	3.79	−6.19
	국내채권	4.84	3.60	2.45	4.85
	해외채권	4.37	3.58	2.77	4.21
	대체투자	8.75	9.87	8.75	11.80
	단기자금	4.08	1.58	1.59	2.43
공공부문		8.26	−	−	−
복지부문		6.34	−1.65	−1.51	−1.52
기타부문		1.69	0.84	0.73	0.96

※ '−'는 알 수 없음을 의미함

① 단기자금 운용수익률은 매년 증가하고 있다.
② 2024년 1년간 운용수익률은 모든 부문에서 적자를 기록했다.
③ 공공부문은 조사기간 내내 운용수익률이 가장 높은 부문이다.
④ 금융부문 운용수익률은 연평균기간이 짧을수록 꾸준히 증가하고 있다.
⑤ 국민연금 전체 운용수익률은 연평균기간이 짧을수록 점차 감소하고 있다.

15 다음은 지역별 · 용도지역별 지가변동률에 대한 자료이다. 이에 대한 설명으로 옳은 것은?

〈2025년 1월 전년 대비 지역별 · 용도지역별 지가변동률〉

(단위 : %)

구분	평균	주거지역	상업지역	공업지역	보전관리지역	농림지역
전국	3.14	3.53	3.01	1.88	2.06	2.39
서울특별시	3.88	3.95	3.34	5.3	0	0
부산광역시	3.79	4.38	5.28	−0.18	0	0
대구광역시	3.87	5.00	3.65	−0.97	0	1.40
인천광역시	3.39	3.64	3.37	3.35	2.78	2.82
광주광역시	4.29	4.59	3.00	1.60	1.92	6.45
대전광역시	2.38	2.84	1.68	1.09	1.28	0
울산광역시	1.01	1.46	1.16	−0.22	2.42	1.08
세종특별자치시	4.55	3.83	3.39	4.44	6.26	2.44
경기도	3.23	3.47	2.38	2.36	2.10	3.04
강원도	2.54	2.97	2.13	1.84	1.23	2.49
충청북도	2.08	1.64	1.64	2.06	1.53	1.80
충청남도	1.34	1.88	1.06	0.64	0.87	1.38
전라북도	2.23	2.21	1.83	−0.42	2.88	2.75
전라남도	3.61	4.02	3.14	3.12	3.52	3.57
경상북도	2.06	2.15	1.73	0.21	2.05	2.24
경상남도	0.80	0.22	0.67	−1.61	1.77	1.45
제주특별자치도	2.21	1.67	1.67	0.09	1.61	0

① 전년 대비 공업지역 지가가 감소한 지역의 농림지역 지가는 전년 대비 증가하였다.
② 보전관리지역 지가변동률 대비 농림지역 지가변동률의 비율은 경기도보다 강원도가 높다.
③ 전라북도 상업지역의 지가변동률은 충청북도의 주거지역의 지가변동률 대비 30% 이상 높다.
④ 대구광역시 공업지역의 지가변동률과 경상남도 보전관리지역의 지가변동률 차이는 1.59%p이다.
⑤ 전국 평균 지가변동률보다 평균 지가변동률이 높은 지역은 주거지역 지가변동률도 전국 평균보다 높다.

16 다음은 L보험사에서 조사한 직업별 생명보험 가입 건수에 대한 자료이다. 이에 대한 설명으로 옳지 않은 것은?

〈직업별 생명보험 가입 건수〉

(단위 : %)

구분	사례 수	1건	2건	3건	4건	5건	6건	7건 이상	평균
관리자	40건	1.6	30.2	14.9	25.9	3.9	8.9	14.6	4건
전문가 및 관련 종사자	108건	7.3	20.1	19.5	18.3	5.3	12.6	16.9	4.3건
사무 종사자	410건	10.3	16.9	16.8	24.1	18.9	5.9	7.1	3.8건
서비스 종사자	259건	13.4	18.9	20.5	20.8	12.1	4.1	10.2	3.7건
판매 종사자	443건	10.6	22.2	14.5	18.6	12.0	10.7	11.4	4건
농림어업 숙련 종사자	86건	26.7	25.2	22.2	13.6	6.1	4.1	2.1	2.7건
기능원 및 관련 종사자	124건	7.3	25.6	17.1	21.3	19.4	6.2	3.1	3.5건
기계조작 및 조립 종사자	59건	11.0	18.3	18.2	25.4	17.6	5.4	4.1	3.7건
단순 노무 종사자	65건	26.0	33.8	15.4	9.3	3.5	7.2	4.8	2.8건
주부	9건	55.2	13.7	20.8	0	10.3	0	0	2건
기타	29건	19.9	39.2	6.1	15.1	6.2	5.6	7.9	3.1건

① 5건 가입한 사례 수를 비교하면 가입 건수가 가장 많은 직업은 사무 종사자이다.
② 3건 가입한 사례 수를 비교하면 판매 종사자 가입 건수가 서비스 종사자 가입 건수보다 많다.
③ 전문가 및 관련 종사자와 단순 노무 종사자 모두 가입 건수는 2건 가입한 사례 수가 가장 많다.
④ 기계조작 및 조립 종사자가 단순 노무 종사자보다 평균적으로 생명보험을 많이 가입함을 알 수 있다.
⑤ 6건 가입한 사례 수를 비교하면 서비스 종사자 가입 건수가 기능원 및 관련 종사자 가입 건수보다 적다.

17 다음은 행정구역별 화재 현황에 대한 자료이다. 이에 대한 설명으로 옳은 것은?

〈행정구역별 화재 현황〉

(단위 : 건)

구분	2020년	2021년	2022년	2023년	2024년
전국	42,135	44,435	43,413	44,178	42,338
서울특별시	5,815	5,921	6,443	5,978	6,368
부산광역시	2,026	1,973	2,199	2,609	2,471
대구광역시	1,767	1,817	1,739	1,612	1,440
인천광역시	1,818	1,875	1,790	1,608	1,620
광주광역시	1,010	1,006	956	923	860
대전광역시	1,291	1,254	974	1,059	1,094
울산광역시	890	874	928	959	887
세종특별자치시	223	252	300	316	236
경기도	9,675	10,333	10,147	9,799	9,632
강원도	2,182	2,485	2,315	2,364	2,228
충청북도	1,316	1,373	1,379	1,554	1,414
충청남도	2,838	3,031	2,825	2,775	2,605
전라북도	1,652	1,962	1,983	1,974	2,044
전라남도	2,620	2,647	2,454	2,963	2,635
경상북도	2,803	3,068	2,651	2,817	2,686
경상남도	3,622	3,960	3,756	4,117	3,482
제주특별자치도	587	604	574	751	636

① 충청북도는 매년 화재 건수가 증가하는 추이를 보인다.

② 매년 화재 건수가 세 번째로 많은 지역은 경상북도이다.

③ 2024년 서울특별시의 화재 건수는 전체의 20% 이상이다.

④ 강원도의 2024년 화재 건수는 전년 대비 7% 이상 감소했다.

⑤ 전국의 화재 건수와 동일한 증감 추이를 보이는 지역은 총 5곳이다.

18 다음은 연도별 L기업의 정규직 신규채용 현황에 대한 자료이다. 이에 대한 설명으로 옳은 것은?

〈정규직 신규채용 현황〉

(단위 : 명)

구분	2020년	2021년	2022년	2023년	2024년
정규직 신규채용 합계	1,605	1,503	2,103	2,828	3,361
시간선택제(전일제 환산)	0	14	22	20	0
시간선택제(인원수)	0	29	44	41	0
청년	710	719	965	1,338	1,549
여성	229	187	251	301	396
장애인	17	6	11	15	15
비수도권 지역인재	350	311	480	703	927
이전지역 지역인재	61	51	110	124	245
고졸인력	238	186	220	286	229

① 2024년 정규직 신규채용 중 장애인의 비율은 1% 이상이다.
② 정규직 신규채용 중 매년 고졸인력이 이전지역 지역인재보다 많다.
③ 정규직 신규채용 중 여성의 비율은 2022년보다 2020년에 더 높다.
④ 정규직 신규채용은 2021년부터 2024년까지 전년 대비 매년 증가하였다.
⑤ 2021년부터 2023년까지 비수도권 지역인재 신규채용과 청년 신규채용의 전년 대비 증감 추이는 동일하다.

19 다음은 한국산업인력공단에서 시행하는 직무분야별 기능사 자격통계 현황에 대한 자료이다. 이에 대한 설명으로 옳지 않은 것은?

〈직무분야별 기능사 자격통계 현황〉

(단위 : 명, %)

구분		필기시험				실기시험			
		신청자	응시자	합격자	합격률	신청자	응시자	합격자	합격률
디자인 분야	전체	29,661	25,780	16,601	64.4	24,453	19,274	11,900	61.7
	여성	20,585	18,031	12,283	68.1	17,138	13,367	8,333	62.3
	남성	9,076	7,749	4,318	55.7	7,315	5,907	3,567	60.4
영사 분야	전체	471	471	181	38.4	281	281	103	36.7
	여성	123	123	49	39.8	65	65	34	52.3
	남성	348	348	132	37.9	216	216	69	31.9
운전·운송 분야	전체	391	332	188	56.6	189	175	149	85.1
	여성	7	6	1	16.7	1	1	0	0
	남성	384	326	187	57.4	188	174	149	85.6
토목 분야	전체	10,225	8,974	4,475	49.9	8,406	7,733	5,755	74.4
	여성	950	794	459	57.8	881	771	493	63.9
	남성	9,275	8,180	4,016	49.1	7,525	6,962	5,262	75.6
건축 분야	전체	13,105	11,072	5,085	45.9	24,040	20,508	14,082	68.7
	여성	5,093	4,292	2,218	51.7	5,666	4,620	3,259	70.5
	남성	8,012	6,780	2,867	42.3	18,374	15,888	10,823	68.1

※ 합격률은 응시자 대비 합격자이며, 소수점 둘째 자리에서 반올림한 값임

① 필기·실기시험 전체 응시율이 100%인 직무분야는 영사 분야이다.

② 남성 실기시험 응시자가 가장 많은 분야는 남성 필기시험 응시자도 가장 많다.

③ 필기시험 전체 합격률이 실기시험 전체 합격률보다 높은 직무분야는 두 분야이다.

④ 여성 필기시험 응시자가 남성보다 많은 분야는 실기시험 응시자도 여성이 더 많다.

⑤ 건축 분야의 여성 실기시험 합격률은 토목 분야의 남성 실기시험 합격률보다 5.1%p 낮다.

20 다음은 라임사태 판매현황에 대한 글이다. 이를 참고하여 작성한 판매사별 판매액 그래프로 옳은 것은?(단, 모든 그래프의 단위는 '억 원'이다)

> 한때 논란이 된 라임사태 관련 라임자산운용 상품은 총 4조 3천억 원의 규모가 판매되었다고 알려졌다. 해당 상품 판매사 20여 곳 중 판매 비중이 큰 순서대로 판매사 4곳을 나열하면 D사, W사, S사, K사 순으로, 이 중 상위 3개사의 판매액 합계는 전체의 40%를 차지하는 것으로 나타났다.

①

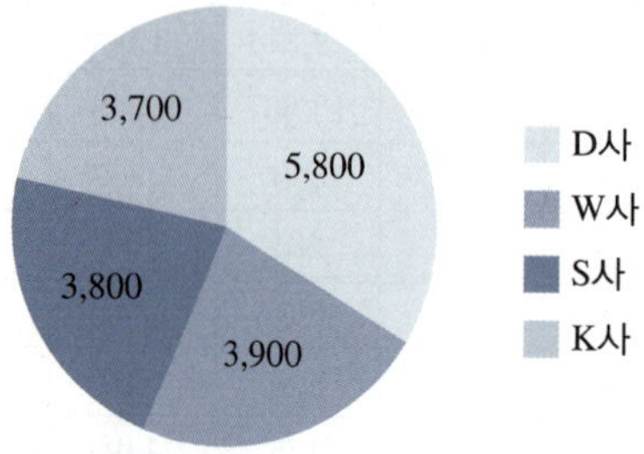

②

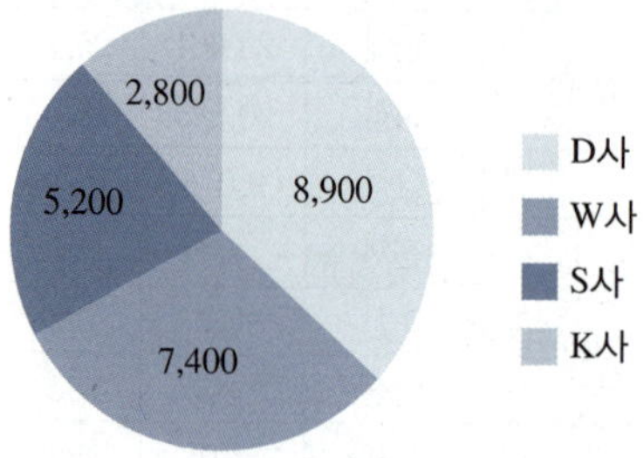

③

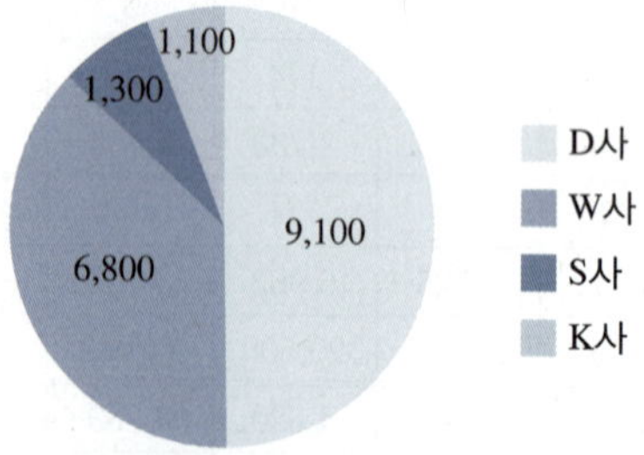

④

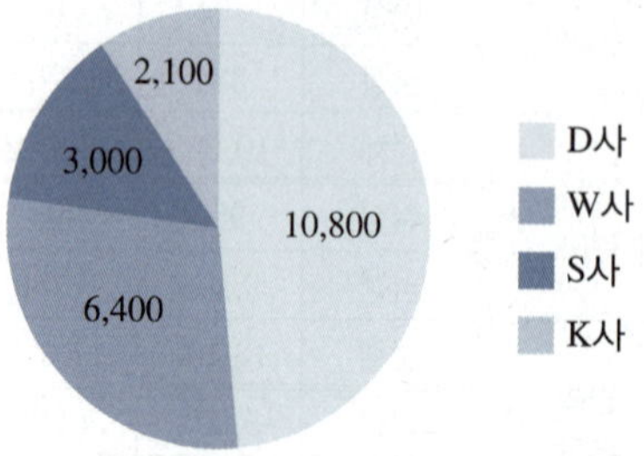

⑤

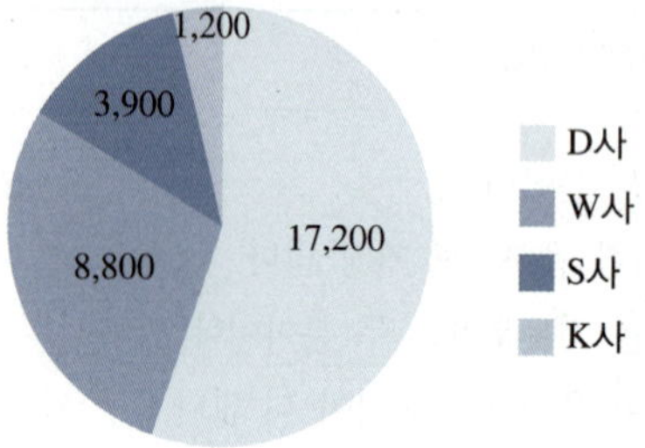

01 L사의 생산공장에 재직 중인 A와 B는 오후 1시부터 오후 6시까지 근무한다. A는 310개의 제품을 포장하는 데 1시간이 걸리고, B는 작업속도가 1시간마다 바로 전 시간의 2배가 된다. 두 사람이 받는 하루 임금이 같다고 할 때, B가 처음 시작하는 1시간 동안 포장하는 제품의 개수는?(단, 일급은 그날 포장한 제품의 개수에 비례한다)

① 25개
② 50개
③ 75개
④ 100개
⑤ 125개

02 일정한 규칙으로 수를 나열할 때, A－2B의 값은?

(A)	40	80	20	60	15	(B)

① 25
② 50
③ 75
④ 105
⑤ 125

03 일정한 규칙으로 수를 나열할 때, 빈칸에 들어갈 알맞은 수는?

$\frac{3}{2}$	$\frac{8}{3}$	$\frac{15}{4}$	(　)	$\frac{35}{6}$

① $\frac{17}{5}$
② $\frac{21}{5}$
③ $\frac{24}{5}$
④ $\frac{26}{5}$
⑤ $\frac{29}{5}$

04 평균 연령이 30살인 팀에 25살 신입이 들어와서 팀 평균 연령이 1살 어려졌다. 신입이 들어오기 전의 팀원 수는?

① 3명
② 4명
③ 5명
④ 6명
⑤ 7명

05 일정한 규칙으로 수를 배치할 때, 빈칸에 들어갈 알맞은 수는?

2	3	6	( )	9
5	1	4	7	3
10	3	24	14	27

① 1
② 2
③ 6
④ 10
⑤ 14

06 길이가 40m인 열차가 200m의 터널을 통과하는 데 10초가 걸렸다. 이 열차가 320m의 터널을 통과하는 데 걸리는 시간은?(단, 열차의 속도는 항상 일정하다)

① 15초
② 16초
③ 18초
④ 20초
⑤ 22초

07 어느 날 민수가 사탕 바구니에 있는 사탕의 $\frac{1}{3}$을 먹었다. 그다음 날 남은 사탕의 $\frac{1}{2}$을 먹고 또 그다음 날 남은 사탕의 $\frac{1}{4}$을 먹었다. 남은 사탕의 개수가 18개일 때, 처음 사탕 바구니에 들어 있던 사탕의 개수는?

① 48개
② 60개
③ 72개
④ 84개
⑤ 96개

08 전체 길이가 2.5m인 나무토막을 3등분하려고 한다. 가장 긴 막대의 길이는 중간 길이의 막대보다 32cm 더 길고, 가장 짧은 막대는 중간 막대보다 16cm 짧다고 할 때, 가장 긴 막대의 길이는?

① 106cm
② 107cm
③ 108cm
④ 109cm
⑤ 110cm

09 일정한 규칙으로 수를 배치할 때, 빈칸에 들어갈 알맞은 수는?

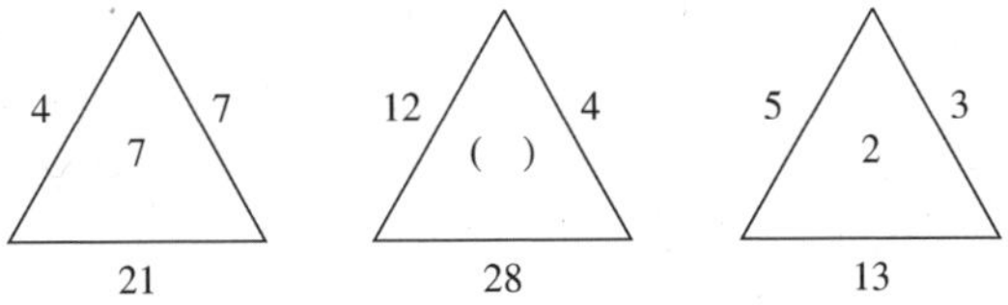

① −20
② −10
③ 10
④ 20
⑤ 30

10 L프로젝트는 A가 혼자 일하면 10일, B가 혼자 일하면 20일, C가 혼자 일하면 40일이 걸린다. 이 프로젝트를 4일간 A와 B가 먼저 일하고, 남은 양을 C 혼자서 마무리한다고 할 때, C는 며칠간 일해야 하는가?

① 12일
② 14일
③ 16일
④ 18일
⑤ 20일

11 일정한 규칙으로 수를 나열할 때, 빈칸에 들어갈 알맞은 수는?

1 2 5 　 2 3 13 　 3 4 ( )

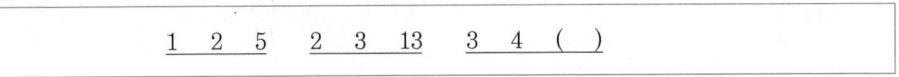

① 7
② 12
③ 20
④ 25
⑤ 30

12 일정한 규칙으로 수를 배치할 때, 빈칸에 들어갈 알맞은 수는?

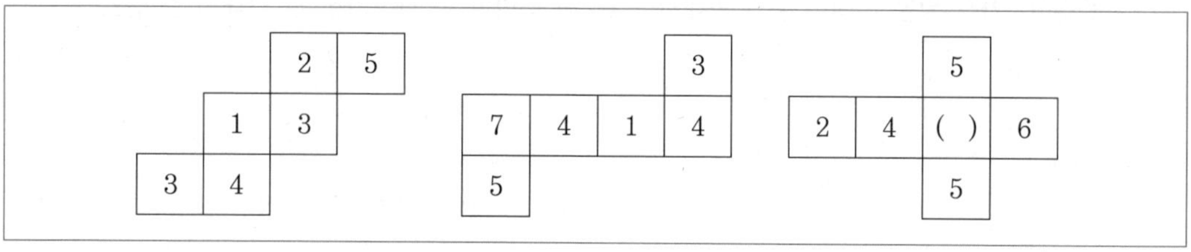

① 5
② 7
③ 8
④ 10
⑤ 11

13 프로농구 결승전에서 A, B 두 팀이 시합을 했다. 2쿼터까지 A팀은 B팀보다 7점을 더 얻었고, 3쿼터와 4쿼터에 A팀은 B팀이 얻은 점수의 $\frac{3}{5}$을 얻어 75 : 78로 B팀이 이겼다. A팀이 3쿼터와 4쿼터에 얻은 점수는?

① 15점
② 20점
③ 25점
④ 30점
⑤ 35점

14 일정한 규칙으로 수를 나열할 때, 빈칸에 들어갈 알맞은 수는?

$$\frac{1}{1} \quad \frac{1}{2} \quad \frac{2}{2} \quad \frac{1}{3} \quad \frac{2}{3} \quad \frac{3}{3} \quad (\quad)$$

① $\frac{4}{3}$
② $\frac{1}{4}$
③ $\frac{3}{4}$
④ $\frac{1}{5}$
⑤ $\frac{2}{5}$

15 일정한 규칙으로 수를 배치할 때, 빈칸에 들어갈 알맞은 수는?

2	3	4	5
1	5	3	2
4	6	8	10
2	10	( )	4

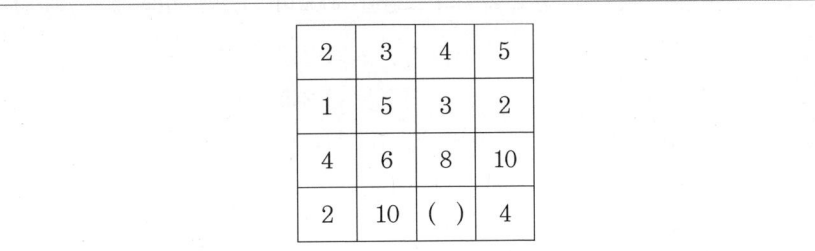

① 1
② 2
③ 6
④ 10
⑤ 14

16 L전자 ○○영업점에서 노트북 판매를 담당하는 김사원은 기본금 150만 원에 한 달 동안 판매한 금액의 3%를 수당으로 합하여 월급을 받는다. 노트북 한 대의 가격이 200만 원이라고 할 때, 월급을 250만 원 이상 받기 위해서 김사원은 매달 최소 몇 대 이상의 노트북을 판매해야 하는가?

① 14대
② 15대
③ 16대
④ 17대
⑤ 18대

17 L기업에서는 사회 나눔 사업의 일환으로 마케팅부에서 5팀, 총무부에서 2팀을 구성해 어느 요양 시설에서 7팀 모두가 하루에 1팀씩 7일 동안 봉사활동을 하려고 한다. 7팀의 봉사활동 순번을 임의로 정할 때, 첫 번째 날 또는 일곱 번째 날에 총무부 소속 팀이 봉사활동을 하게 될 확률은 $\frac{b}{a}$이다. 이때 $a-b$의 값은?(단, a와 b는 서로소이다)

① 4
② 6
③ 8
④ 10
⑤ 12

18 농도 20%의 소금물 100g에서 소금물 xg을 덜어내고, 덜어낸 양만큼의 소금을 첨가하였다. 거기에 농도 11%의 소금물 yg을 섞었더니 농도 26%의 소금물 300g이 되었다. 이때 $x+y$의 값은?

① 195
② 213
③ 235
④ 245
⑤ 315

19 L사원이 처리해야 할 업무는 발송업무, 비용정산업무 외에 5가지가 있다. 이 중에서 발송업무, 비용정산업무를 포함한 5가지의 업무를 오늘 처리하려고 하는데, 상사의 지시로 발송업무를 비용정산업무보다 먼저 처리해야 한다. 오늘 처리할 업무를 택하고, 택한 업무의 처리 순서를 정하는 경우의 수는?

① 600가지
② 720가지
③ 840가지
④ 960가지
⑤ 1,020가지

20 일정한 규칙에 따라 수를 배치할 때, A×B의 값은?

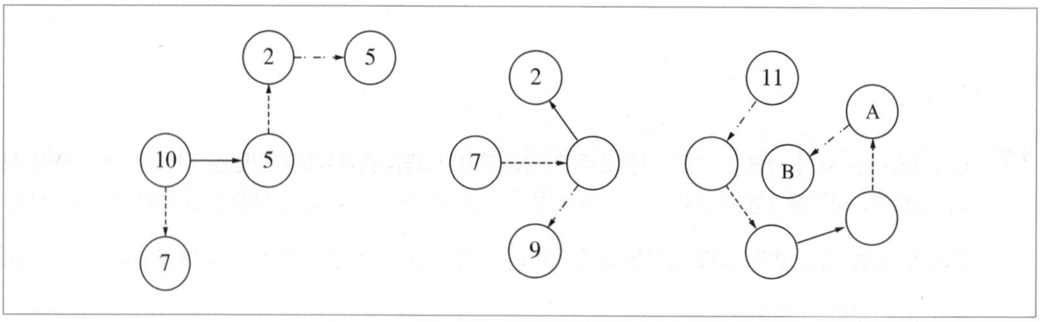

① 65
② 75
③ 85
④ 95
⑤ 105

앞선 정보 제공! 도서 업데이트

언제, 왜 업데이트될까?

도서의 학습 효율을 높이기 위해 자료를 추가로 제공할 때!
공기업 · 대기업 필기시험에 변동사항 발생 시 정보 공유를 위해!
공기업 · 대기업 채용 및 시험 관련 중요 이슈가 생겼을 때!

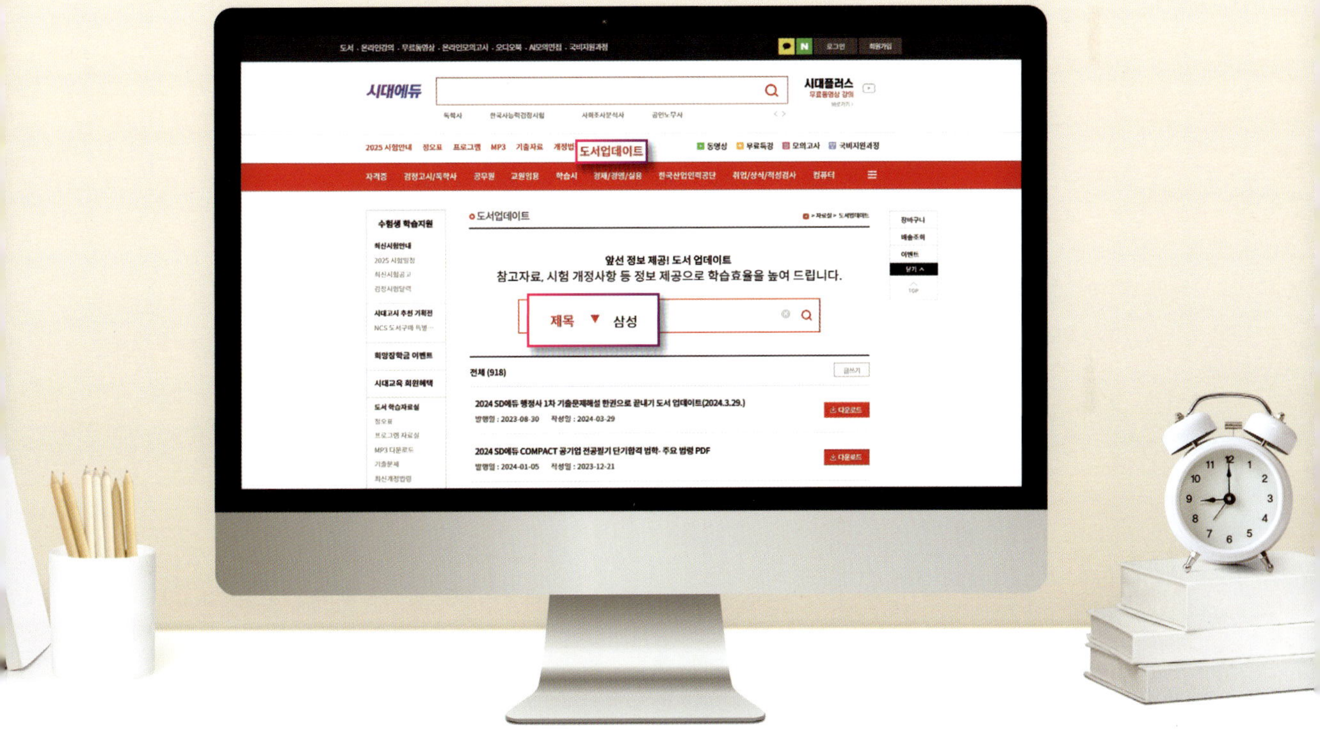

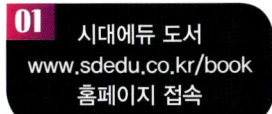

01 시대에듀 도서 www.sdedu.co.kr/book 홈페이지 접속

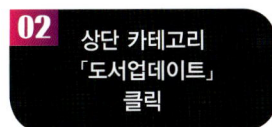

02 상단 카테고리 「도서업데이트」 클릭

03 해당 기업명으로 검색

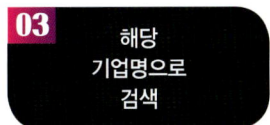

참고자료, 시험 개정사항 등 정보 제공으로 학습효율을 높여 드립니다.

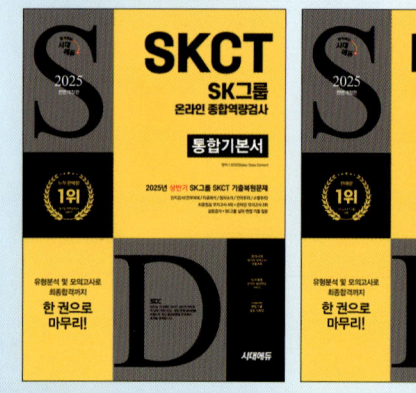

전면개정판

사이다 기출응용
모의고사 시리즈

사이다

사일 동안
이것만 풀면
다 합격!

누적 판매량
1위
대기업 인적성검사
시리즈

LG그룹
온라인 적성검사
4회분 | 정답 및 해설

[합격시대]
온라인 모의고사
무료쿠폰

—

도서 동형
온라인 실전연습
서비스

—

10대기업
면접 기출
질문 자료집

SDC SDC는 시대에듀 데이터 센터의 약자로 약 30만 개의 NCS · 적성 문제 데이터를 바탕으로 최신 출제경향을 반영하여 문제를 출제합니다.

편저 | SDC(Sidae Data Center)

시대에듀

기출응용 모의고사

정답 및 해설

1일 차 기출응용 모의고사 정답 및 해설

제 1 영역 언어이해

01	02	03	04	05	06	07	08	09	10
①	④	④	②	②	②	⑤	④	④	④
11	12	13	14	15	16	17	18	19	20
⑤	④	②	②	③	①	①	⑤	①	②

01

정답 ①

제시문의 첫 번째 문단에서 이산화탄소로 메탄올을 만드는 곳이 있다며 관심을 유도하고, 두 번째 문단에서는 메탄올을 어떻게 만들고 어디에서 사용하는지 구체적으로 설명함으로써 탄소 재활용의 긍정적인 측면을 부각하고 있다. 하지만 세 번째 문단에서는 앞선 내용과 달리 이렇게 만들어진 메탄올의 부정적인 측면을 설명하고, 마지막 문단에서는 이와 같은 이유로 탄소 재활용에 대한 결론이 나지 않았다며 글이 마무리되고 있다. 따라서 글의 주제로 탄소 재활용의 이면을 모두 포함하는 내용인 ①이 가장 적절하다.

오답분석

② 두 번째 문단에 한정된 내용이므로 글의 전체를 다루는 주제로 보기에는 적절하지 않다.

③ 지열발전소의 부산물을 통해 메탄올이 만들어진 것은 맞지만 새롭게 탄생된 연료로 보기는 어려우며, 글의 전체를 다루는 주제로 보기에도 적절하지 않다.

④·⑤ 제시문의 첫 번째 문단과 두 번째 문단에서는 버려진 이산화탄소 및 부산물의 재활용을 통해 메탄올을 제조함으로써 미래 원료를 해결할 수 있을 것처럼 보이지만, 이어지는 세 번째 문단과 마지막 문단에서는 이렇게 만들어진 메탄올이 과연 미래 원료로 적합한지 의문점이 제시되고 있다. 따라서 글의 주제로 적절하지 않다.

02

정답 ④

제시문은 중세 유럽에서 유래된 로열티 제도가 산업혁명부터 현재까지 지적 재산권에 대한 보호와 가치 확보를 위해 발전되었음을 설명하고 있다. 따라서 글의 제목으로 ④가 가장 적절하다.

03

정답 ④

라이코노믹스는 우리가 내리는 거의 모든 결정에 영향을 미치는 것은 논리가 아니라 관계이며, 이것의 기반은 대상을 향한 높은 호감도라는 개념을 내포한다. 따라서 라이코노믹스는 논리보다 관계가 더 중요하다는 것을 보여줌을 추론할 수 있다.

04

정답 ②

제시문의 네 번째 문장 '미국 사회에서 동양계 ~ 구성된다.'에 따르면 '모범적 소수 인종'의 인종적 정체성은 백인의 특성이 장점이라고 생각하는 것과 동양인의 특성이 단점이라고 생각하는 것의 사이에서 구성된다. 따라서 '모범적 소수 인종'은 특유의 인종적 정체성을 내면화하고 있음을 추론할 수 있다.

오답분석

① 제시문의 논점은 '동양계 미국인 학생들(모범적 소수 인종)'이 성공적인 학교 생활을 통해 주류 사회에 동화되고 있는 것의 사실 여부와 그에 따라 사회적 삶에서 인종주의의 영향이 약화될 수 있는지에 대한 문제이다. 따라서 '모범적 소수 인종'의 성공이 일시적·허구적인지에 대한 논점은 제시문을 통해서 추론할 수 없다.

③ 인종 차별을 의식하는 것은 알 수 있지만 한정된 자원의 배분을 놓고 갈등하는지는 제시문을 통해서 추론할 수 없다.

④ 인종 차별을 은폐된 형태로 지속시킨다는 것은 제시문을 통해서 추론할 수 없다.

⑤ 동양계 미국인 학생들은 인종적인 차별을 의식하고 있다고 말할 수 있지만 소수 인종 모두가 의식하고 있는지는 제시문을 통해서 추론할 수 없다.

05

정답 ②

레이저 절단 가공은 고밀도, 고열원의 레이저를 쏘아 절단 부위를 녹이고 증발시켜 소재를 절단하는 작업이지만, 다른 열 절단 가공에 비해 열변형의 우려가 적다고 언급되어 있다.

오답분석

① 고밀도, 고열원의 레이저를 쏘아 절단 부위를 녹이고 증발시켜 소재를 절단한다고 하였으므로 절단 작업 중에는 기체가 발생함을 알 수 있다.
③ 반도체 소자가 나날이 작아지고 정교해지고 있다고 언급되어 있으므로 과거 반도체 소자는 현재 반도체 소자보다 덜 정교함을 추론할 수 있다.
④ 반도체 소자가 나날이 작아지며 정교해지고 있다고 언급되어 있으므로 현재 기술력으로는 레이저 절단 가공 외의 가공법으로는 반도체 소자를 다루기 쉽지 않음을 추론할 수 있다.
⑤ 레이저 절단 가공은 물리적 변형이 적어 깨지기 쉬운 소재도 다룰 수 있다고 언급되어 있다.

06

정답 ②

제시문에서는 외래어가 국어에 들어오면 국어의 음운적 특징에 따라 발음이나 운율적 자질이 외국어 원래의 모습을 잃어버린다고 하였다. 그러나 우리말의 로마자 표기를 실제 우리말 발음과 다르게 읽어야 함을 암시하는 대목은 없다.

07

정답 ⑤

16세기 말 그레고리력이 도입되기 전 프랑스 사람들은 3월 25일부터 4월 1일까지 일주일 동안 축제를 벌였다.

오답분석

① 만우절이 프랑스에서 기원했다는 이야기는 많은 기원설 중의 하나일 뿐, 정확한 기원은 알려지지 않았다.
② 프랑스에서는 만우절에 놀림감이 된 사람들을 '4월의 물고기'라고 불렀다.
③ 프랑스의 관습이 18세기에 이르러 영국으로 전해지면서 영국의 만우절이 생겨났다.
④ 프랑스는 16세기 말 그레고리력을 받아들이면서 달력을 새롭게 개정하였다.

08

정답 ④

마지막 문단에서 '선비들은 어려서부터 머리가 희어질 때까지 오직 글쓰기나 서예 등만 익혔을 뿐이므로 갑자기 지방관리가 되면 당황하여 어찌할 바를 모른다.'고 함으로써 형벌에 대한 사대부들의 무지를 비판하고 있음을 알 수 있다.

09

정답 ④

등장수축은 전체 근육 길이가 줄어드는 동심 등장수축과 늘어나는 편심 등장수축으로 나뉜다.

10

정답 ④

어빙 피셔의 교환방정식 'MV=PT'에서 V는 화폐유통속도를 나타낸다. 따라서 사이먼 뉴컴의 교환방정식인 'MV=PQ'에서 사용하는 V(Velocity), 즉 화폐유통속도와 동일하며 Y와 함께 대체되어 사용되지 않는다.

오답분석

① 교환방정식 'MV=PT'는 화폐수량설의 기본 모형인 거래모형이며, 'MV=PY'는 소득모형으로 사용된다.
② 사이먼 뉴컴의 교환방정식 'MV=PQ'에서 Q(Quantity)는 상품 및 서비스의 수량이다.
③ 어빙 피셔의 화폐수량설은 최근 총거래 수 T(Trade)를 총생산량 Y로 대체하여 사용되고 있다.
⑤ 어빙 피셔는 사이먼 뉴컴의 교환방정식을 인플레이션율과 화폐공급의 증가율 간 관계를 나타내는 이론인 화폐수량설로 재탄생시켰다.

11

정답 ⑤

제시문은 철학에서의 부조리에 대한 개념을 설명하는 글이다. 먼저, 부조리의 개념을 소개하는 (나) 문단이 나오고, 부조리라는 개념을 도입하고 설명한 알베르 카뮈에 대해 설명하고 있는 (라) 문단이 이어지는 것이 적절하다. 다음으로 앞 문단에 제시된 연극의 비유에 관해 설명하고 있는 (가) 문단이 오고, 이에 대한 결론을 제시하는 (다) 문단을 배치하는 것이 적절하다. 따라서 (나) – (라) – (가) – (다) 순서로 나열되어야 한다.

12

정답 ④

제시문은 현대 건축가 르 꼬르뷔지에의 업적에 대해 설명하고 있다. 먼저, 현대 건축의 거장으로 불리는 르 꼬르뷔지에를 소개하는 (라) 문단이 나오고, 르 꼬르뷔지에가 만든 도미노 이론의 정의를 설명하는 (가) 문단이 이어져야 한다. 다음으로 도미노 이론을 설명하는 (다) 문단이 나오고 마지막으로 도미노 이론의 연구와 적용되고 있는 다양한 건물을 설명하는 (나) 문단을 배치하는 것이 적절하다. 따라서 (라) – (가) – (다) – (나) 순서로 나열되어야 한다.

13

정답 ②

빈칸의 앞 부분은 '땅집에서는 모든 것이 자기 나름의 두께와 깊이를 가지고 있다. … 집 자체가 인간과 마찬가지의 두께와 깊이를 가진다.'이므로 앞 부분에서 강조하는 내용은 '인간'이다. 따라서 빈칸에는 인간을 닮았다고 설명한 ②가 들어가는 것이 적절하다.

14
정답 ②

빈칸 뒤에서는 고전 미학과 근대 미학이 각각 추구하는 이념과 대상에 대해 예를 들어 설명하고 있다. 따라서 빈칸에는 미학이 추구하는 이념과 대상도 시대에 따라 다름을 언급하는 내용인 ②가 들어가는 것이 적절하다.

15
정답 ③

甲은 공기업은 독점 시장 운영으로 인해 효율성과 서비스의 질이 떨어진다는 것을 주장하며 공기업 역시 기업이기 때문에 어느 정도는 효율성을 추구하여 부채를 줄일 것을 강조한다. 그러나 乙은 국민에게 필수적인 재화를 적절한 가격에 공급해야 하는 공기업의 특수성을 강조하고 있다. 즉, 甲이 주장하는 기업의 이익보다는 공공이라는 다른 가치를 강조함으로써 주장을 전개하고 있다. 따라서 乙의 주장 방식으로 가장 적절한 것은 ③이다.

16
정답 ①

제시문은 탑을 복원할 경우 탑에 담긴 역사적 의미와 함께 탑과 주변 공간의 조화가 사라지고, 정확한 자료 없이 탑을 복원한다면 탑을 온전하게 되살릴 수 없다는 점을 들어 탑을 복원하기보다는 보존해야 한다고 주장한다. 따라서 이러한 근거들과 관련이 없는 ①은 주장에 대한 반박으로 적절하지 않다.

17
정답 ①

마지막 문단에서 녹내장을 예방할 수 있는 방법은 아직 알려져 있지 않고, 가장 좋은 예방법은 조기에 발견하는 것이라고 하였다. 따라서 녹내장의 발병을 예방할 수 있는 방법은 아직 없다고 볼 수 있다.

오답분석

② 녹내장은 대부분 장기간에 걸쳐 천천히 진행되는 경우가 많다.
③ 녹내장은 안압이 상승하여 발생하는 병이므로 안압이 상승할 수 있는 상황은 되도록 피해야 한다.
④ 녹내장은 일반적으로 주변시야부터 좁아지기 시작해 중심시야로 진행되는 병이다.
⑤ 상승된 안압이 시신경으로 공급되는 혈류량을 감소시켜 시신경 손상이 발생할 수 있다.

18
정답 ⑤

제시문은 미술 작품을 올바르게 감상하기 위해 우리가 지녀야 할 태도에 대해 언급하고 있다. 작품을 올바르게 이해하기 위해서는 기존의 편협한 사고방식이나 태도에 얽매이지 말고 나름대로의 날카로운 안목과 감수성을 길러야 함을 강조하고 있다. 따라서 글의 집필 의도로 가장 적절한 것은 ⑤이다.

19
정답 ①

사카린은 설탕보다 당도가 약 500배 높고, 아스파탐의 당도는 설탕보다 약 200배 높다. 따라서 사카린과 아스파탐 모두 설탕보다 당도가 높고, 사카린은 아스파탐보다 당도가 높다.

오답분석

② 사카린은 무해성이 입증되어 미국 FDA의 인증을 받았고, 현재도 설탕의 대체재로 사용되고 있다.
③ 사카린은 화학물질의 산화반응을 연구하던 중에, 아스파탐은 위궤양 치료제를 개발하던 중에 우연히 발견되었다.
④ 아스파탐은 미국암협회가 안전하다고 발표했지만, 이탈리아의 과학자가 쥐를 대상으로 한 실험에서 암을 유발한다고 내린 결론 때문에 논란이 끊이지 않고 있다.
⑤ 2009년 미국의 설탕, 옥수수 시럽, 기타 천연당의 1인당 연평균 소비량인 140파운드는 중국보다 9배 많은 수치이므로, 2009년 중국의 소비량은 약 15파운드였을 것이다.

20
정답 ②

제시문은 인권 신장을 위해 빈곤 퇴치가 UN의 핵심적인 목표가 되어야 한다는 주장을 시작으로 UN과 시민사회의 긴밀한 협력 그리고 UN과 인도네시아 정부가 노력하여 평화와 독립 의지 실현을 이루길 바라는 내용을 담고 있다. 따라서 UN이 세계 평화와 번영을 위한 사명을 수행하는 것을 지지한다는 ②가 결론으로 오는 것이 가장 적절하다.

오답분석

① 마지막 문단의 내용과 이어지지만 글의 전체적인 내용을 포괄하지 못하므로 결론으로 적절하지 않다.
③·⑤ 구체적인 사실에 대한 논의이므로 결론의 내용으로 적절하지 않다.
④ 과제 제시와 해결 방안 모색을 촉구하는 내용이므로 서론에 적절하다.

제2영역 언어추리

01	02	03	04	05	06	07	08	09	10
⑤	④	①	④	③	③	②	③	⑤	①
11	12	13	14	15	16	17	18	19	20
⑤	④	⑤	①	④	③	④	④	④	④

01 정답 ⑤

'어휘력이 좋다.'를 p, '책을 많이 읽다.'를 q, '글쓰기 능력이 좋다.'를 r이라고 하면 첫 번째 명제는 $\sim p \rightarrow \sim q$, 두 번째 명제는 $\sim r \rightarrow \sim p$이다. 이때 삼단논법에 의해 $\sim r \rightarrow \sim p \rightarrow \sim q$가 성립하여 마지막 명제는 $\sim r \rightarrow \sim q$이다. 따라서 빈칸에 들어갈 명제는 '글쓰기 능력이 좋지 않으면 책을 많이 읽지 않은 것이다.'이다.

02 정답 ④

'주장을 잘한다.'를 p, '발표를 잘한다.'를 q, '시험을 잘 본다.'를 r이라고 하면 첫 번째 명제는 $\sim p \rightarrow \sim q$, 마지막 명제는 $q \rightarrow r$이다. 첫 번째 명제가 마지막 명제로 연결되려면 첫 번째 명제의 대우가 '$q \rightarrow p$'이기 때문에 두 번째 명제는 '$p \rightarrow r$'이 되어야 한다. 따라서 빈칸에 들어갈 명제는 '주장을 잘하는 사람은 시험을 잘 본다.'이다.

03 정답 ①

제시된 조건을 기호화하여 나타내면 다음과 같다.

- A → ~F&B
- C → ~D
- ~E → C
- B or E
- D

마지막 조건에 의해 D가 참여하므로 두 번째 조건의 대우인 D → ~C에 의해 C는 참여하지 않고, 세 번째 조건의 대우인 ~C → E에 의해 E는 참여한다. E가 참여하므로 네 번째 조건에 의해 B는 참여하지 않는다. 또한 첫 번째 조건의 대우인 F or ~B → ~A에 의해 A는 참여하지 않는다. 그리고 F는 제시된 조건만으로는 반드시 참여하는지 알 수 없다.
따라서 체육대회에 반드시 참여하는 직원은 D와 E 2명이다.

04 정답 ④

마지막 조건에 따라 지영이는 대외협력부에서 근무하고, 다섯 번째 조건의 대우에 따라 유진이는 감사팀에서 근무한다. 그러므로 네 번째 조건에 따라 재호는 마케팅부에서 근무하며, 여섯 번째 조건에 따라 혜인이는 회계부에서 근무를 할 수 없다.
세 번째 조건에 따라 성우가 비서실에서 근무하게 되면 희성이는 회계부에서 근무하고, 혜인이는 기획팀에서 근무하게 된다. 세 번째 조건의 대우에 따라 희성이가 기획팀에서 근무하면, 성우는 회계부에서 근무하고, 혜인이는 비서실에서 근무하게 된다.
이를 정리하면 다음과 같다.

감사팀	대외 협력부	마케팅부	비서실	기획팀	회계부
유진	지영	재호	성우	혜인	희성
			혜인	희성	성우

따라서 반드시 참인 것은 '혜인이는 회계부에서 근무하지 않는다.'이다.

오답분석

① 재호는 마케팅부에서 근무한다.
② 희성이는 회계부에서 근무할 수도 있다.
③ 성우는 비서실에서 근무할 수도 있다.
⑤ 유진이는 감사팀에서 근무한다.

05 정답 ③

생일 주인공인 지영이가 먹은 케이크 조각이 가장 크고, 민지가 먹은 케이크 조각은 가장 작지도 않고 두 번째로 작지도 않으므로 민지는 세 번째 또는 네 번째로 작은 케이크를 먹었을 것이다. 이때 재은이가 먹은 케이크 조각은 민지가 먹은 케이크 조각보다 커야 하므로 민지는 세 번째로 작은 케이크 조각을, 재은이는 네 번째로 작은 케이크 조각을 먹었음을 알 수 있다. 또 정호의 케이크 조각은 민지의 것보다는 작지만 영재의 것보다는 크므로 영재의 케이크가 가장 작음을 알 수 있다. 따라서 먹은 케이크의 크기가 작은 순서대로 5명을 나열한 것은 ③이다.

06 정답 ③

제시된 명제의 '비주얼 머천다이징팀과 광고그래픽팀에 둘 다 지원', '광고홍보팀과 경영지원팀에 둘 다 지원' 중 어느 하나를 만족시키면 된다. 세 번째 명제에서 '지원자 모두 인테리어팀이나 액세서리 디자인팀 가운데 적어도 한 팀에 지원했다.'라고 했으므로 혜진이는 최소한 비주얼 머천다이징팀이나 광고홍보팀 중 한 팀에 지원했을 것이다. 따라서 혜진이가 광고그래픽팀이나 경영지원팀에 지원했다면 비주얼 머천다이징팀이나 광고그래픽팀 또는 광고홍보팀이나 경영지원팀에 지원했다는 정보를 만족시키기 때문에 패션디자인팀에 지원하고 있다는 결론을 내릴 수 있다.

07 정답 ②

B가 부정행위를 했을 경우 두 번째 명제에 따라 C도 함께 부정행위를 하게 된다. 이때 네 번째 명제에 따라 D도 함께 부정행위를 하게 되는데, 이는 첫 번째 명제에 부합하지 않으므로 B, C, D는 부정행위를 하지 않았다.
E가 부정행위를 했을 경우 세 번째 명제에 따라 A도 부정행위를 하게 되고, 이는 다른 명제들과 모순되지 않는다.
따라서 부정행위를 한 사람은 A, E이다.

08

정답 ③

두 번째 조건에 따라 회장실의 위치를 기준으로 각 팀의 위치를 정리하면 다음과 같다.

i) A에 회장실이 있을 때
세 번째 조건에 의해 회장실 맞은편인 E는 응접실이다. 네 번째 조건에 의해 B는 재무회계팀이고, F는 홍보팀이다. 다섯 번째 조건에 의해 G는 법무팀이고 일곱 번째 조건에 의해 C는 탕비실이다. 여섯 번째 조건에 의해 H는 연구개발팀이므로 남은 D가 인사팀이다.

ii) E에 회장실이 있을 때
세 번째 조건에 의해 회장실 맞은편인 A는 응접실이다. 네 번째 조건에 의해 F는 재무회계팀이고, B는 홍보팀이다. 다섯 번째 조건에 의해 C는 법무팀이고 일곱 번째 조건에 의해 G는 탕비실이다. 여섯 번째 조건에 의해 H는 연구개발팀이므로 남은 D가 인사팀이다.

따라서 인사팀의 위치는 항상 D이다.

09

정답 ⑤

제시된 명제에 따르면 수연 – 철수 – 영희 순서로 점수가 높아진다. 영희는 90점, 수연이는 85점이므로 철수의 성적은 85점 초과 90점 미만이다.

10

정답 ①

B는 피자 두 조각을 먹은 A보다 적게 먹었으므로 피자 한 조각을 먹었다. 또한 4명 중 B가 가장 적게 먹었으므로 D는 반드시 두 조각 이상 먹어야 한다. 따라서 A는 두 조각, B는 한 조각, C는 세 조각, D는 두 조각의 피자를 먹었다.

11

정답 ⑤

A나 C가 농구를 한다면 진실만 말해야 하는데, 모두 다른 사람이 농구를 한다고 말하고 있으므로 거짓을 말한 것이 되어 모순이 된다. 따라서 농구를 하는 사람은 B 또는 D이다.

i) B가 농구를 하는 경우
C는 야구, D는 배구를 하고 남은 A가 축구를 한다. A가 한 말은 모두 거짓이고, C와 D는 진실과 거짓을 1개씩 말하므로 모든 조건이 충족된다.

ii) D가 농구를 하는 경우
B은 야구, A는 축구를 하고 남은 C가 배구를 한다. 이 경우 A가 진실과 거짓을 함께 말하고, B와 C는 거짓만 말한 것이 되므로 모순이 된다.

따라서 A는 축구, B는 농구, C는 야구, D는 배구를 한다.

12

정답 ④

A와 B는 1명이 참이면 1명이 거짓인 명제이다. 각 층에는 1명만 내리고 1명만 거짓말을 한다고 하였으므로, A와 B 둘 중 1명이 거짓말을 하였다.

i) A가 거짓말을 했을 경우

1층	2층	3층	4층	5층
C	D	B	A	E

ii) B가 거짓말을 했을 경우

1층	2층	3층	4층	5층
B	D	C	A	E

따라서 두 경우에서 모두 A는 D보다 높은 층에서 내린다.

13

정답 ⑤

발견 연도를 토대로 정리하면 목걸이는 100년 전에 발견되어 제시된 왕의 유물 중 가장 먼저 발견되었다. 또한 신발은 목걸이와 편지보다 나중에 발견되었으나 반지보다 먼저 발견되었고, 초상화는 가장 최근에 발견되었다. 따라서 왕의 유물을 발견된 순서대로 나열하면 '목걸이 – 편지 – 신발 – 반지 – 초상화'가 된다.

14

정답 ①

C사원과 E사원의 근무 연수를 정확히 알 수 없으므로 가능한 경우의 수는 2가지이다. 이를 근무 연수가 높은 순서대로 나열하면 'B – A – C – E – D' 또는 'B – A – E – C – D'가 된다. 따라서 근무 연수가 가장 높은 B사원의 경우 제시된 조건에 따라 최대 근무 연수인 4년 차에 해당한다.

15

정답 ④

월요일에 먹는 영양제는 비타민 B와 칼슘, 마그네슘일 수 있으나, 마그네슘의 경우 비타민 D보다 늦게 먹고 비타민 B보다는 먼저 먹어야 하므로 월요일에 먹는 영양제로 마그네슘과 비타민 B 둘 다 불가능하다. 그러므로 L씨가 월요일에 먹는 영양제는 칼슘이 된다. 또한 비타민 B는 화요일 또는 금요일에 먹을 수 있으나, 화요일에 먹게 될 경우 마그네슘을 비타민 B보다 먼저 먹을 수 없게 되므로 비타민 B는 금요일에 먹는다. 나머지 조건에 따라 L씨가 평일에 먹는 영양제를 요일별로 정리하면 다음과 같다.

월	화	수	목	금
칼슘	비타민 C	비타민 D	마그네슘	비타민 B

따라서 회사원 L씨는 월요일에는 칼슘, 금요일에는 비타민 B를 먹는다.

16

정답 ③

C사원은 10개의 도장에서 2개의 도장이 모자라므로 현재 8개의 도장을 모았으며, A사원은 C사원보다 1개의 도장이 적으므로 현재 7개의 도장을 모은 것을 알 수 있다. 또한 B사원은 A사원보다 2개 적은 5개의 도장을 모았으며, D사원은 무료 음료 1잔을 포함하여 3잔을 주문하였으므로 10개의 도장을 모은 쿠폰을 반납하고, 새로운 쿠폰에 2개의 도장을 받았음을 추론할 수 있다. 따라서 D사원보다 6개의 도장을 더 모은 E사원은 8개의 도장을 받아 C사원의 도장 개수와 동일함을 알 수 있다.

17

정답 ④

제시된 조건을 정리하면 다음과 같다.

구분	월	화	수	목	금
A	○		×	○	
B	○	×	×	○	○
C	○		×	○	
D	○	×	○	○	×
E	○	○	×	○	×

따라서 수요일에 야근하는 사람은 D이다.

18

정답 ④

제시된 정보를 정리하면 다음과 같다.

- 첫 번째 정보 : 0, 1, 2, 3, 4, 5, 6, 7, 8, 9 중 소수인 2, 3, 5, 7을 제외하면 0, 1, 4, 6, 8, 9가 남는다.
- 두 번째, 세 번째, 네 번째 정보 : 9를 제외하면 0, 1, 4, 6, 8이 남고 6과 8 중에 하나만 사용된다.

이를 종합하여 가능한 경우의 수를 정리하면 다음과 같다.

구분	첫 번째	두 번째	세 번째	네 번째
경우 1	8	4	1	0
경우 2	6	4	1	0

따라서 제시된 정보를 모두 만족하는 비밀번호는 8410과 6410으로 2개이다.

오답분석

① 두 비밀번호 모두 0으로 끝나므로 짝수이다.
② 두 비밀번호의 앞에서 두 번째 숫자는 4이다.
③ 두 비밀번호 모두 1을 포함하지만 9는 포함하지 않는다.
⑤ 두 비밀번호 중에서 가장 작은 수는 6410이다.

19

정답 ④

제시된 조건을 정리하면 다음과 같다.

- 첫 번째 조건 : 파란공은 두 번째·네 번째·다섯 번째로 무겁다.
- 두 번째 조건 : 빨간공은 세 번째·네 번째·다섯 번째로 무겁다.
- 세 번째 조건 : 흰공은 첫 번째·두 번째·다섯 번째로 무겁다.
- 네 번째 조건 : 파란공·빨간공>검은공 순으로 무겁다.
- 다섯 번째 조건 : 흰공>노란공>파란공 순으로 무겁다.

이를 바탕으로 무거운 순서대로 나타내면 다음과 같다.

첫 번째	두 번째	세 번째	네 번째	다섯 번째
흰공	노란공	빨간공	파란공	검은공

따라서 공 5개를 무거운 순서대로 바르게 나열한 것은 ④이다.

20

정답 ④

제시된 조건을 다음과 같이 정리하면 쉽게 접근할 수 있다.

- 두 번째 조건 : 홍보팀은 5실에 위치한다.
- 첫 번째 조건 : 홍보팀이 5실에 위치하므로, 마주보는 홀수실인 3실 또는 7실에 기획조정 1팀과 미래전략 2팀이 위치한다.
- 네 번째 조건 : 보안팀은 남은 홀수실인 1실에 위치하고, 이에 따라 인사팀은 8실에 위치한다.
- 세 번째 조건 : 인사팀이 8실에 위치하므로, 7실에 미래전략 2팀, 3실에 기획조정 1팀이 위치한다.
- 마지막 조건 : 2실에 기획조정 3팀, 4실에 기획조정 2팀이 위치하고, 남은 6실에는 자연스럽게 미래전략 1팀이 위치한다.

이를 정리하여 사무실을 배치하면 다음과 같다.

1실 보안팀	2실 기획조정 3팀	3실 기획조정 1팀	4실 기획조정 2팀
복도			
5실 홍보팀	6실 미래전략 1팀	7실 미래전략 2팀	8실 인사팀

따라서 기획조정 1팀(3실)은 기획조정 2팀(4실)과 기획조정 3팀(2실) 사이에 위치한다.

오답분석

① 인사팀은 8실에 위치한다.
② 미래전략 1팀은 6실에 위치한다.
③ 미래전략 2팀과 기획조정 3팀은 복도를 사이에 두고 위치한다.
⑤ 홍보팀이 있는 라인에서 가장 높은 번호의 사무실은 8실로 인사팀이 위치한다.

제3영역 자료해석

01	02	03	04	05	06	07	08	09	10
④	②	⑤	②	③	③	①	③	②	①
11	12	13	14	15	16	17	18	19	20
①	②	⑤	⑤	③	①	④	①	④	④

01

정답 ④

지난해 아이스크림 매출액 상위 2개 기업은 A기업과 F기업이다. 따라서 A기업과 F기업의 매출액의 합은 전체 매출액의

$\frac{432.7+360.2}{432.7+237.6+118.5+305.9+255.6+360.2+192.7+156.6}$ $\times 100 ≒ 38.5\%$이다.

02

정답 ②

매년 A, B, C 각 학과의 입학자와 졸업자의 차이는 13명으로 일정하다. 따라서 빈칸에 들어갈 값은 58−13=45이다.

03

정답 ⑤

1974년 대비 1984년의 도시 인구수 증가율과 1974년 대비 1984년의 농촌 인구수 감소율은 각각 다음과 같다.

- 1974년 대비 1984년의 도시 인구수 증가율
  : $\frac{16,573-6,816}{6,816} \times 100 ≒ 143\%$
- 1974년 대비 1984년의 농촌 인구수 감소율
  : $\frac{28,368-18,831}{28,368} \times 100 ≒ 34\%$

따라서 1974년 대비 1984년 도시 인구수는 100% 이상 증가하였고, 농촌 인구수는 25% 이상 감소하였다.

오답분석

① 1974년과 1984년에는 도시 인구수가 농촌 인구수보다 적었으나, 1994년부터 도시 인구수가 농촌 인구수보다 많아졌다.
② $6,816 \times 4 = 27,264 < 28,368$이므로 1974년의 농촌 인구수는 도시 인구수의 4배 이상이다.
③ 2014년 대비 2024년의 도시 인구수는 감소하였고, 농촌 인구수는 증가하였다.
④ 조사 연도별 전체 인구수는 각각 다음과 같다.
- 1974년 : 6,816+28,368=35,184천 명
- 1984년 : 16,573+18,831=35,404천 명
- 1994년 : 32,250+14,596=46,846천 명
- 2004년 : 35,802+12,763=48,565천 명
- 2014년 : 36,784+12,402=49,186천 명
- 2024년 : 33,561+12,415=45,976천 명

따라서 전체 인구수는 1984년부터 2014년까지 증가하였고, 2024년에 감소하였다.

04

정답 ②

지역별 정신건강 예산의 증가폭은 다음과 같다.

- 서울 : 58,981,416−53,647,039=5,334,377천 원
- 부산 : 24,205,167−21,308,849=2,896,318천 원
- 대구 : 12,256,595−10,602,255=1,654,340천 원
- 인천 : 17,599,138−12,662,483=4,936,655천 원
- 광주 : 13,479,092−12,369,203=1,109,889천 원
- 대전 : 14,142,584−12,740,140=1,402,444천 원
- 울산 : 6,497,177−5,321,968=1,175,209천 원
- 세종 : 1,515,042−1,237,124=277,918천 원
- 제주 : 5,600,120−4,062,551=1,537,569천 원

따라서 증가폭이 큰 순서대로 지역을 나열하면 서울 – 인천 – 부산 – 대구 – 제주 – 대전 – 울산 – 광주 – 세종이다.

실제 시험에서는 모든 지역을 계산할 필요 없이, 선택지에서 첫 번째로 제시된 서울은 제외한 두 번째인 세종, 인천, 대구의 증가폭을 어림수로 비교한 뒤, 세 번째인 부산과 대전을 어림수로 비교하여 빠르게 답을 구한다.

05

정답 ③

A～C철도사의 차량 1량당 연간 승차인원 수는 각각 다음과 같다.

- 2022년
  - A철도사 : $\frac{775,386}{2,751}$ ≒ 281.86천 명/연/1량
  - B철도사 : $\frac{26,350}{103}$ ≒ 255.83천 명/연/1량
  - C철도사 : $\frac{35,650}{185}$ ≒ 192.7천 명/연/1량
- 2023년
  - A철도사 : $\frac{768,776}{2,731}$ ≒ 281.5천 명/연/1량
  - B철도사 : $\frac{24,746}{111}$ ≒ 222.94천 명/연/1량
  - C철도사 : $\frac{33,130}{185}$ ≒ 179.08천 명/연/1량
- 2024년
  - A철도사 : $\frac{755,376}{2,710}$ ≒ 278.74천 명/연/1량
  - B철도사 : $\frac{23,686}{113}$ ≒ 209.61천 명/연/1량
  - C철도사 : $\frac{34,179}{185}$ ≒ 184.75천 명/연/1량

따라서 2022～2024년의 차량 1량당 연간 승차인원 수는 C철도사가 가장 적으므로 3년간 차량 1량당 연간 평균 승차인원 수 또한 C철도사가 가장 적다.

오답분석

① 2022～2024년의 C철도사의 차량 수는 185량으로 변동이 없다.
② 2022～2024년의 C철도사의 차량 1량당 연간 승차인원 수는 각각 192.7천 명, 179.08천 명, 184.75천 명이므로 모두 200천 명 미만이다.

④ A ~ C철도사의 전체 연간 승차인원 수는 각각 다음과 같다.
- 2022년 : 775,386+26,350+35,650=837,386천 명
- 2023년 : 768,776+24,746+33,130=826,652천 명
- 2024년 : 755,376+23,686+34,179=813,241천 명

따라서 A ~ C철도사를 이용하는 연간 전체 승차인원 수는 매년 감소하였다.
⑤ 2022 ~ 2024년의 연간 승차인원 비율은 모두 A철도사가 가장 높다.

06

정답 ③

논 면적이 가장 많이 감소한 해는 213−193=20ha 감소한 2016년이지만, 20kg당 쌀값이 가장 비싼 해는 2023년이다.

오답분석

① 조사 기간 동안 논 면적은 매년 감소하고 있다.
② 2019 ~ 2023년 5년 연속으로 20kg당 쌀값이 상승하였다.
④ 2015년과 2020년의 전체 쌀값이 A원으로 같다면 논 1ha당 수확한 쌀의 무게는 $\frac{20\text{A}}{(\text{논 면적})\times(20\text{kg당 쌀값})}$kg이다.
- 2015년 : $\frac{20\text{A}}{213\times44{,}000}=\frac{\text{A}}{468{,}600}$kg/ha
- 2020년 : $\frac{20\text{A}}{173\times45{,}000}=\frac{\text{A}}{389{,}250}$kg/ha

따라서 1ha당 수확한 쌀의 양은 2020년이 더 많다.
⑤ 논 1ha당 수확 가능한 쌀의 무게를 $a$kg이라고 하면 2017년과 2022년의 전체 쌀값은 각각 다음과 같다.
- 2017년 : $\frac{a\times187\times37{,}500}{20}=350{,}625a$원
- 2022년 : $\frac{a\times166\times50{,}000}{20}=415{,}000a$원

따라서 2022년의 전체 쌀값이 더 비싸다.

07

정답 ①

2022년을 제외한 모든 조사 연도에서 제품의 가격이 증가하였다.
- 2021년 전년 대비 가격 증가율 : $\frac{230-200}{200}\times100=15\%$
- 2023년 전년 대비 가격 증가율 : $\frac{250-215}{215}\times100≒16.28\%$
- 2024년 전년 대비 가격 증가율 : $\frac{270-250}{250}\times100=8\%$

따라서 2023년에 가격 증가율이 가장 크다.

오답분석

② 인건비는 55 → 64 → 72 → 85 → 90으로 꾸준히 증가했다.
③ 재료비와 수익 모두 '증가 – 감소 – 증가 – 증가'이므로 증감 추이는 같다.
④ 재료비와 인건비 모두 '증가 – 증가'이므로 증감 추이는 같다.
⑤ 재료비의 상승폭은 2023년에 11(99 → 110)로 가장 크고, 가격의 상승폭도 2023년에 35(215 → 250)로 가장 크다.

08

정답 ③

장르별 2016년 대비 2024년 공연건수의 증가율은 다음과 같다.
- 양악 : $\frac{4{,}628-2{,}658}{2{,}658}\times100≒74\%$
- 국악 : $\frac{2{,}192-617}{617}\times100≒255\%$
- 무용 : $\frac{1{,}521-660}{660}\times100≒130\%$
- 연극 : $\frac{1{,}794-610}{610}\times100≒194\%$

따라서 2016년 대비 2024년 공연건수의 증가율이 가장 높은 장르는 국악이다.

오답분석

① 2022년의 무용 공연건수가 제시되어 있지 않으므로 판단할 수 없다.
② 2020년과 2023년에는 연극 공연건수가 국악 공연건수보다 더 많았다.
④ 2023년 대비 2024년에 공연건수가 가장 많이 증가한 장르는 양악이다.
⑤ 2022년에는 무용 공연건수 자료가 집계되지 않았으므로 양악의 공연건수가 다른 공연건수의 합보다 많은지 적은지 판단할 수 없다.

09

정답 ②

생산이 증가한 해에는 내수와 수출 모두 증가했다.

오답분석

① 수출이 증가한 해는 2020년, 2023년, 2024년으로, 생산과 내수 모두 증가했다.
③ 2022년이 해당한다.
④ 제시된 자료에서 ▽는 감소수치를 나타내고 있으므로 옳다.
⑤ 내수가 가장 큰 폭으로 증가한 해는 2022년으로 생산과 수출 모두 감소했다.

10

정답 ①

영국은 2020년에는 두 번째, 2021년에는 네 번째, 2022년에는 세 번째, 2023년에는 첫 번째, 2024년에는 두 번째로 물가가 높다.

오답분석

② 2020 ~ 2024년 동안 헝가리의 물가수준은 86 → 85 → 72 → 75 → 91로 가장 낮다.
③ 2024년 한국보다 물가수준이 높은 나라는 일본, 프랑스, 캐나다, 미국, 독일, 영국 6개국이다.
④ 전년 대비 2023년 한국과 프랑스의 물가변동률은 0%로 같다.
⑤ 129 → 128로 약간 하락하였다.

11

정답 ①

한국의 2022년 가구당 월간 전기요금은 200×320=64,000원이고, 2023년은 192×335=64,320원이다. 따라서 2023년의 월간 전기요금이 320원 더 높으므로 옳지 않은 내용이다.

오답분석

② 2023 ~ 2024년 한국의 주택용 전기요금은 전년 대비 감소하고, 월간 주택용 전기사용량은 전년 대비 증가한다. 따라서 2023 ~ 2024년 한국의 주택용 전기요금과 월간 주택용 전기사용량의 증감 추이는 반대이다.

③ 2023년 주택용 전기요금이 가장 높은 국가는 일본이며, 같은 해 월간 주택용 전기사용량이 적은 순서는 '한국 – 일본 – 프랑스 – 미국'으로 일본이 두 번째로 적다.

④ 2022 ~ 2024년 주택용 전기요금이 가장 낮은 국가는 미국이며, 미국의 주택용 월간 전기사용량은 네 국가 중 가장 많다.

⑤ 2023년 일본과 프랑스의 월간 전기사용량의 차이는 $\frac{366-341}{341}\times 100 \fallingdotseq 7.33\%$이므로 5% 이상 더 사용하였다.

12

정답 ②

사교육비와 참여율의 변화 양상이 동일한 지역은 부산(감소, 증가), 대전(감소, 감소), 세종(유지, 증가), 강원(감소, 증가), 전남(감소, 증가), 경북(증가, 감소)으로 총 6곳이다.

오답분석

① 서울・경기 지역은 2023 ~ 2024년에 모든 항목에서 1・2위를 차지하고 있으므로, 전국 수치 이상을 보여주고 있다.

③ 2023년 대비 2024년 사교육비가 감소한 지역의 수는 5곳(광주, 대전, 울산, 충남, 경북)이고, 참여율이 감소한 지역의 수는 5곳(서울, 대전, 경기, 경북, 경남) 5곳으로 같다.

④ 2023년 사교육비가 가장 높은 지역은 서울(33.5만 원)이고, 가장 낮은 지역은 전남(16.4만 원)이다. 따라서 두 지역의 사교육비 차이는 33.5−16.4=17.1만 원이다.

⑤ 2024년 사교육 참여율이 가장 높은 지역은 서울(74.2%)이고, 가장 낮은 지역은 전남(59.6%)이다. 따라서 두 지역의 참여율 차이는 74.2−59.6=14.6%p이다.

13

정답 ⑤

• 남성 : $11.1\times 3=33.3>32.2$
• 여성 : $10.9\times 3=32.7<34.7$

따라서 남성의 경우 국가기관에 대한 선호 비율이 공기업 선호 비율의 3배보다 작다.

오답분석

① 국가기관은 모든 기준에서 선호 비율이 가장 높다.

② 3%, 2.6%, 2.5%, 2.1%, 1.9%, 1.7%로 가구소득이 많을수록 중소기업을 선호하는 비율이 줄어들고 있다.

③ 학력별 공기업을 선호하는 비중이 가장 높은 학력은 14.4%로 대학교 재학이다.

④ 연령별 세 번째로 선호하는 직장은 모두 전문직 기업이다.

14

정답 ⑤

기타 행정구역을 제외하고 명승이 없는 행정구역 수는 4곳이며, 국가무형문화재가 없는 행정구역 수도 4곳으로 같다.

오답분석

① 문화재가 없는 경우를 제외하고 등록문화재가 가장 적은 행정구역은 6건인 울산이다.

② 전남의 국가무형문화재가 전체 국가무형문화재에서 차지하는 비율은 $\frac{15}{138}\times 100 \fallingdotseq 10.9\%$이다.

③ 지정문화재 중에서 명승이 가장 많은 행정구역은 25건인 강원이다.

④ 서울의 국보가 전체 국보에서 차지하는 비율은 $\frac{164}{331}\times 100 \fallingdotseq 49.5\%$이며, 서울의 보물이 전체 보물에서 차지하는 비율은 $\frac{682}{2,106}\times 100 \fallingdotseq 32.4\%$이다.

15

정답 ③

2019년 노령연금 수급자 대비 유족연금 수급자 비율은 $\frac{485,822}{2,748,455}\times 100 \fallingdotseq 17.7\%$이며, 2021년 노령연금 수급자 대비 유족연금 수급자 비율은 $\frac{563,996}{2,947,422}\times 100 \fallingdotseq 19.1\%$이므로 2021년이 더 높다.

오답분석

① 조사 기간 동안 유족연금 수급자 수는 매년 증가했다.

② $\frac{563,996}{2,947,422}\times 100 \fallingdotseq 19.1\%$이므로 20% 미만이다.

④ 전년 대비 2021년에는 346명, 2022년에는 301명이 증가했다. 따라서 가장 많이 증가한 해는 2021년이다.

⑤ 2024년 장애연금 수급자와 노령연금 수급자 수의 차이는 3,706,516−75,486=3,631,030명으로 가장 크다.

16

정답 ①

제시된 자료는 상품의 가격 변동을 수치화한 것으로, 각 상품의 가격은 알 수 없다.

오답분석

② 자장면 물가지수의 2020년 대비 2024년 증가지수는 115−100=15로 가장 가격이 많이 오른 음식이다.
③ 설렁탕은 2015년에 물가지수가 가장 낮은 품목이며, 2020년 세 품목의 물가지수는 100으로 동일하다. 따라서 설렁탕이 2015년부터 2020년까지 가격이 가장 많이 오른 음식이다.
④ 세 품목의 2020년 물가지수 100이 기준이기 때문에 2024년에 물가지수가 높은 순서대로 가격 상승률이 높았다. 따라서 2020년 대비 2024년은 '자장면, 설렁탕, 커피' 순으로 가격 상승률이 높았다.
⑤ 제시된 자료를 보면 세 품목이 모두 2020년에 물가지수 100을 나타낸다. 따라서 제시된 모든 품목의 소비자 물가지수는 2020년 물가를 100으로 하여 등락률을 산정했다.

17

정답 ④

2021 ~ 2024년 영업용으로 등록된 특수차의 전년 대비 증가량은 각각 다음과 같다.

- 2021년 : 59,281−57,277=2,004대
- 2022년 : 60,902−59,281=1,621대
- 2023년 : 62,554−60,902=1,652대
- 2024년 : 62,946−62,554=392대

따라서 마지막 문단에 제시된 영업용으로 등록된 특수차의 수에 따라 2021 ~ 2024년 전년 대비 증가량 중 2021년과 2024년의 전년 대비 증가량이 제시된 보고서보다 높다.

오답분석

① 자가용으로 등록된 연도별 특수차 수는 각각 다음과 같다.
  - 2020년 : 2만 대
  - 2021년 : 2.4만 대
  - 2022년 : 2.8만 대
  - 2023년 : 3만 대
  - 2024년 : 3.07만 대

  따라서 두 번째 문단에 제시된 자가용으로 등록된 연도별 특수차 수와 일치한다.
② 두 번째 문단에 제시된 자가용으로 등록된 연도별 승용차 수와 일치한다.
③ 마지막 문단에 제시된 영업용으로 등록된 연도별 특수차 수와 일치한다.
⑤ 세 번째 문단에 제시된 관용차로 등록된 연도별 승합차 수와 일치한다.

18

정답 ①

㉠ 자체 재원조달금액 중 국내투자에 사용되는 금액이 차지하는 비중은 $\frac{2,682}{4,025}\times100≒66.6\%$이므로 옳은 설명이다.
㉡ 해외재원은 국내투자분이 0이므로 옳은 설명이다.

오답분석

㉢ 국내재원 중 정부조달금액이 차지하는 비중은 $\frac{2,288}{6,669}\times100≒34.3\%$이므로 40% 미만이다.
㉣ 국내재원 중 해외투자금액 대비 국내투자금액의 비율을 구하면 $\frac{5,096}{1,573}\times100≒324.0\%$이므로 3배 이상이다.

19

정답 ④

㉠ 대도시 간 예상 최대 소요시간은 모든 구간에서 주중이 주말보다 적게 걸림을 알 수 있다.
㉡ 주중 전국 교통량 중 수도권에서 지방으로 가는 교통량의 비율은 $\frac{4}{40}\times100=10\%$이다.
㉣ 서울 – 광주 구간 주중 소요시간과 서울 – 강릉 구간 주말 소요시간은 3시간으로 같다.

오답분석

㉢ 지방에서 수도권으로 가는 주말 예상 교통량은 주중 예상 교통량의 $\frac{3}{2}=1.5$배이다.

20

정답 ④

㉡ B작업장은 생물학적 요인에 해당하는 바이러스의 사례 수가 가장 많다.
㉢ 화학적 요인에 해당하는 분진은 집진 장치를 설치하여 예방할 수 있다.

오답분석

㉠ A작업장은 물리적 요인(소음, 진동)에 해당하는 사례 수가 6건으로 가장 많다.

제4영역 창의수리

01	02	03	04	05	06	07	08	09	10
②	①	④	③	③	④	③	①	④	④
11	12	13	14	15	16	17	18	19	20
②	①	②	②	⑤	②	②	③	⑤	③

01

정답 ②

앞의 항에 +1.2, ÷2가 반복되는 수열이다.
따라서 ( )=1.1+1.2=2.3이다.

02

정답 ①

기차의 길이를 xm라고 하면 기차의 속력에 대해 다음과 같은 식이 성립한다.

$\frac{480+x}{36}=\frac{600+x}{44}$

→ $11\times(480+x)=9\times(600+x)$

→ $2x=120$

∴ $x=60$

따라서 기차의 길이는 60m이므로 기차의 속력은 $\frac{480+60}{36}=$ 15m/s이다.

03

정답 ④

n을 자연수라고 하면 n항과 $(n+1)$항의 역수를 곱한 값이 $(n+2)$항인 수열이다.

따라서 ( )$=\frac{9}{2}\times\frac{81}{20}=\frac{729}{40}$이다.

04

정답 ③

50원, 100원, 500원짜리 동전의 개수를 각각 x개, y개, z개라고 하면 다음과 같은 식이 성립한다.

$x+y+z=14$ ⋯ ㉠

$50x+100y+500z=2,250$ → $x+2y+10z=45$ ⋯ ㉡

㉠과 ㉡을 연립하면 다음과 같은 식이 성립한다.

$y+9z=31$ ⋯ ㉢

이때 ㉠의 조건에 의해 ㉢을 만족하는 경우는 $y=4$, $z=3$이다.
이를 ㉠에 대입하면 $x=7$이다.
따라서 50원짜리는 7개, 100원짜리는 4개, 500원짜리는 3개이다.

05

정답 ③

나열된 수를 각각 A, B, C라고 하면

$\underline{A\ B\ C} \rightarrow A^B=C$

따라서 $4^4=256$이므로 ( )=4이다.

06

정답 ④

아버지의 자리가 결정되면 그 맞은편은 어머니 자리로 고정된다. 어머니와 아버지의 자리가 고정되므로 아버지의 자리를 고정 후 남은 4자리는 어떻게 앉아도 같아지는 경우가 생기지 않는다. 따라서 자리에 앉는 경우의 수는 4!=24가지이다.

07

정답 ③

(분자)+(분모)=500인 수열이다.

따라서 19+481=500이므로 ( )$=\frac{19}{481}$이다.

08

정답 ①

퍼낸 소금물의 양을 xg이라고 하면 다음과 같은 식이 성립한다.

$\frac{6}{100}\times700-\frac{6}{100}x+\frac{13}{100}x=\frac{9}{100}\times700$

→ $4,200-6x+13x=6,300$

→ $7x=2,100$

∴ $x=300$

따라서 퍼낸 소금물의 양은 300g이다.

09

정답 ④

앞의 항에 +10, −8이 반복되는 수열이다.
따라서 ( )=13+10=23이다.

10

정답 ④

증발시킨 물의 양을 xg이라고 하면 다음과 같은 식이 성립한다.

$\frac{10}{100}\times300=\frac{30}{100}\times(300-x)$

→ $300=900-3x$

→ $3x=600$

∴ $x=200$

따라서 증발시킨 물의 양은 200g이다.

11
정답 ②

한 숙소에 4명씩 잤을 때의 신입사원 수는 $4a+8=b$명이고, 한 숙소에 5명씩 잤을 때의 신입사원 수는 $5(a-6)+4=b$명이므로 다음과 같은 식이 성립한다.

$4a+8=5(a-6)+4$

$\therefore a=34$

$b=34\times4+8=144$

따라서 $b-a=144-34=110$이다.

12
정답 ①

- 7명의 학생이 원탁에 앉는 경우의 수 : $(7-1)!=6!$가지
- 7명의 학생 중 여학생 3명이 원탁에 이웃해서 앉는 경우의 수 : $(5-1)!\times3!$가지

따라서 구하고자 하는 확률은 $\frac{4!\times3!}{6!}=\frac{1}{5}$이다.

13
정답 ②

60%를 저축하는 기간을 n개월이라고 하자. 이때 50%를 저축하는 기간은 $(12-n)$개월이 되므로 다음과 같은 식이 성립한다.

$270\times0.5\times(12-n)+270\times0.6\times n\geq1,800$

$\rightarrow 27n+1,620\geq1,800$

$\rightarrow 27n\geq180$

$\therefore n\geq6.66\cdots$

그러므로 L사원은 최소 7개월을 60% 비율로 저축해야 한다.

14
정답 ②

전개도를 접어 입체도형을 만들었을 때 마주보는 면에 적혀 있는 수의 합이 일정한 규칙이다. 왼쪽 전개도는 마주보는 면의 수의 합이 8, 오른쪽 전개도는 6이다.

따라서 ( )$=6-3=3$이다.

15
정답 ⑤

분자는 $+3$, $+2$, $+1$, 0, -1, …, 분모는 -7, -6, -5, -4, -3, …인 수열이다.

따라서 ( )$=\frac{33+0}{340-4}=\frac{33}{336}$이다.

16
정답 ②

학교에서 도서관까지의 거리를 $x$km라고 하자.

$\frac{x}{40}=\frac{x}{45}+\frac{1}{6}$

$\rightarrow 9x-8x=60$

$\therefore x=60$

따라서 학교에서 도서관까지의 거리는 60km이다.

17
정답 ②

A가 1시간 동안 정리할 수 있는 면적을 $x\text{m}^2$라고 하면 B가 1시간 동안 정리할 수 있는 면적은 $\frac{2}{3}x\text{m}^2$이므로 다음과 같은 식이 성립한다.

$\left(x+\frac{2}{3}x\right)\times5=100$

$\rightarrow \frac{5}{3}x=20$

$\therefore x=12$

따라서 A가 1시간 동안 정리할 수 있는 면적은 12m^2이다.

18
정답 ③

나열된 수를 각각 A, B, C라고 하면

$\underline{A\ B\ C}\rightarrow(A+B)\times2=C$

따라서 ( )$=(2+4)\times2=12$이다.

19
정답 ⑤

작년 A제품의 생산량을 x개, B제품의 생산량을 y개라고 하면 다음과 같은 식이 성립한다.

$x+y=1,000\cdots$㉠

$\frac{10}{100}\times x-\frac{10}{100}\times y=\frac{4}{100}\times1,000 \rightarrow x-y=400\cdots$㉡

㉠과 ㉡을 연립하면 $x=700$, $y=300$이다.

따라서 올해에 생산된 A제품은 $700\times1.1=770$개이다.

20
정답 ③

정육면체는 면이 6개이고 회전이 가능하므로 윗면을 기준면으로 삼았을 때 색을 칠하는 경우의 수는 각각 다음과 같다.

- 기준면에 색을 칠하는 경우의 수 : 6가지
- 아랫면에 색을 칠하는 경우의 수 : $6-1=5$가지
- 옆면에 색을 칠하는 경우의 수 : $(4-1)!=3!=6$가지

따라서 $6\times5\times6=180$가지의 서로 다른 정육면체를 만들 수 있다.

LG그룹 온라인 적성검사

2일 차 기출응용 모의고사 정답 및 해설

제1영역 언어이해

01	02	03	04	05	06	07	08	09	10
⑤	⑤	③	④	①	③	⑤	⑤	⑤	④
11	12	13	14	15	16	17	18	19	20
④	③	④	④	②	④	⑤	④	⑤	③

01

정답 ⑤

제시문은 부모 사망 시 장애인 자녀의 안정적인 생활을 위해 가입할 수 있는 보험과 그와 관련된 세금 혜택 그리고 부모 및 그 밖의 가족들의 재산 증여 시 받을 수 있는 세금 혜택에 대해 다루고 있다. 따라서 제목으로 가장 적절한 것은 ⑤이다.

오답분석

① 제시문은 부모 사망 시 장애인 자녀가 직면한 상속의 어려움에 대해 언급하고 있지만, 구체적으로 유산 상속 과정을 다루고 있지는 않다.
② 제시문은 부모 사망 시 장애인 자녀가 받을 수 있는 세금 혜택을 다루고는 있으나, 단순히 '혜택'이라고 명시하기에는 제목이 포괄적이므로 적절하지 않다.
③ 제시문은 부모 사망 시 장애인 자녀가 직면한 상속의 어려움과 생활 안정 방안에 대해 다루고 있으므로 '사회적 문제'는 전체적인 제목으로 보기에는 적절하지 않다.
④ 제시문은 부모 사망 시 장애인 자녀가 받는 보험 혜택과 증여세 혜택보다는 수령하는 보험금에 있어서의 세금 혜택과 보험금을 어떻게 수령하여야 장애인 자녀의 생활 안정에 유리한지, 또 상속세 및 증여세법에 의해 받는 세금 혜택이 무엇인지에 대해 다루고 있으므로 글의 내용 전체를 담고 있지 않아 적절하지 않다.

02

정답 ⑤

제시문은 근대건축물이 방치되고 있는 상황과 함께 지속적인 관리의 필요성을 설명하고 있다. 또한 기존 관리체계의 한계점을 지적하며, 이를 위한 해결책으로 공공의 역할을 강조하고 있다.

03

정답 ③

종교적·주술적 성격의 동물은 대개 초자연적인 강대한 힘을 가지고 인간 세계를 지배하거나 수호하는 신적인 존재이다.

오답분석

① 미술 작품 속에 등장하는 동물에는 해태나 봉황 등 인간의 상상에서 나온 동물도 있다.
② 미술 작품에 등장하는 동물은 성격에 따라 구분할 수 있으나, 이 구분은 엄격한 것이 아니다.
④ 인간의 이지가 발달함에 따라 신적인 기능이 감소한 종교적·주술적 동물은 신이 아닌 인간에게 봉사하는 존재로 전락한다.
⑤ 신의 위엄을 뒷받침하고 신을 도와 치세의 일부를 분담하기 위해 이용되는 동물들은 현실 이상의 힘을 가진다.

04

정답 ④

세 번째 문단에서 '상품에 응용된 과학 기술이 복잡해지고 첨단화되면서 상품 정보에 대한 소비자의 정확한 이해도 기대하기 어려워졌다.'는 내용을 통해 알 수 있다.

05

정답 ①

제시문의 논지는 '자유로부터의 도피'이며, 크게 '사회적 제약으로부터 거리를 확보하면 새로운 도전에 노출된다.'는 원인과 '따라서 도전에서 벗어나기 위해서는 자유로부터의 도피를 감행하게 된다.'는 결과로 구성되었다.

06

정답 ③

마지막 문단을 통해 로렌츠 곡선의 가로축은 누적 인구 비율, 세로축은 소득 누적 점유율을 나타낸다는 것을 알 수 있다.

07

정답 ⑤

시민단체들은 농부와 노동자들이 스스로 조합을 만들어 환경친화적으로 농산물을 생산하도록 교육하고 이에 필요한 자금을 지원하는 역할을 했을 뿐, 이들이 농산물을 직접 생산하고 판매한 것은 아니다.

08
정답 ⑤

첫 번째 문단은 글의 도입부라 볼 수 있다. 마지막 문단의 첫 번째 문장은 제시문의 주제문으로, 이에 이어서 서구와의 비교를 통해 연고주의의 장점을 강화하고 있다.

09
정답 ⑤

스토리슈머는 소비자의 구매 요인이 기능에서 감성 중심으로 이동함에 따라 이야기를 소재로 하는 마케팅의 중요성이 늘어난 것을 반영한다. 따라서 스토리슈머 마케팅은 현재 소비자들의 구매 요인을 파악한 마케팅 방안이라는 것을 추론할 수 있다.

10
정답 ④

첫 번째와 두 번째 문단에서 EU가 철제 다리 덫 사용을 금지하는 나라의 모피만 수입하기로 결정한 내용과 동물실험을 거친 화장품의 판매 금지 법령이 WTO의 영향을 받아 실행되지 못한 예가 제시되고 있다. 따라서 ④의 추론은 적절하다.

11
정답 ④

제시문에 따르면 신약 개발의 전문가가 되기 위해서는 해당 분야에서 오랫동안 연구한 경험이 필요하므로 석사나 박사 학위를 취득하는 것이 유리하다고 하였다. 그러나 석사나 박사 학위가 신약 개발 전문가가 되는 데 도움을 준다는 것일 뿐이므로 반드시 필요한 필수 조건인지는 알 수 없다. 따라서 ④는 제시문을 통해 추론할 수 없다.

오답분석

① 제약 연구원은 약을 만드는 모든 단계에 참여한다고 하였으므로 일반적으로 약을 만드는 과정에 포함되는 약품 허가 요청 단계에도 제약 연구원이 참여하는 것을 알 수 있다.
② 오늘날 제약 분야가 성장함에 따라 도전 의식, 호기심, 탐구심 등도 제약 연구원에게 필요한 능력이 되었다고 하였으므로 과거에 비해 요구되는 능력이 많아졌음을 알 수 있다.
③ 약학 전공자 이외에도 생명 공학·화학 공학·유전 공학 전공자들이 제약 연구원으로 활발하게 참여하고 있다고 하였다.
⑤ 일반적으로 제약 연구원이 되기 위해서는 약학을 전공해야 한다고 생각하기 쉽다고 하였으므로 제약 연구원에 대한 정보가 부족한 사람이라면 약학을 전공해야만 제약 연구원이 될 수 있다고 생각할 수 있다.

12
정답 ③

세 번째 문단의 첫 번째 문장에서 '전자 감시는 파놉티콘의 감시 능력을 전 사회로 확장했다.'고 하였으므로, 정보 파놉티콘은 발전된 감시 체계라고 할 수 있다. 따라서 종국에는 감시 체계 자체를 소멸시킬 것이라는 추론은 적절하지 않다.

13
정답 ④

판소리의 3요소를 설명하고 있는 (다)가 먼저 제시된 후 '창'과 '아니리', '발림'에 대해서 설명하는 (가)와 (라)가 이어지는 것이 적절하다. 다음으로 고수에 대해 소개하는 (마)가 나오는 것이 적절하며 고수에 대해 설명하는 (나)가 이어져야 한다. 따라서 (다) – (가) – (라) – (마) – (나) 순서로 나열되어야 한다.

14
정답 ④

(나)는 '다원주의적 문화 정체성'에 관해 긍정적으로 평가하며 반드시 필요한 것이라고 하였으므로 영어 공용화 국가를 긍정적 측면에서 설명하는 (다)의 뒤에 오는 것이 자연스럽다. 그리고 (마)는 영어 공용화 국가의 예시에 해당하므로 (나)의 뒤에 이어져야 하며, (가)의 '이'는 싱가포르인들의 다양한 민족어 수용정책을 뜻하므로 (마) 다음에 배치해야 한다. 또한 (라)는 영어 공용화 국가와 대비되는 단일 민족 단일 모국어 국가의 예로 한국을 들며 또 다른 화제를 제시하고 있으므로 가장 마지막에 배치되어야 한다. 따라서 (다) – (나) – (마) – (가) – (라) 순서로 나열되어야 한다.

15
정답 ②

아리스토텔레스에 따르면 스스로 결정하는 일에 참여할 때 교육적 효과가 가장 두드러진다. 따라서 빈칸에는 도덕적 결정의 상황에 실제로 참여해 보는 직접적 경험이 중요하다는 내용의 ②가 들어가는 것이 가장 적절하다.

16
정답 ④

알려지지 않은 것에서는 위험, 불안정, 걱정, 공포감이 뒤따라 나오기 때문에 우리 마음의 불안한 상태를 없애고자 한다면 알려지지 않은 것을 알려진 것으로 환원해야 한다. 이러한 환원은 우리 마음을 편하게 해주고 만족하게 한다. 이 때문에 우리는 이미 알려진 것, 체험된 것, 기억에 각인된 것을 원인으로 설정하게 되고, 낯설고 체험하지 않았다는 느낌을 빠르게 제거해 버려 특정 유형의 설명만이 남아 우리의 사고방식을 지배하게 만든다. 따라서 빈칸에는 낯설고 체험하지 않았다는 느낌을 제거해 버린다는 내용의 ④가 들어가는 것이 가장 적절하다.

17
정답 ⑤

제시문의 내용은 청나라에 맞서 싸우자는 척화론이다. ⑤는 척화론과 동일한 주장을 하고 있으므로 비판 내용으로 적절하지 않다.

18

정답 ④

제시문은 산업혁명을 거치면서 일자리가 오히려 증가했으므로 로봇 사용으로 일자리가 줄어들 가능성은 낮다고 말한다. 그러나 보기에서는 로봇 사용으로 인한 일자리 대체 규모가 기하급수적으로 커져 인간의 일자리는 줄어들 것이라고 말한다. 로봇 사용으로 인한 일자리의 증감에 대해 정반대로 예측하는 것이다. 따라서 보기의 내용을 근거로 제시문을 반박하려면 제시문의 예측에 문제가 있음을 지적해야 하므로 ④가 적절하다.

19

정답 ⑤

마지막 문단에서는 UPS 사용 시 배터리를 일정 주기에 따라 교체해 주어야 한다고 이야기하고 있을 뿐, 배터리 교체 방법에 대해서는 알 수 없다.

오답분석

① 두 번째 문단에 따르면 UPS는 일종의 전원 저장소로, 갑작스러운 전원 환경의 변화로부터 기업의 서버를 보호한다.
② 첫 번째 문단에 따르면 일관된 전력 시스템의 필요성이 높아짐에 따라 큰 손실과 피해를 야기할 수 있는 급격한 전원 환경의 변화를 방지할 수 있는 UPS가 많은 산업 분야에서 필수적으로 요구되고 있다.
③ 세 번째 문단에 따르면 UPS를 구매할 때는 용량을 고려하여 필요 용량의 1.5배 정도인 UPS를 구입하는 것이 적절하다.
④ 마지막 문단에 따르면 가정용 UPS에 사용되는 MF배터리의 수명은 1년 정도이므로 이에 맞춰 주기적인 교체가 필요하다.

20

정답 ③

③은 교환되는 내용이 양과 질의 측면에서 정확히 대등하지 않기 때문에 비대칭적 상호주의의 예시로 적절하다.

제2영역 언어추리

01	02	03	04	05	06	07	08	09	10
③	④	①	③	①	③	①	⑤	④	③
11	12	13	14	15	16	17	18	19	20
③	②	②	③	⑤	⑤	④	②	④	⑤

01

정답 ③

'날씨가 좋음'을 p, '야외활동을 함'을 q, '행복함'을 r이라고 하면, 제시된 명제는 순서대로 $p \rightarrow q$, $\sim p \rightarrow \sim r$이다. 두 명제를 연결하면 $r \rightarrow p \rightarrow q$이므로 $r \rightarrow q$, $\sim q \rightarrow \sim r$이 성립한다. 따라서 빈칸에 들어갈 명제는 ③이다.

02

정답 ④

'비가 옴'을 p, '한강 물이 불어남'을 q, '보트를 탐'을 r, '자전거를 탐'을 s라고 하면, 제시된 명제는 순서대로 $p \rightarrow q$, $\sim p \rightarrow \sim r$, $\sim s \rightarrow q$이며, 앞의 두 명제를 연결하면 $r \rightarrow p \rightarrow q$이다. 마지막 명제 $\sim s \rightarrow q$가 성립하기 위해서는 $\sim s \rightarrow r$이라는 명제가 추가로 필요하다. 따라서 빈칸에 들어갈 명제는 ④이다.

03

정답 ①

제시된 명제는 전자기술이 발전하여 휴대나 가독성 등의 문제를 해결하고 조그만 칩 하나에 수백 권 분량의 정보가 기록될 것이라고 서술하고 있다. 따라서 일반화할 수 있는 결론으로 '컴퓨터는 종이책을 대신할 것이다.'가 가장 적절하다.

04

정답 ③

네 번째와 마지막 명제를 통해서 '낮잠 자기를 좋아하는 사람은 스케이팅을 좋아하고, 스케이팅을 좋아하는 사람은 독서를 좋아한다.'는 명제를 얻을 수 있다. 이 명제를 한 문장으로 연결하면 '낮잠 자기를 좋아하는 사람은 독서를 좋아한다.'이다.

05

정답 ①

C, D, E의 진술이 연관되어 있고 2명만 진실을 말하고 있다고 하였으므로 C, D, E의 진술은 거짓이고 A, B의 진술이 참이다.

오답분석

②·③·④·⑤ 서로 진실을 말하고 있다는 C와 D의 진술은 동시에 참이 되거나 거짓이 되어야 한다.

06

정답 ③

우선 이 문제는 일반 논리 문제들과 다르게 각 명제가 길다. 하지만 자세히 보면 각 직원에 대한 명제들에서 모두 기존부서와 이동부서가 동일하다. 즉, 직원의 이름을 기준으로 하나의 명제로 보면 되는 것이지, 굳이 기존부서와 이동부서까지 나눌 필요가 없음을 알아차려야 한다.
그러므로 각 직원이 '○부서에서 □부서로 이동하였다.'는 것을 '이동하였다.'라고 줄여서 생각하면 된다.
네 번째 정보에 따르면 C는 이동하며, 첫 번째 정보의 대우 명제에 따라 A는 이동하지 않는다.
그러면 세 번째 정보의 대우 명제에 따라 B도 이동하지 않는다.
마지막 정보에 따라 E, G는 이동한다.
두 번째 정보의 경우, '□하는 경우에만 ○한다.'는 명제의 경우, '○ → □'으로 기호화할 수 있으므로 D는 이동하지 않음을 알 수 있다.
그리고 다섯 번째 정보에 따라 F는 이동한다.
따라서 이동하는 직원은 C, E, F, G이고, E는 기획재무본부가 아닌 도시재생본부로 이동한다.

07

정답 ①

'승우가 도서관에 간다.'를 A, '민우가 도서관에 간다.'를 B, '견우가 도서관에 간다.'를 C, '연우가 도서관에 간다.'를 D, '정우가 도서관에 간다.'를 E라고 하면 세 번째 명제부터 마지막 명제에 따라 '~D → E → ~A → B → C'가 성립한다. 또한 첫 번째 명제에 따라 정우는 금요일에 도서관에 간다.
따라서 금요일에 도서관에 가는 사람은 정우, 민우, 견우이다.

08

정답 ⑤

세 번째, 일곱 번째 조건에 의해 자전거 동호회에 참여한 직원은 남직원 1명이다. 또한 다섯 번째 조건에 의해 과장과 부장은 자전거 동호회 또는 영화 동호회에 참여하게 된다. 그중에서 여덟 번째 조건에 의해 부장은 영화 동호회에 참여하므로 과장은 자전거 동호회에 참여한다. 즉, 자전거 동호회에 참여한 직원의 성은 남자이고, 직급은 과장이다.
네 번째 조건에 의해 남은 여직원 1명이 영화 동호회에 참여하므로 영화 동호회에 참여한 직원의 성은 여자이고 직급은 부장이다.
남은 동호회는 농구, 축구, 야구, 테니스 동호회이고, 여섯 번째 조건에 의해 참여 인원이 없는 동호회가 2개이므로 어떤 동호회의 참여 인원은 2명이다. 마지막 조건에 의해 축구에 참여한 직원의 성은 남자이고, 여덟 번째 조건에 의해 야구 동호회에 참여한 직원의 성은 여자이며 직급은 주임이다. 또한, 일곱 번째 조건에 의해 야구 동호회에 참여한 직원 수는 1명이므로 남은 축구 동호회에 참여한 직원은 2명이고, 성은 남자이며 직급은 각각 대리와 사원이다.
따라서 참여 인원이 없는 동호회는 농구와 테니스로, ⑤는 적절하지 않다.

09

정답 ④

먼저 갑은 기획 업무를 선호하는데, 만약 민원 업무를 선호한다면 홍보 업무도 선호하게 되어 최소 3개 이상의 업무를 선호하게 된다. 그러므로 갑은 기획 업무만을 선호해야 한다. 다음으로 을은 민원 업무를 선호하므로 홍보 업무도 같이 선호함을 알 수 있는데, 3개 이상의 업무를 선호하는 사원이 없다고 하였으므로 을은 민원 업무와 홍보 업무만을 선호해야 한다.
또한 인사 업무만을 선호하는 사원이 있다고 하였으며(편의상 병), 홍보 업무를 선호하는 사원 모두가 민원 업무를 선호하는 것은 아니라고 하였으므로 이를 통해 홍보 업무를 선호하지만 민원 업무는 선호하지 않는 사원이 존재함을 알 수 있다(편의상 정).
이를 정리하면 다음과 같다.

구분	민원	홍보	인사	기획
갑	×	×		○
을	○	○	×	×
병	×	×	○	×
정	×	○		

ⓛ 을과 정을 통해 최소 2명은 홍보 업무를 선호함을 알 수 있다.
ⓒ 위 표에서 알 수 있듯이 모든 업무를 최소 1명 이상의 신입사원이 선호함을 알 수 있다.

오답분석

㉠ 민원, 홍보, 기획 업무는 갑과 을이 1명씩은 선호하고 있지만, 인사 업무에 대한 갑의 선호 여부는 알 수 없다.

10

정답 ③

C업체 정보가 참일 경우 나머지 미국과 서부지역 설비를 다른 업체가 맡아야 한다. 이때, 두 번째 정보에서 B업체의 설비 구축지역은 거짓이 되고, 첫 번째 정보와 같이 A업체가 맡게 되면 4개의 설비를 구축해야 하므로 A업체의 설비 구축계획은 참이 된다. 따라서 '장대리'의 말은 참이 됨을 알 수 있다.

오답분석

- 이사원 : A업체 정보가 참일 경우에 A업체가 설비를 3개만 맡는다고 하면, B나 C업체가 5개의 설비를 맡아야 하므로 나머지 정보는 거짓이 된다. 하지만 A업체가 B업체와 같은 곳의 설비 4개를 맡는다고 할 때, B업체 정보는 참이 될 수 있어 옳지 않다.
- 김주임 : B업체 정보가 거짓일 경우에 만약 6개의 설비를 맡는다고 하면, A업체는 나머지 2개를 맡게 되므로 거짓이 될 수 있다. 또한 B업체 정보가 참일 경우 똑같은 곳의 설비 하나씩 4개를 A업체가 구축해야 하므로 참이 된다.

11

정답 ③

을과 정은 상반된 이야기를 하고 있다. 만일 을이 참을, 정이 거짓을 말했다면 합격자는 병, 정이 되는데 합격자는 1명이어야 하므로 모순이다.
따라서 거짓을 말한 사람은 을이고, 합격자는 병이다.

12

정답 ②

성은이의 진술이 거짓이라면 민정이와 영재가 모두 진실을 말하거나 거짓을 말해야 하는데 민정이의 진술에서 모순이 발생한다. 따라서 성은이의 진술은 참이다.
만약 민정이가 진실을 말한다면 영재가 거짓, 세희가 진실, 준수가 거짓, 성은이의 '민정이와 영재 중 1명만 진실만을 말한다.'가 진실이 되면서 모든 조건이 성립한다.
반면, 만약 민정이가 거짓을 말한다면 영재가 진실, 세희가 거짓, 준수가 진실, 성은이의 '민정이와 영재 중 1명만 진실만을 말한다.'가 거짓이 되면서 모순이 생긴다.
따라서 거짓을 말한 사람은 영재와 준수이다.

13

정답 ②

제시된 명제를 기호화하여 정리하면 다음과 같다.
- ~A → B
- A → ~C
- B → ~D
- ~D → E

E가 행사에 참여하지 않는다고 하였으므로, 마지막 명제의 대우인 ~E → D에 따라 D가 행사에 참여한다. D가 행사에 참여하면 세 번째 명제의 대우인 D → ~B에 따라 B는 행사에 참여하지 않는다. 또한 B가 행사에 참여하지 않으면 첫 번째 명제의 대우에 따라 A가 행사에 참여하고, A가 행사에 참여하면 두 번째 명제에 따라 C는 행사에 참여하지 않는다.
따라서 E가 행사에 참여하지 않을 경우 행사에 참여 가능한 사람은 A와 D 2명이다.

14

정답 ③

김과장이 2주차 월요일에 단식을 했기 때문에, 1주차 토요일과 일요일은 반드시 세 끼 식사를 해야 한다. 또한 목요일은 업무약속으로 점심식사를 했으므로 단식을 할 수 없다.

구분	월	화	수	목	금	토	일
아침	○		○	○	○	○	○
점심				○		○	○
저녁				○		○	○

i) 월요일에 단식을 했을 경우
화・수요일은 세 끼 식사를 해야 한다. 그러면 금요일이 단식일이 되는데, 이 경우 네 번째 조건을 만족하지 못한다.
ii) 화요일(아침에 식사)에 단식을 했을 경우
월・수・목요일은 세 끼 식사를 해야 한다. 그러면 금요일이 단식일이 되는데, 이 경우 네 번째 조건을 만족하지 못한다.
iii) 화요일(저녁에 식사)에 단식을 했을 경우
월・수・목요일은 세 끼 식사를 해야 한다. 그러면 금요일이 단식일이고, 아침에 식사를 했으므로 모든 조건을 만족한다.

따라서 김과장은 화요일(저녁)과 금요일(아침)에 단식을 했다.

15

정답 ⑤

8조각으로 나누어져 있는 피자 3판을 6명이 같은 양만큼 나누어 먹으려면 한 사람당 $8 \times 3 \div 6 = 4$조각씩 먹어야 한다. A, B, E는 같은 양을 먹었으므로 A, B, E가 1조각, 2조각, 3조각, 4조각을 먹었을 경우로 나누어 볼 수 있다.

i) A, B, E가 1조각을 먹었을 경우
A, B, E를 제외한 나머지는 모두 먹은 양이 달랐으므로 D, F, C는 각각 4, 3, 2조각을 먹었을 것이다. 하지만 6조각이 남았다고 했으므로 $24-6=18$조각을 먹었어야 하는데 총 $1+1+1+4+3+2=12$조각이므로 옳지 않다.
ii) A, B, E가 2조각을 먹었을 경우
$2+2+2+4+3+1=14$조각이므로 옳지 않다.
iii) A, B, E가 3조각을 먹었을 경우
$3+3+3+4+2+1=16$조각이므로 옳지 않다.
iv) A, B, E가 4조각을 먹었을 경우
$4+4+4+3+2+1=18$조각이므로 A, B, E는 4조각씩 먹었음을 알 수 있다.

F는 D보다 적게 먹었으며, C보다는 많이 먹었다고 하였으므로 C가 1조각, F가 2조각, D가 3조각을 먹었다. 따라서 2조각을 더 먹어야 하는 사람은 현재 2조각을 먹은 F이다.

16

정답 ⑤

두 번째 조건에서 D는 A의 바로 왼쪽에 앉으며, 마지막 조건에서 B는 E의 바로 오른쪽에 앉으므로 'D－A', 'E－B'를 각각 한 묶음으로 생각할 수 있다. 세 번째・다섯 번째 조건에서 C는 세 번째 자리에 앉아야 하며, 네 번째 조건에 의해 'D－A'는 각각 첫 번째, 두 번째 자리에 앉아야 한다. 이를 정리하면 다음과 같다.

첫 번째	두 번째	세 번째	네 번째	다섯 번째
D	A	C	E	B

따라서 항상 참인 것은 ⑤이다.

17

정답 ④

갑과 병은 둘 다 참을 말하거나 거짓을 말하고, 을과 무의 진술이 모순이므로 둘 중 1명은 무조건 거짓을 말하고 있다.
만약 갑과 병이 거짓을 말하고 있다면 을과 무의 진술로 인해 거짓을 말하는 사람이 최소 3명이 되므로 조건에 맞지 않는다. 그러므로 갑과 병은 모두 진실을 말하고 있으며, 정은 갑의 진술과 어긋나므로 거짓을 말하고 있다.
거짓을 말하고 있는 나머지 1명은 을 또는 무인데, 을이 거짓을 말하는 경우 무의 진술에 의해 갑・을・무는 함께 무의 집에 있었던 것이 되므로 정이 범인이고, 무가 거짓말을 하는 경우에도 갑・을・무는 함께 출장을 가 있었던 것이 되므로 역시 정이 범인이 된다.
따라서 모든 경우에서 범인은 정이다.

18

정답 ②

마지막 조건에서 갑의 점수가 될 수 있는 경우는 빨강 2회, 노랑 2회, 검정 1회이거나 빨강 1회, 노랑 2회, 파랑 2회로 2가지이다. 그리고 병의 점수가 될 수 있는 경우를 정리하면 다음과 같다.

(단위 : 점)

구분	빨강	노랑	파랑	검정	총점
경우 1	–	–	1	4	5
경우 2	–	1	–	4	8
경우 3	1	–	–	4	10
경우 4	–	–	2	3	10

또한 을의 점수는 갑의 점수보다 높아야 하므로 빨강, 노랑에 각각 2회, 파랑에 1회로 41점인 경우가 된다. 나머지 경우는 빨강 또는 노랑에 3회를 맞혀야 하므로 다섯 번째 조건에 부합하지 않는다. 따라서 갑, 을, 병의 점수로 가능한 경우의 수는 총 $2\times4\times1=8$가지이다.

19

정답 ④

- 첫 번째 조건 : A가 받는 상여금은 75만 원이다.
- 두 번째, 네 번째 조건 : 'B의 상여금<C의 상여금', 'B의 상여금<D의 상여금<E의 상여금'이므로 B가 받는 상여금은 25만 원이다.
- 세 번째 조건 : C가 받는 상여금은 50만 원 또는 100만 원이다.

이를 정리하여 가능한 경우를 나타내면 다음과 같다.

구분	A	B	C	D	E
경우 1	75만 원	25만 원	50만 원	100만 원	125만 원
경우 2	75만 원	25만 원	100만 원	50만 원	125만 원

따라서 C의 상여금이 A보다 많은 경우는 경우 2로, 이때 B의 상여금(25만 원)은 C의 상여금(100만 원)의 25%이다.

오답분석

① 모든 경우에서 A를 제외한 나머지 4명의 상여금 평균은 $\frac{25+50+100+125}{4}$=75만 원이므로 A의 상여금과 같다.

② 모든 경우에서 A와 B의 상여금은 각각 75만 원, 25만 원이므로 A의 상여금이 반드시 B보다 많다.

③ C의 상여금은 경우 1에서 50만 원으로 두 번째로 적고, 경우 2에서 100만 원으로 두 번째로 많다.

⑤ C의 상여금이 D보다 적은 경우는 경우 1로, 이때 D의 상여금(100만 원)은 E의 상여금(125만 원)의 80%이다.

20

정답 ⑤

제시된 조건을 정리하면 다음과 같다.

구분	중국	러시아	일본
봄	–	홍보팀 D차장	–
여름	영업팀 C대리 (디자인팀 E사원)	–	–
가을	–	–	재무팀 A과장 개발팀 B부장
겨울	디자인팀 E사원 (영업팀 C대리)	–	–

중국에는 총 2명이 출장을 갈 수 있고, 각각 여름 혹은 겨울에 간다. 그러므로 중국에 갈 수 있는 C대리와 E사원 두 사람은 한 사람이 여름에 가면 한 사람이 겨울에 가게 된다. 따라서 제시된 조건에 따라 항상 참인 것은 ⑤이다.

오답분석

①·② 아무도 가지 않은 국가와 계절은 없으므로 홍보팀 D차장은 혼자서 러시아로 출장을 간다.

③·④ 함께 일본으로 출장을 가는 두 사람은 재무팀 A과장과 개발팀 B부장이다.

제3영역 자료해석

01	02	03	04	05	06	07	08	09	10
①	②	①	②	①	②	①	④	③	③
11	12	13	14	15	16	17	18	19	20
②	①	①	⑤	①	⑤	⑤	⑤	⑤	③

01

정답 ①

도시별 부동산 전세 가격지수 증감량은 각각 다음과 같다.

구분	2024년 6월	2024년 12월	증감량
A도시	90.2	95.4	5.2
B도시	92.6	91.2	−1.4
C도시	98.1	99.2	1.1
D도시	94.7	92.0	−2.7
E도시	95.1	98.7	3.6
F도시	98.7	98.8	0.1
G도시	100.3	99.7	−0.6
H도시	92.5	97.2	4.7
I도시	96.5	98.3	1.8
J도시	99.8	101.5	1.7

따라서 증가량이 가장 적은 도시는 D도시이고, 그 증감률은 $\frac{92.0-94.7}{94.7}\times100 \fallingdotseq -2.9\%$이다.

02

정답 ②

- 2021년 직장가입자 및 지역가입자 건강보험금 징수율
  - 직장가입자 : $\frac{6,698,187}{6,706,712}\times100 \fallingdotseq 99.87\%$
  - 지역가입자 : $\frac{886,396}{923,663}\times100 \fallingdotseq 95.97\%$
- 2022년 직장가입자 및 지역가입자 건강보험금 징수율
  - 직장가입자 : $\frac{4,898,775}{5,087,163}\times100 \fallingdotseq 96.3\%$
  - 지역가입자 : $\frac{973,681}{1,003,637}\times100 \fallingdotseq 97.02\%$
- 2023년 직장가입자 및 지역가입자 건강보험금 징수율
  - 직장가입자 : $\frac{7,536,187}{7,763,135}\times100 \fallingdotseq 97.08\%$
  - 지역가입자 : $\frac{1,138,763}{1,256,137}\times100 \fallingdotseq 90.66\%$
- 2024년 직장가입자 및 지역가입자 건강보험금 징수율
  - 직장가입자 : $\frac{8,368,972}{8,376,138}\times100 \fallingdotseq 99.91\%$
  - 지역가입자 : $\frac{1,058,943}{1,178,572}\times100 \fallingdotseq 89.85\%$

따라서 직장가입자 건강보험금 징수율이 가장 높은 해는 2024년, 지역가입자 건강보험금 징수율이 가장 높은 해는 2022년이다.

03

정답 ①

2021년부터 2023년까지 경기 수가 증가하는 스포츠는 배구와 축구 2종목이다.

오답분석

②·⑤ 2022 ~ 2023년의 종목별 평균 경기 수는 각각 다음과 같다.

- 농구 : $\frac{410+400}{2}=405$회
- 야구 : $\frac{478+474}{2}=476$회
- 배구 : $\frac{228+230}{2}=229$회
- 축구 : $\frac{236+240}{2}=238$회

따라서 야구 평균 경기 수는 축구 평균 경기 수의 $\frac{476}{238}=2$배이며, 2024년 경기 수가 2022년부터 2023년까지의 종목별 평균 경기 수보다 많은 스포츠는 야구 1종목이다.

③ 2020년 농구와 배구의 경기 수 차이와 야구와 축구의 경기 수 차이는 각각 다음과 같다.

- 농구와 배구의 경기 수 차이 : 400−220=180회
- 야구와 축구의 경기 수 차이 : 470−230=240회

따라서 2020년 농구와 배구의 경기 수 차이는 야구와 축구 경기 수 차이의 $\frac{180}{240}\times100=75\%$이므로 70% 이상이다.

④ 농구의 2021년과 2024년의 전년 대비 경기 수 증가율은 각각 다음과 같다.

- 전년 대비 2021년 경기 수 증가율 : $\frac{408-400}{400}\times100=2\%$
- 전년 대비 2024년 경기 수 증가율 : $\frac{404-400}{400}\times100=1\%$

따라서 전년 대비 2021년 경기 수 증가율이 더 높다.

04

정답 ②

2024년 소포우편 분야의 2020년 대비 매출액 증가율은 $\frac{42-30}{30}\times100=40\%$이므로 옳지 않은 설명이다.

오답분석

① 제시된 자료를 통해 매년 매출액이 가장 높은 분야는 일반통상 분야인 것을 확인할 수 있다.

③ 2023년에는 일반통상 분야의 매출액이 전체의 $\frac{104}{200}\times100=52\%$이다.

④ 일반통상 분야의 매출액은 2021년, 2022년, 2024년에, 특수통상 분야의 매출액은 2023년, 2024년에 감소했고, 소포우편 분야는 매년 매출액이 증가했다.

⑤ 2024년 1분기 매출액에서 특수통상 분야의 매출액이 차지하는 비중은 $\frac{12}{50}\times100=24\%$이므로 20% 이상이다.

05 정답 ①

예식장 사업 형태별 수익률은 각각 다음과 같다.

- 개인경영 : $\left(\frac{270}{150}-1\right)\times100=80\%$
- 회사법인 : $\left(\frac{40}{25}-1\right)\times100=60\%$
- 회사 이외의 법인 : $\left(\frac{17}{10}-1\right)\times100=70\%$
- 비법인 단체 : $\left(\frac{3}{2}-1\right)\times100=50\%$

따라서 수익률이 가장 높은 예식장 사업 형태는 개인경영이다.

오답분석

② 사업체 수를 보면 다른 사업 형태보다 개인경영 사업체 수가 많은 것을 확인할 수 있다.

③ 예식장 사업 형태별 사업체 1개당 매출액은 각각 다음과 같다.

- 개인경영 : $\frac{270}{900}$=0.3십억 원=3억 원
- 회사법인 : $\frac{40}{50}$=0.8십억 원=8억 원
- 회사 이외의 법인 : $\frac{17}{85}$=0.2십억 원=2억 원
- 비법인 단체 : $\frac{3}{15}$=0.2십억 원=2억 원

따라서 사업체 1개당 매출액이 가장 큰 예식장 사업 형태는 회사법인이다.

④ 개인경영 형태의 예식장 수익률은 80%로 비법인 단체 형태의 예식장 수익률인 50%의 2배인 100% 미만이다.

⑤ 개인경영 형태 사업체 수는 900개로, 개인경영 형태를 제외한 나머지 예식장 사업 형태의 평균 사업체 수 $\frac{50+85+15}{3}$= 50개의 20배인 1,000개 미만이다.

06 정답 ②

통신 비용은 2022년에 전년 대비 감소하였음을 알 수 있다.

오답분석

① 2022년 4인 가족의 주거 / 수도 / 광열 비용은 271.2−(12.8+16.4+134.2+42.5)=65.3만 원이다.

③ 제시된 자료를 통해 2021 ~ 2024년 동안 전년 대비 음식 / 숙박 비용은 매년 증가하였음을 확인할 수 있다.

④ 2021 ~ 2023년 주류 / 담배 비용과 의류 / 가정용품 비용 증감 추이는 '감소 – 증가 – 증가'로 같다.

⑤ 2023년과 2024년의 주류 / 담배 비용이 각 연도 지출액에서 차지하는 비중은 다음과 같다.

- 2023년 : $\frac{17.0}{278.3}\times100≒6.1\%$
- 2024년 : $\frac{17.4}{283.3}\times100≒6.1\%$

따라서 두 해의 비중은 같지만, 2024년 주류 / 담배 비용이 2023년 주류 / 담배 비용보다 4,000원 더 많이 든다.

07 정답 ①

A사와 B사의 전체 직원 수가 제시되어 있지 않으므로, 비율만으로는 판단할 수 없다.

오답분석

② B, C, D사 각각 남직원보다 여직원의 비율이 높으므로 B, C, D사 각각에서 남직원 수보다 여직원 수가 많다. 따라서 B, C, D사의 여직원 수의 합은 남직원 수의 합보다 크다.

③ 여직원 대비 남직원 비율은 여직원 비율이 높을수록, 남직원 비율이 낮을수록 값이 작아진다. 따라서 여직원 비율이 가장 높으면서 남직원 비율이 가장 낮은 D사가 비율이 가장 낮고, 남직원 비율이 여직원 비율보다 높은 A사의 비율이 가장 높다.

④ A, B, C사 각각의 전체 직원 수를 a명이라 하면, 여직원의 수는 각각 $0.4a$명, $0.6a$명, $0.55a$명이다. 따라서 A, B사 여직원 수의 합은 $0.4a+0.6a=a$명으로, C사 여직원 수 $0.55a$명의 2배인 $1.1a$명 미만이다.

⑤ A사의 전체 직원 수를 a명, B사의 전체 직원 수를 b명이라 하면, A사의 남직원 수는 $0.6a$명, B사의 남직원 수는 $0.4b$명이므로 다음과 같은 식이 성립한다.

$\frac{0.6a+0.4b}{a+b}\times100=55 \rightarrow 60a+40b=55(a+b)$

$\therefore a=3b$

따라서 A, B사의 전체 직원 중 남직원이 차지하는 비율이 55%라면, A사의 전체 직원 수는 B사 전체 직원 수의 3배이다.

08 정답 ④

2025년 3월에 가장 사고가 많이 발생한 도로 종류는 특별・광역시도이지만, 사망자 수가 가장 많은 도로는 시도이다.

오답분석

① 특별・광역시도의 교통사고 발생 건수는 지속적으로 증가한다.

② 사망자 수가 100명을 초과하는 것은 3월과 4월의 시도가 유일하다.

③ 해당 기간 동안 부상자 수가 감소하는 도로는 없다.

⑤ 고속국도는 2025년 2월부터 4월까지 부상자 수가 746명, 765명, 859명으로 가장 적다.

09 정답 ③

매출액 규모가 클수록 업종 전환 이유에 대해 영업 이익 감소를 선택한 비율이 높다.

오답분석

① 매출액 규모가 1억 원 미만인 경우, 업종 전환 이유에 대해 구인의 어려움을 선택한 응답자 비율이 0%이므로 옳지 않다.

② 매출액이 5억 원 이상인 경우, 업종 전환의 가장 큰 이유는 61.4%가 응답한 영업 이익 감소이다.

④ 비(非)프랜차이즈 형태로 운영하는 경우, 업종 전환의 가장 큰 이유는 57.9%가 응답한 영업 이익 감소이다.

⑤ 프랜차이즈 형태로 운영하는 경우(1.3%), 그렇지 않은 경우(2.3%)보다 업종 전환 의향에 대한 긍정적 응답 비율이 낮다.

10
정답 ③

값의 차이가 큰 경우 천억 원 단위에서 반올림하여 조 원 단위로 바꾸어 비율을 계산하면 시간을 단축할 수 있다.

2023년 대출금의 전년 대비 증가율은 교육 서비스업이 $\frac{7.8-7.1}{7.1}\times100 \fallingdotseq 9.9\%$이며, 금융 및 보험업은 $\frac{70.8-70.2}{70.2}\times100 \fallingdotseq 0.9\%$이므로 교육 서비스업이 더 크다.

오답분석

① 국내 산업별 총대출금은 2022년 대비 2024년에 $\frac{1,121-986}{986}\times100 \fallingdotseq 13.7\%$ 증가하였다.
② 2023년과 2024년에 모두 대출금이 전년 대비 증가한 산업은 농업, 임업 및 어업, 제조업, 운수 및 창고업, 숙박 및 음식점업, 부동산업, 교육 서비스업 등 6개 이상이다.
④ 제조업과 부동산업은 2023년과 2024년 모두 대출금이 전년 대비 증가하였으나, 광업은 같은 기간 동안 전년 대비 매년 감소하였다.
⑤ 2024년에 전년 대비 대출금이 감소한 산업분야는 3개이며, 증가한 산업분야는 14개이다.

11
정답 ②

2024년 3/4분기에도 감소하였다.

오답분석

① 조회 서비스 이용 실적은 817 → 849 → 886 → 1,081 → 1,106로 매 분기 계속 증가하였다.
③ 2024년 2/4분기 조회 서비스 이용 실적은 849천 건이고, 전 분기의 이용 실적은 817천 건이므로 849−817=32, 즉 3만 2천 건 증가하였다.
④ 2024년 4/4분기의 조회 서비스 이용 실적은 자금이체 서비스 이용 실적의 1,081÷14≒77.2로, 약 77배이다.
⑤ 모바일 뱅킹 서비스 이용 실적의 전 분기 대비 증가율이 가장 높은 분기는 21.8%인 2024년 4/4분기이다.

12
정답 ①

실용성 전체 평균점수 $\frac{103}{6} \fallingdotseq 17$점보다 높은 방식은 ID / PW 방식, 이메일 및 SNS 방식, 생체인증 방식으로 총 3가지이다.

오답분석

② 유효기간이 '없음'인 방식들은 ID / PW 방식, 이메일 및 SNS 방식, 생체인증 방식이며, 세 인증수단 방식의 간편성 평균점수는 $\frac{16+10+18}{3} \fallingdotseq 15$점이다.
③ • 생체인증 방식의 선호도 점수 : 20+19+18=57점
  • OTP 방식의 선호도 점수 : 15+18+14=47점
  • i-PIN 방식의 선호도 점수 : 16+17+15=48점
  따라서 생체인증 방식의 선호도는 나머지 두 방식의 선호도 합보다 47+48−57=38점 낮다.
④ 공인인증서 방식의 선호도가 51점일 때, 빈칸에 들어갈 값인 보안성 점수는 51−(16+14+3)=18점이다.
⑤ 유효기간이 '없음'인 방식들은 ID / PW 방식, 이메일 및 SNS 방식, 생체인증 방식이며, 실용성 점수는 모두 18점 이상이다.

13
정답 ①

2023년 SOC, 2024년 산업·중소기업 분야가 해당한다.

오답분석

② 2020년은 약 30%, 2022년은 약 31%의 비중을 차지한다.
③ • 2021년의 전년 대비 증가율 : $\frac{27.6-24.5}{24.5}\times100 \fallingdotseq 12.7\%$
  • 2024년의 전년 대비 증가율 : $\frac{35.7-31.4}{31.4}\times100 \fallingdotseq 13.7\%$
  따라서 교육 분야의 전년 대비 지출 증가율이 가장 높은 해는 2024년이다.
④ SOC, 산업·중소기업, 환경, 기타 분야로 총 4개이다.
⑤ 2020년에는 기타 분야가 차지하고 있는 비율이 더 높았다.

14
정답 ⑤

2022년 전체 인구수를 100명으로 가정했을 때, 같은 해 문화예술을 관람한 비율은 60.8%이므로 100×0.608≒61명이다. 61명 중 그해 미술관 관람률은 10.2%이므로 61×0.102≒6명이다.

오답분석

① 문화예술 관람률은 52.4% → 54.5% → 60.8% → 64.5%로 꾸준히 증가하고 있다.
② 60세 이상 문화예술 관람률의 2018년 대비 2024년의 증가율은 $\frac{28.9-13.4}{13.4}\times100 \fallingdotseq 115.7\%$이므로, 100% 이상 증가했다.
③ 문화예술 관람률에서 남성보다는 여성의 관람률이 높으며, 고연령층에서 저연령층으로 갈수록 관람률이 높아진다.
④ 문화예술 관람률이 접근성과 관련이 있다면 조사기간 동안 접근성이 가장 떨어지는 것은 관람률이 가장 낮은 무용이다.

15
정답 ①

답변 중 '보통'에 응답한 비율은 남성이 17%, 여성이 20%이므로 남성이 여성의 $\frac{17}{20}\times100=85\%$이다.

오답분석

㉠ 남성의 긍정적인 답변율은 11+24=35%, 여성의 긍정적인 답변율은 6+14=20%이므로 남성이 더 높다.
㉡ 여성의 부정적인 답변율은 28+32=60%, 남성의 부정적인 답변율은 34+14=48%이므로 여성은 남성의 60÷48=1.25배이다.

㉣ 남성 200명과 여성 350명이 조사에 응답했다면, '매우 만족'이라고 응답한 인원은 남성이 200×0.11=22명, 여성이 350×0.06=21명이므로 남성이 여성보다 많다.

16

정답 ⑤

인구성장률 그래프의 경사가 완만할수록 인구수 변동이 적다.

오답분석

① 총인구가 감소하려면 인구성장률 그래프가 (−)값을 가져야 하는데 2011년과 2015년에는 (+)값을 갖는다.
② 제시된 자료를 통해 1990년 총인구가 더 적음을 알 수 있다.
③ 인구성장률은 1970년 이후 계속 감소하고 있다.
④ 제시된 자료를 통해 2010년 총인구가 2000년 총인구보다 증가했음을 알 수 있다.

17

정답 ⑤

2015년과 2024년 원자력 자원의 발전량 대비 신재생 자원의 발전량의 비율은 각각 다음과 같다.

- 2015년 : $\frac{30,000}{135,000} \times 100 \fallingdotseq 22\%$
- 2024년 : $\frac{110,000}{195,000} \times 100 \fallingdotseq 56\%$

따라서 원자력 자원의 발전량 대비 신재생 자원의 발전량의 비율은 2015년 대비 2024년에 증가했다.

18

정답 ⑤

㉡ 2024년 중국의 이산화탄소 배출량은 6,877.2백만 TC로 가장 많고, 6,877.2×5=34,386>28,999.4이므로 이는 전 세계 이산화탄소 배출량의 20% 이상이다.
㉢ 러시아와 이란의 2018년과 2024년 이산화탄소 배출량 차이는 각각 다음과 같다.
- 러시아 : 2,178.8−1,532.6=646.2백만 TC
- 이란 : 533.2−179.6=353.6백만 TC

따라서 2018년과 2024년 이산화탄소 배출량 차이는 러시아가 더 크다.
㉣ 229.3×2=458.6<515.5이므로 2배 이상, 즉 100% 이상 증가했다.

오답분석

㉠ 2024년에는 전년 대비 감소했다.

19

정답 ⑤

㉢ 경기도와 광주광역시의 전년 대비 2023년과 2024년 부도업체 수의 증감 추이는 '감소 – 감소'로 동일하다.
㉣ 2024년 부산광역시의 부도업체가 전국 부도업체에서 차지하는 비중은 $\frac{41}{494} \times 100 \fallingdotseq 8.3\%$이므로 10% 미만이다.

오답분석

㉠ 전라북도의 부도업체 수는 2022년 대비 2024년에 $\frac{34-26}{34} \times 100 \fallingdotseq 23.5\%$ 감소하였으므로 30% 미만 감소하였다.
㉡ 2023년에 부도업체 수가 20개를 초과하는 시·도는 서울특별시, 부산광역시, 대구광역시, 인천광역시, 경기도, 경상북도, 경상남도로 총 7개이다.

20

정답 ③

연도별 영업이익과 영업이익률은 각각 다음과 같다.

(단위 : 억 원)

구분	2020년	2021년	2022년	2023년	2024년
매출액	1,485	1,630	1,410	1,860	2,055
매출원가	1,360	1,515	1,280	1,675	1,810
판관비	30	34	41	62	38
영업이익	95	81	89	123	207
영업 이익률	6.4%	5.0%	6.3%	6.6%	10.1%

따라서 제시된 자료를 나타낸 그래프로 옳은 것은 ③이다.

제4영역 창의수리

01	02	03	04	05	06	07	08	09	10
⑤	②	④	⑤	③	③	③	②	②	①
11	12	13	14	15	16	17	18	19	20
③	①	②	②	①	④	③	④	②	④

01

정답 ⑤

처음 소금물의 양이 500g이고 농도가 10%이므로 소금의 양은 $\frac{10}{100}\times500=50$g이다.

이 소금물을 끓여 증발시킨 물의 양을 xg이라고 하면, 증발시킨 후 소금물의 양은 $(500-x)$g이고 소금의 양은 변하지 않으므로 50g이다. 더 넣은 소금물의 양이 250g이고 농도가 2%이므로 더 넣은 소금의 양은 $\frac{2}{100}\times250=5$g이다.

소금물의 양이 $(750-x)$g이고 소금의 양이 $50+5=55$g일 때 농도가 8%이므로 다음과 같은 식이 성립한다.

$\frac{55}{750-x}\times100=8$

→ $5,500=6,000-8x$

$\therefore\ x=\frac{500}{8}=62.5$

따라서 증발시킨 물의 양은 62.5g이다.

02

정답 ②

앞의 항에 $+4.54$, $+5.45$가 반복되는 수열이다.

따라서 (　)$=15.54+4.54=20.08$이다.

03

정답 ④

처음 속력을 $x$km/h라고 하면 차에 이상이 생긴 후 속력은 $0.5x$ km/h이다(단, $x>0$). 목적지에 도착하는 데 소요된 시간은 총 1시간 30분이므로 다음과 같은 식이 성립한다.

$\frac{60}{x}+\frac{90}{0.5x}=\frac{3}{2}$

→ $60+180=\frac{3}{2}x$

$\therefore\ x=160$

따라서 고장이 나기 전 처음 속력은 160km/h이다.

04

정답 ⑤

작년에 입사한 남성 신입사원 수를 x명, 여성 신입사원 수를 y명이라고 하면 다음과 같은 식이 성립한다.

$x+y=55$ … ㉠

$1.5x+0.6y=60$ … ㉡

㉠과 ㉡을 연립하면 $x=30$, $y=25$이다.

따라서 올해 여성 신입사원 수는 $25\times0.6=15$명이다.

05

정답 ③

홀수 항은 $\times3+1$, 짝수 항은 $+5$, $+6$, $+7$, …인 수열이다.

$\therefore$ $A=11\times3+1=34$, $B=15+6=21$

따라서 $A-B=34-21=13$이다.

06

정답 ③

L랜드 이용 횟수를 x번이라고 하자.

- 비회원 이용 금액 : $20,000\times x$원
- 회원 이용 금액 : $50,000+20,000\times\left(1-\frac{20}{100}\right)\times x$원

$20,000\times x>50,000+20,000\times\left(1-\frac{20}{100}\right)\times x$

→ $20,000x>50,000+16,000x$

→ $4,000x>50,000$

$\therefore\ x>12.5$

따라서 최소 13번을 방문해야 회원 가입한 것이 이익이다.

07

정답 ③

앞의 항에 $+1$, -3, -7, -11, …인 수열이므로 수열의 일반항을 a_n이라고 하면 다음과 같다.

- $a_8=0-23=-23$
- $a_9=-23-27=-50$
- $a_{10}=-50-31=-81$
- $a_{11}=-81-35=-116$
- $a_{12}=-116-39=-155$

따라서 12번째 항의 값은 -155이다.

08

정답 ②

A가 이긴 횟수(=B가 진 횟수)를 x회, A가 진 횟수(=B가 이긴 횟수를 y회)라고 하면 다음과 같은 식이 성립한다.

$2x-y=11$ … ㉠

$2y-x=2$ → $x=2y-2$ … ㉡

㉠과 ㉡을 연립하면 $x=8$, $y=5$이다.

따라서 A가 이긴 횟수는 8회이다.

09

정답 ②

앞의 항에 -0.7, $+1.6$이 반복되는 수열이다.
따라서 ( )$=6.5+1.6=8.1$이다.

10

정답 ①

여동생의 나이를 x세, 아버지의 나이를 y세라고 하면 다음과 같은 식이 성립한다.
$y=2(12+14+x)\cdots$ ㉠
$y-12=10x\cdots$ ㉡
㉠과 ㉡을 연립하면 $x=5$, $y=62$이다.
따라서 여동생의 나이는 5세이다.

11

정답 ③

(첫 번째 행)=(양 대각선 아래로 있는 두 수의 합)-1이다.
따라서 ( )$=-2+3+1=2$이다.

12

정답 ①

n을 자연수라 하면, n항이 $n\times5-1$인 수열이다.
따라서 ( )$=5\times5-1=24$이다.

13

정답 ②

(3인실, 2인실, 1인실)로 배정될 수 있는 인원과 경우의 수를 구하면 다음과 같다.

- (3, 2, 0) : ${}_5C_3\times{}_2C_2=\frac{5\times4\times3}{3\times2}\times1=10$가지
- (3, 1, 1) : ${}_5C_3\times{}_2C_1\times{}_1C_1=\frac{5\times4\times3}{3\times2}\times2\times1=20$가지
- (2, 2, 1) : ${}_5C_2\times{}_3C_2\times{}_1C_1=\frac{5\times4}{2}\times\frac{3\times2}{2}\times1=30$가지

따라서 직원들이 방에 배정되는 경우는 총 $10+20+30=60$가지이다.

14

정답 ②

기본요금이 x원이고 추가요금이 y원이므로 다음과 같은 식이 성립한다.
$x+19y=20,950\cdots$ ㉠
$x+30y=21,390\cdots$ ㉡
㉠과 ㉡을 연립하면 $x=20,190$, $y=40$이다.
따라서 엄마의 통화 요금은 $20,190+40\times40+(2\times40)\times1=21,870$원이다.

15

정답 ①

나열된 수를 각각 A, B, C라고 하면
$\underline{A\ B\ C}\rightarrow B=A+C$
따라서 ( )$=-14+16=2$이다.

16

정답 ④

등산복 판매량을 x벌, 등산화 판매량을 y켤레라고 하자.
$x+y=40\rightarrow x=40-y\cdots$ ㉠
$2,000x+5,000y=110,000\cdots$ ㉡
㉠과 ㉡을 연립하면 다음과 같다.
$2(40-y)+5y=110\rightarrow 80+3y=110\rightarrow 3y=30$
$\therefore\ y=10$
따라서 등산화는 10켤레를 팔았으며, 등산화 판매로 얻은 이익은 50,000원이다.

17

정답 ③

앞의 항에 $+2^2$, $+3^2$, $+4^2$, $+5^2$, …인 수열이다.
따라서 ( )$=140+8^2=204$이다.

18

정답 ④

전체 5명에서 2명을 선출할 경우의 수는 ${}_5C_2=\frac{5\times4}{2}=10$가지이고, 여자 3명 중에서 2명이 선출될 경우의 수는 ${}_3C_2=\frac{3\times2}{2}=3$가지이다.
따라서 대표가 모두 여자로 선출될 확률은 $\frac{3}{10}\times100=30\%$이다.

19

정답 ②

평균 점수는 $\frac{(\text{총득점})}{(\text{인원수})}$이므로 A, B부서 10명의 총득점은 $84\times10=840$점이다. 마찬가지로 A부서의 총득점은 $81\times4=324$점이므로, B부서의 총득점은 $840-324=516$점이다.
따라서 B부서의 평균 점수는 $516\div6=86$점이다.

20

정답 ④

두 주머니 중 1개의 주머니를 선택할 확률은 각각 $\frac{1}{2}$이다.
A주머니를 택하고 흰 공을 꺼낼 확률은 $\frac{1}{2}\times\frac{1}{4}=\frac{1}{8}$이고,
B주머니를 택하고 흰 공을 꺼낼 확률은 $\frac{1}{2}\times\frac{2}{2}=\frac{1}{2}$이다.
따라서 꺼낸 공이 흰 공일 확률은 $\frac{1}{8}+\frac{1}{2}=\frac{5}{8}$이다.

LG그룹 온라인 적성검사

3일 차 기출응용 모의고사 정답 및 해설

제 1 영역 언어이해

01	02	03	04	05	06	07	08	09	10
⑤	⑤	②	③	①	③	③	①	④	④
11	12	13	14	15	16	17	18	19	20
②	③	②	④	②	②	⑤	⑤	④	②

01

정답 ⑤

첫 번째 문단에서는 물속의 과도한 영양분이 플랑크톤을 증식시켜 물고기의 생존을 위협한다고 이야기하며, 두 번째 문단에서는 이러한 녹조 현상이 우리가 먹는 물의 안전까지도 위협한다고 이야기한다. 마지막 문단에서는 생활 속 작은 실천을 통해 생태계와 인간의 안전을 위협하는 녹조를 예방해야 한다고 이야기한다. 따라서 글의 제목으로 '물고기와 인간의 안전을 위협하는 하천의 부영양화'가 가장 적절하다.

02

정답 ⑤

제시문은 고령화 시대에 발생하는 노인 주거 문제에 대한 일본의 정책을 제시하여 우리나라의 부족한 대처 방안을 문제 삼고 있으며, 이러한 문제를 해결하기 위해 공동 주택인 아파트의 공유 공간을 활용하자는 방안을 제시하고 있다. 따라서 글의 제목으로 '노인 주거 문제, 소유에서 공유로 바꿔 해결하자.'가 가장 적절하다.

오답분석

① 일본의 노인 주거 정책에 비해 우리나라의 부족한 대처 방안을 문제 삼고 있을 뿐, 제시문 전체 내용을 일본과 한국의 정책 비교로 보기 어렵다.
② 일본의 정책으로 '유니버설 디자인'의 노인 친화적 주택을 언급하고 있으나, 제시문의 일부에 해당하는 내용이므로 제시문의 제목으로 적절하지 않다.
③ 제시문에서 주로 문제 삼고 있는 것은 사회 복지 비용의 증가가 아닌 부족한 노인 주거 정책이며, 그에 대한 해결 방안을 제시하고 있다.
④ 고령화 속도에 대한 내용은 제시문에 나타나 있지 않다.

03

정답 ②

제시문에서 정보화 사회의 문제점으로 다루고 있는 것은 '정보 격차'로, 지식과 정보에 접근할 수 없는 사람들은 소득을 얻는 데 불리할 수밖에 없다고 주장한다. 때문에 정보가 상품화됨에 따라 정보를 둘러싼 불평등은 더욱 심화될 것이라고 전망하고 있다. 인터넷이나 컴퓨터 유지비 측면에서의 격차 발생은 제시문의 주장을 강화시키는 것으로, 이 문제에 대한 반대 입장이 될 수 없다.

04

정답 ③

제시문은 윤리적 상대주의가 참이라는 결론을 내리기 위한 논증이다. 어떤 행위에 대한 문화 간의 지속적인 시비 논란(윤리적 판단)은 사람들의 윤리적 기준 차이에 의하여 한 문화 안에서 시대마다 다르기도 하고, 동일한 문화와 시대 안에서도 다를 수 있다. 즉, 올바른 윤리적 기준은 그것을 적용하는 사람에 따라 상대적이고 그러므로 윤리적 상대주의가 참이라는 논증이다. 때문에 이 논증의 반박은 '절대적 기준에 의한 보편적 윤리 판단은 존재한다.'가 되어야 한다. 그러나 ③은 '윤리적 판단이 항상 서로 다른 것은 아니다.'라는 내용이다. 제시문에서도 윤리적 판단이 '~ 다르기도 하다.', '다른 윤리적 판단을 하는 경우를 볼 수 있다.'라고 했지 '항상 다르다.'라고는 하지 않았다. 따라서 ③은 반박하는 내용으로 적절하지 않다.

05

정답 ①

도일은 오로지 형식적 측면에서 보고 있으므로 미적 무관심성을 보이고 있다.

오답분석

②·④·⑤ 대상 외의 가치가 들어간 예이다.
③ '미적 무관심성'에서 나아간 '미적 무용성'의 관점에서 사물을 바라보고 있다.

06

정답 ③

첫 번째 문단에서 오늘날 우리가 부르는 애국가의 노랫말은 외세의 침략으로 나라가 위기에 처해 있던 1907년을 전후로 조국애와 충성심을 북돋우기 위하여 만들어졌음을 알 수 있다. 따라서 1896년 『독립신문』에는 현재의 노랫말이 게재되지 않았다.

오답분석

① 두 번째 문단에서 1935년 해외에서 활동 중이던 안익태가 오늘날 우리가 부르고 있는 국가를 작곡하였고, 이 곡은 해외에서만 퍼져나갔다고 하였으므로, 1940년에 해외에서는 애국가 곡조를 들을 수 있었다.
② 네 번째 문단에서 국기강하식 방송, 극장에서의 애국가 상영 등은 1980년대 후반 중지되었다고 하였으므로, 1990년대 초반까지 애국가 상영이 의무화되었다는 말은 적절하지 않다.
④ 마지막 문단에서 연주만 하는 의전행사나 시상식·공연 등에서는 전주곡을 연주해서는 안 된다고 하였으므로 적절하지 않다.
⑤ 두 번째 문단에서 안익태가 애국가를 작곡한 때는 1935년, 대한민국 정부 공식 행사에 사용된 해는 1948년이므로 13년이 걸렸다.

07

정답 ③

신부와 달리 대리인을 통하지 않고 직접 결혼 의사를 공표할 수 있는 신랑은 결혼이 성립되기 위한 필수조건으로 '마흐르'라고 불리는 혼납금을 신부에게 지급해야 한다.

08

정답 ①

고야가 이성의 존재를 부정했다는 내용은 제시되어 있지 않다. 다섯 번째 문장인 '세상이 완전하게 이성에 의해서만 지배되지 않음을 표현하고 있을 뿐이다.'를 통해 ①의 내용이 적절하지 않음을 알 수 있다.

09

정답 ④

두 번째 문단에서 '꼭 필요한 부위에만 접착제와 대나무 못을 사용하여 목재가 수축·팽창하더라도 뒤틀림과 휘어짐이 최소화될 수 있도록 하였다.'라고 했으므로, 접착제와 대나무 못을 사용하면 수축과 팽창이 발생하지 않게 된다는 말은 적절하지 않다.

10

정답 ④

식사에 관한 상세한 설명이 주어지거나, 요리가 담긴 접시 색이 밝을 때 비만인 사람들의 식사량이 증가했다는 내용을 통해 비만인 사람들이 외부로부터의 자극에 의해 식습관에 영향을 받기 쉽다는 것을 추론할 수 있다.

11

정답 ②

제시문에 따르면 똑같은 일을 똑같은 노력으로 했을 때, 돈을 많이 받으면 과도한 보상을 받아 부담을 느낀다. 또한 적게 받으면 충분히 받지 못했다고 느끼므로 만족하지 못한다. 따라서 공평한 대우를 받을 때 더 행복함을 느낀다는 것을 추론할 수 있다.

12

정답 ③

경험론자들은 인식의 근원을 오직 경험에서만 찾을 수 있다고 주장한다. 따라서 파르메니데스의 주장과 대비된다.

오답분석

① 파르메니데스에 대한 플라톤의 평가에서 파르메니데스를 높게 평가한 것을 알 수 있다.
② '감각적으로 지각할 수 있는 세계 전체를 기만적인 것으로 치부하고 유일하게 실재하는 것은 존재라고 생각했다.'는 구절에서 파르메니데스는 지각 및 감성보다 이성 및 지성을 우위에 두었을 것이라 추론할 수 있다.
④ 파르메니데스는 '예리한 인식에는 감각적 지각이 필요 없다고 주장'하면서 '존재는 로고스에 의해 인식되며, 로고스와 같은 것'이라는 부분에서 추론할 수 있다.
⑤ 파르메니데스의 존재론의 의의는 존재라는 개념을 시간적, 물리적인 감각적 대상으로 보는 것이 아니라, 예리한 인식으로 파악하는 로고스와 같은 것이라고 주장한 것이다.

13

정답 ②

- 첫 번째 빈칸 : 앞 내용을 살펴보면 해프닝 장르에서는 대화가 없으며 의미 없는 말이 불쑥불쑥 튀어나온다고 하고 있으므로, 그 이유를 설명하는 ㉠이 가장 적절하다.
- 두 번째 빈칸 : 앞 문장에서 해프닝이 관객의 역할을 변화시켰다고 하였으므로, 그 예시가 되는 ㉢이 가장 적절하다.
- 세 번째 빈칸 : 뒤 문장에서 '그럼에도 불구하고'로 이어지며 해프닝의 의의를 설명하고 있으므로, 해프닝의 비판점에 대하여 설명하는 ㉡이 가장 적절하다.

14

정답 ④

제시문은 예술에서 적합한 크기와 형식을 벗어난 것을 사용할 수 밖에 없는 이유를 설명하며 이것을 통해 아름다움을 느끼게 되는 요소를 설명하는 글이다. 따라서 (라) 아름다운 것이 성립하는 경우와 불편함이 성립되는 경우 – (가) 불편함을 느낄 수 있는 것에서 아름다움을 느끼는 것에 대한 의문 제기 – (다) 예술 작품에서 불편함을 느낄 수 있는 요소를 사용하는 이유 – (나) 이것에서 아름다움을 느끼는 원인 순서로 나열되어야 한다.

15

정답 ②

제시문은 신앙 미술에 나타난 동물의 상징적 의미와 사례, 변화와 그 원인 그리고 동물의 상징적 의미가 지닌 문화적 가치에 대하여 설명하는 글이다. 따라서 (나) 신앙 미술에 나타난 동물의 상징적 의미와 그 사례 – (다) 동물의 상징적 의미의 변화 – (라) 동물의 상징적 의미가 변화하는 원인 – (가) 동물의 상징적 의미가 지닌 문화적 가치 순서로 나열되어야 한다.

16

정답 ②

제시문은 신탁 원리의 탄생 배경인 12세기 영국의 상황에 대해 이야기하는 글이다. 따라서 이어지는 문단은 (가) 신탁 제도의 형성과 위탁자, 수익자, 수탁자의 관계 등장 – (다) 불안정한 지위의 수익자 – (나) 적극적인 권리 행사가 허용되지 않는 연금 제도에 기반한 신탁 원리 – (라) 연금 운용 권리를 현저히 약화시키는 신탁 원리와 그 대신 부여된 수탁자 책임의 문제점 순서로 나열되어야 한다.

17

정답 ⑤

제시문은 임꺽정의 난의 한계와 의의를 이야기하면서 바람직한 사회 변혁 운동의 성격을 생산 활동에 뿌리를 내린 대중의 지속적이고 견실한 저항이라고 언급하고 있다.

18

정답 ⑤

각 코스의 특징을 설명하면서 코스 주행 시 습득할 수 있는 운전 요령을 언급하고 있다.

19

정답 ④

제시문은 오브제의 정의와 변화과정에 대한 글이다. 마지막 문단의 빈칸 앞에서는 예술가의 선택에 의해 기성품 그 본연의 모습으로 예술작품이 되는 오브제를, 빈칸 이후에는 나아가 진정성과 상징성이 제거된 팝아트에서의 오브제 기법에 대하여 서술하고 있다. 즉, 빈칸에는 예술가의 선택에 의해 기성품 본연의 모습으로 오브제가 되는 ④의 사례가 오는 것이 가장 적절하다.

20

정답 ②

개별존재로서 생명의 권리를 갖기 위해서는 개별존재로서 생존을 지속시키고자 하는 욕망을 가질 수 있어야 하며, 이를 위해서 자신을 일정한 시기에 걸쳐 존재하는 개별존재로서 파악해야 한다. 따라서 '자신을 일정한 시기에 걸쳐 존재하는 개별존재로서 파악할 수 있는 존재만이 생명에 대한 권리를 가질 수 있다.'는 빈칸 앞의 결론을 도출하기 위해서는 개별존재로서 생존을 지속시키고자 하는 욕망이 개별존재로서의 인식을 가능하게 한다는 내용이 있어야 하므로 ②가 적절하다.

제2영역 언어추리

01	02	03	04	05	06	07	08	09	10
②	③	⑤	①	①	②	③	⑤	⑤	③
11	12	13	14	15	16	17	18	19	20
①	①	⑤	②	①	④	⑤	③	②	③

01

정답 ②

'비가 옴'을 p, '산책을 나감'을 q, '공원에 들름'을 r이라고 하면, 제시된 명제는 순서대로 $\sim p \rightarrow q$, $\sim r \rightarrow \sim q$이다. 두 명제를 연결하면 $\sim r \rightarrow \sim q \rightarrow p$이므로 $\sim r \rightarrow p$가 성립한다. 따라서 빈칸에 들어갈 명제는 ②이다.

02

정답 ③

'환경 보호 단체'를 A, '일회용품을 사용하는 단체'를 B, '에너지 절약 캠페인에 참여하는 단체'를 C라고 하면, 제시된 명제는 다음과 같은 벤 다이어그램으로 나타낼 수 있다.

• 첫 번째 명제

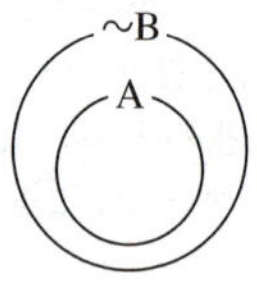

• 두 번째 명제

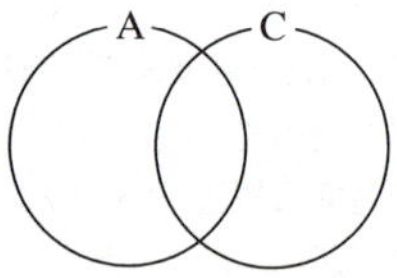

이를 정리하면 다음과 같은 벤 다이어그램이 성립한다.

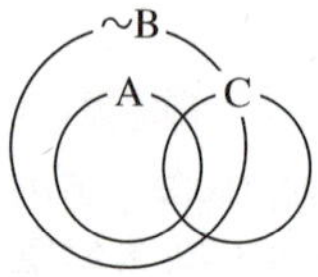

따라서 빈칸에 들어갈 명제는 ③이다.

03

정답 ⑤

제시된 명제를 정리하면 다음과 같다.

• 내구성을 따지지 않는 사람 → 속도에 관심 없는 사람 → 디자인에 관심 없는 사람
• 연비를 중시하는 사람 → 내구성을 따지는 사람

따라서 반드시 참인 것은 ⑤이다.

04

정답 ①

제시된 명제를 정리하면 집과의 거리는 '꽃집 – 슈퍼 – 카페 – 학교' 순서로 가깝다. 따라서 반드시 참인 것은 ①이다.

05

정답 ①

제시된 명제를 정리하면 다음과 같다.

- 운동을 좋아하는 사람 → 담배를 좋아하지 않음 → 커피를 좋아하지 않음 → 주스를 좋아함
- 과일을 좋아하는 사람 → 커피를 좋아하지 않음 → 주스를 좋아함

오답분석

② 첫 번째 · 세 번째 명제, 두 번째 명제의 대우로 추론할 수 있다.
③ 세 번째 · 마지막 명제로 추론할 수 있다.
④ 두 번째 명제와 세 번째 명제의 대우로 추론할 수 있다.
⑤ 첫 번째 명제와 두 번째 명제의 대우로 추론할 수 있다.

06

정답 ②

네 번째 명제에 따라 익산은 반드시 방문하므로, 이에 근거하여 제시된 명제를 정리하면 다음과 같다.

- 다섯 번째 명제의 대우 : 익산 → 대구
- 두 번째 명제 : 대구 → ~경주
- 마지막 명제 : ~경주 → 대전∩전주
- 세 번째 명제 : 전주 → ~광주

따라서 익산, 대구, 대전, 전주를 방문하고 경주, 광주를 방문하지 않는다.

07

정답 ③

B와 A의 관계에 대한 설명이 없으므로 알 수 없다.

오답분석

① C는 A의 오빠이므로 A의 아들과는 친척관계이다.
② C가 A의 오빠라는 말에서 알 수 있듯이 A는 여자이다.
④ C는 A의 오빠이므로 A의 아들에게는 이모가 아니라 삼촌이다.
⑤ 월계 빌라의 모든 주민은 A와 친척이므로 D도 A의 친척이다.

08

정답 ⑤

병과 무의 진술에 따르면 무가 열쇠를 잃어버렸으므로 병과 무는 동시에 거짓을 말하거나 진실을 말한다.

i) 병과 무가 거짓말을 했을 경우
병과 무의 진술에 따라 무는 열쇠를 잃어버리지 않았으며, 진실인 을의 진술에 따라 열쇠를 잃어버린 사람은 정이 된다. 그러나 이때 진실인 정의 진술에 따르면 열쇠를 잃어버린 사람은 갑과 을 중 1명이어야 한다. 결국 을과 정의 진술이 모순되므로 성립하지 않는다.

ii) 병과 무가 진실을 말했을 경우
병과 무의 진술에 따라 무가 열쇠를 잃어버렸으므로 을과 정의 진술은 거짓이 된다.

따라서 을과 정이 거짓말을 하고 있으며, 열쇠를 잃어버린 사람은 무이다.

09

정답 ⑤

병과 정의 말이 서로 모순되므로 둘 중 1명은 거짓을 말한다. 병과 정의 말이 거짓일 경우를 나누어 정리하면 다음과 같다.

i) 병이 거짓말을 할 경우
거짓인 병의 말에 따라 을은 윗마을에 사는 여자이며, 윗마을에 사는 여자는 거짓말만 하므로 을의 말은 거짓이 된다. 참인 정의 말에 따르면 병은 윗마을에 사는데, 거짓을 말하고 있으므로 병은 여자이다. 을과 병 모두 윗마을 사람이므로 나머지 갑과 정은 아랫마을 사람이 된다. 이때 갑과 정은 모두 진실을 말하고 있으므로 여자이다. 그러므로 갑, 을, 병, 정 모두 여자임을 알 수 있다.

ii) 정이 거짓말을 할 경우
거짓인 정의 말에 따르면 을과 병은 아랫마을에 사는데, 병은 참을 말하고 있으므로 병은 여자이다. 참인 병의 말에 따르면 을은 아랫마을에 사는 남자이며, 아랫마을에 사는 남자는 거짓말만 하므로 을의 말은 거짓이 된다. 이때 을의 말이 거짓이 되면 을은 윗마을에 살게 되므로 서로 모순된다. 그러므로 성립하지 않는다.

따라서 반드시 참인 것은 ⑤이다.

10

정답 ③

㉠ 만약 세 종류의 자격증을 가진 후보자가 존재한다면 그 후보자는 A와 D를 모두 가지고 있어야 한다. 그런데 두 번째 정보에 의해 이 후보자는 B를 가지고 있지 않으므로 만약 이 후보자가 세 종류의 자격증을 가지기 위해서는 C도 가지고 있어야 한다. 그런데 세 번째 정보에 의해 이는 참이 될 수 없으므로 세 종류의 자격증을 가진 후보자는 존재할 수 없다.

㉡ 확정된 정보가 없으므로 후보자를 갑, 을로 가정하고 가능한 경우를 따져보면 다음과 같다(갑은 ㉠을 통해 확정할 수 있음).

구분	A	B	C	D
갑	○	×	×	○
을	○	○	×	×

마지막 정보를 통해서 A와 B를 모두 가지고 있는 후보자가 존재한다는 것을 확인할 수 있으며, 두 번째 정보를 통해서 이 후보자가 D를 가지고 있지 않음을, 세 번째 정보를 통해서 C를 가지고 있지 않음을 확정할 수 있다.
이에 따르면 갑은 B를 가지고 있지 않으며, 을은 D를 가지고 있지 않다.

오답분석

㉢ 정보를 정리하면 ~D → ~C로 나타낼 수 있으며, 이의 대우 명제는 C → D이다. 그러므로 C를 가지고 있다면 D 역시 가지고 있어야 하므로 C만 가지고 있는 후보자는 존재하지 않는다. 그런데 이는 어디까지나 정보에 불과할 뿐이므로 반드시 참인 것은 ㉡의 갑과 을이 존재한다는 것뿐이다.

11 정답 ①

연구개발팀이 이어달리기에 참가하지 않았을 경우와 참가한 경우로 나누어 살펴보면 다음과 같다.

i) 연구개발팀이 이어달리기에 참가하지 않았을 경우
연구개발팀과 디자인팀은 동시에 같은 종목에 참가하지 않았으므로 만약 연구개발팀이 이어달리기에 참가하지 않았다면 디자인팀이 족구에 참가하므로 연구개발팀은 족구에 참가하지 않고 남은 두 종목에 반드시 참가해야 한다. 이때, 총무팀이 모든 종목에 참가하더라도 고객지원팀과 법무팀은 항상 동시에 참가하므로 총무팀이 참가한 종목이 네 팀인 종목은 존재할 수 없다.

구분	이어달리기	족구	X	Y
홍보팀	○	○	○	○
총무팀	○	−	−	−
연구개발팀	×	×	○	○
고객지원팀	○	−	−	−
법무팀	○	−	−	−
디자인팀	○	○	×	×

ii) 연구개발팀이 이어달리기에 참가한 경우
연구개발팀이 이어달리기에 참가하면 디자인팀이 족구팀에 참가하므로 족구에 참가하지 않고 남은 두 종목 중 한 종목에 참가한다. 남은 한 종목는 반드시 참가하지 않으며 이때, 연구개발팀이 참가하지 않은 종목에서 디자인팀이 참가하지 않고 고객지원팀, 법무팀이 참가하면 총무팀이 참가하는 종목 중 참가하는 팀이 네 팀인 종목이 나올 수 있다.

구분	이어달리기	족구	X	Y
홍보팀	○	○	○	○
총무팀	○	−	−	○
연구개발팀	○	×	○	×
고객지원팀	○	−	−	○
법무팀	○	−	−	○
디자인팀	×	○	×	×

구분	이어달리기	족구	X	Y
홍보팀	○	○	○	○
총무팀	○	−	○	−
연구개발팀	○	×	×	○
고객지원팀	○	−	○	−
법무팀	○	−	○	−
디자인팀	×	○	×	×

따라서 참가하는 종목이 가장 적은 팀은 족구만 참가하는 디자인팀이다.

오답분석

② 법무팀은 모든 종목에 참가할 수 있다.
③ 고객지원팀은 족구에 참가하지 않을 수 있다.
④ 제시된 조건을 모두 만족하는 경우는 두 가지이며, 두 경우 모두 연구개발팀과 디자인팀이 동시에 참가하지 않는 종목이 있다.
⑤ 족구와 남은 두 종목에서 참가하지 않는 종목이 있을 수 있다.

12 정답 ①

B와 D는 동일하게 A보다 낮은 표를 얻고 C보다는 높은 표를 얻었으나, B와 D를 서로 비교할 수 없으므로 득표수가 높은 순서대로 나열하면 'A－B－D－C－E' 또는 'A－D－B－C－E'가 된다. 어느 경우라도 A의 득표수가 가장 높으므로 A가 학급 대표로 선출된다.

13 정답 ⑤

정의 진술에 따라 을과 정의 진술은 동시에 참이 되거나 거짓이다.

i) 을과 정의 진술이 모두 거짓인 경우
을은 병과 함께 동네 PC방에 있었다는 갑의 진술과 자신은 혼자 집에 있었다는 병의 진술이 서로 모순되므로 성립하지 않는다.

ii) 을과 정의 진술이 모두 참인 경우
갑, 병과 함께 있었다는 을의 진술이 참이므로 갑과 둘이 집에 있었다는 무의 진술과 자신은 집에 혼자 있었다는 병의 진술은 거짓이 되고, 거짓인 무의 진술에 따라 범인은 무가 된다.

따라서 병과 무의 진술이 거짓이며, 범인은 무이다.

14 정답 ②

네 번째 조건에 따르면, A～E 중 공터와 이웃한 곳은 D로, 학원은 D에 위치하고 있음을 알 수 있다.
다섯 번째 조건에 따르면, A～E 중 유일하게 13번 도로와 이웃한 곳은 B로, 공원은 B에 위치하고 있다.
마지막 조건에 따르면, A～E 중 학원(D)이 이웃하고 있는 7번 도로, 12번 도로와 모두 이웃하고 있는 곳은 E로, 놀이터는 E에 위치하고 있음을 알 수 있다.
남아 있는 A, C 중 주차장으로부터 직선거리가 더 가까운 곳은 A이므로, 학교는 A에, 병원은 C에 위치하고 있음을 알 수 있다.
이를 지도에 나타내면 다음과 같다.

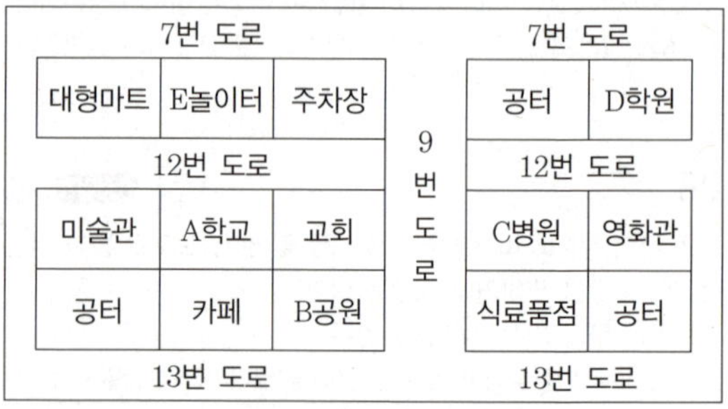

따라서 학교는 A, 병원은 C에 위치하고 있다.

15 정답 ①

D에 대한 A와 C의 진술이 상반되므로 둘 중 1명이 거짓을 말하고 있음을 알 수 있다.

i) C의 진술이 거짓인 경우 : C와 D 2명의 진술이 거짓이 되므로 성립하지 않는다.

ii) A의 진술이 거짓인 경우 : B, C, D, E의 진술이 모두 참이 되며, 사탕을 먹은 사람은 A이다.

따라서 사탕을 먹은 사람은 A이다.

16

정답 ④

먼저 첫 번째 조건과 두 번째 조건에 따라 6명의 신입사원을 각 부서에 1명, 2명, 3명으로 나누어 배치한다. 이때, 세 번째 조건에 따라 기획부에 3명, 구매부에 1명이 배치되므로 인사부에는 2명의 신입사원이 배치된다.
또한 1명이 배치되는 구매부에는 마지막 조건에 따라 여자 신입사원이 배치될 수 없으므로 반드시 1명의 남자 신입사원이 배치된다. 남은 5명의 신입사원을 기획부와 인사부에 배치하는 방법은 다음과 같다.

구분	기획부(3명)	인사부(2명)	구매부(1명)
경우 1	남자 1명, 여자 2명	남자 2명	남자 1명
경우 2	남자 2명, 여자 1명	남자 1명, 여자 1명	

따라서 경우 1에서는 인사부에 남자 신입사원만 배치되므로 '인사부에는 반드시 여자 신입사원이 배치된다.'는 옳지 않다.

17

정답 ⑤

먼저 첫 번째·네 번째 조건에 따라 A과장은 네 지역으로 모두 출장을 가므로 E사원과 함께 광주광역시로 출장을 가는 직원은 A과장임을 알 수 있다.
다음으로 두 번째 조건에 따라 모든 특별시에는 A과장과 B대리가 출장을 가므로 C대리와 D대리는 특별시로 함께 출장을 갈 수 없다. 이때 세 번째 조건에 따라 C대리와 D대리가 함께 출장을 가는 지역은 인천광역시임을 알 수 있다.
또한 마지막 조건에 따라 한 지역으로만 출장을 가는 사람은 E사원뿐이므로 C대리와 D대리는 세종특별시 또는 서울특별시 중 한 곳으로 더 출장을 가야 한다.
출장 지역에 따른 팀원을 정리하면 다음과 같다.

구분	세종특별시	서울특별시	광주광역시	인천광역시
경우 1	A과장, B대리, C대리	A과장, B대리, D대리	A과장, E사원	A과장, C대리, D대리
경우 2	A과장, B대리, D대리	A과장, B대리, C대리	A과장, E사원	A과장, C대리, D대리

따라서 항상 참인 것은 'D대리는 E사원과 함께 출장을 가지 않는다.'이다.

18

정답 ③

월요일부터 토요일까지 각 팀의 회의 진행 횟수가 같으므로 6일 동안 6개 팀은 각각 두 번씩 회의를 진행해야 한다. 제시된 조건에 따라 A～F팀의 회의 진행 요일을 정리하면 다음과 같다.

월	화	수	목	금	토
B, C	B, D	C, E	A, F	A, F	D, E
		D, E			C, E

따라서 항상 참인 것은 'F팀은 목요일과 금요일에 회의를 진행했다.'이다.

오답분석

① C팀은 월요일에 한 번 회의를 진행하였고, 수요일 또는 토요일 중 하루만 회의를 진행했다.
② C팀과 E팀은 수요일과 토요일 중 하루는 함께 회의를 진행했다.
④ 화요일에 회의를 진행한 팀은 B팀과 D팀이다.
⑤ E팀은 수요일과 토요일에 모두 회의를 진행했다.

19

정답 ②

세 번째 조건에 따라 D는 6명 중 두 번째로 키가 크므로 1팀에 배치되는 것을 알 수 있다.
또한 두 번째 조건에 따라 B는 2팀에 배치되므로 같은 팀에 배치되어야 하는 E와 F는 아무도 배치되지 않은 3팀에 배치되는 것을 알 수 있다.
마지막으로 네 번째 조건에 따라 B보다 키가 큰 A는 2팀에 배치되므로 결국 A, B, C, D, E, F는 다음과 같이 배치된다.

1팀	2팀	3팀
C>D	A>B	E, F

따라서 키가 가장 큰 사람은 C이다.

20

정답 ③

이동 시간이 긴 순서대로 나열하면 'D－B－C－A'이다. 이때 거리가 멀수록 이동 시간이 많이 소요된다고 하였으므로 서울과의 거리가 먼 순서에 따라 D는 강릉, B는 대전, C는 세종, A는 인천에서 근무하는 것을 알 수 있다.
따라서 항상 참인 것은 'D는 강릉에서 근무한다.'이다.

제3영역 자료해석

01	02	03	04	05	06	07	08	09	10
③	③	①	②	①	①	⑤	⑤	②	⑤
11	12	13	14	15	16	17	18	19	20
①	①	③	⑤	①	①	③	④	②	②

01

정답 ③

데스크탑 PC와 노트북의 전년 대비 2022년 판매량 증감률은 각각 다음과 같다.

- 데스크탑 PC : $\frac{4,700-5,000}{5,000}\times100=-6\%$
- 노트북 : $\frac{2,400-2,000}{2,000}\times100=20\%$

따라서 판매량 증감률을 바르게 짝지은 것은 ③이다.

02

정답 ③

2025년 4월 아파트 실거래지수가 137.8이고 전월 대비 증감량이 −1.5이므로 2025년 3월 아파트 실거래지수는 137.8+1.5=139.3이다. 또한 제시된 자료를 역산하면 2024년 3월 실거래지수는 137.8+1.5−1.7+⋯−2.7=131.6이다.

따라서 증감률은 $\frac{139.3-131.6}{131.6}\times100 \fallingdotseq 5.9\%$이다.

03

정답 ①

광역시 저소득층 점유형태별 구성비는 나열된 항목인 자가, 전세, 보증부 월세, 월세, 사글세, 무상 순으로 $\frac{1}{2}$씩 감소하고 있다.

따라서 빈칸에 들어갈 수치는 $6.4\times\frac{1}{2}=3.2$이다.

04

정답 ②

2022년 출생아 수는 그해 사망자 수의 $\frac{438,420}{275,895} \fallingdotseq 1.59$배이다.

오답분석

① 출생아 수가 가장 많았던 해는 2022년이다.
③ 2021년 출생아 수는 2024년의 출생아 수보다 $\frac{435,435-357,771}{357,771} \fallingdotseq 22\%$ 더 많다.
④ 제시된 자료를 통해 사망자 수가 2021년부터 2024년까지 매년 전년 대비 증가하고 있음을 확인할 수 있다.
⑤ 사망자 수가 가장 많은 2024년은 285,534명이고, 가장 적은 2020년은 266,257명이다. 따라서 두 해의 사망자 수 차이는 285,534−266,257=19,277명이므로 15,000명 이상이다.

05

정답 ①

뉴질랜드 무역수지는 8월 이후 10월까지 증가했다가 11월에 감소한 후 12월에 다시 증가했다.

오답분석

② 그리스의 12월과 11월의 무역수지는 각각 2,426백만 USD, 2,409백만 USD이다. 따라서 그리스의 12월 무역수지의 전월 대비 증가율은 $\frac{2,426-2,409}{2,409}\times100 \fallingdotseq 0.7\%$이다.
③ 한국의 무역수지가 전월 대비 증가한 달은 9월, 10월, 11월이며 증가량이 가장 많았던 달은 45,309−41,983=3,326백만 USD인 11월이다.
④ 제시된 자료를 통해 쉽게 알 수 있다.
⑤ 10월부터 12월 사이 한국의 무역수지는 '증가 − 감소' 추이이다. 이와 같은 양상을 보이는 나라는 독일과 미국으로 2개국이다.

06

정답 ①

전체 가입자 중 여성 가입자 수의 비율은 $\frac{9,804,482}{21,942,806}\times100 \fallingdotseq 44.7\%$이다.

오답분석

② 전체 지역 가입자 수는 전체 사업장 가입자 수의 $\frac{7,310,178}{13,835,005}\times100 \fallingdotseq 52.8\%$이다.
③ 남성 사업장 가입자 수는 8,059,994명으로, 남성 지역 가입자 수의 2배인 3,861,478×2=7,722,956명보다 많다.
④ 여성 가입자 전체 수인 9,804,482명에서 여성 사업장 가입자 수인 5,775,011명을 빼면 4,029,471명이므로 여성 사업장 가입자 수가 나머지 여성 가입자 수를 모두 합친 것보다 많다.
⑤ 가입자 수가 많은 집단 순서는 '사업장 가입자 − 지역 가입자 − 임의계속 가입자 − 임의 가입자' 순서이다.

07

정답 ⑤

2018 ~ 2023년 평균 지진 발생 횟수는 (42+52+56+93+49+44)÷6=56회이다. 2024년에 발생한 지진은 2018 ~ 2023년 평균 지진 발생 횟수에 비해 492÷56≒8.8배 증가했다.

오답분석

① 2019년 대비 2020년에 지진 횟수는 증가했지만 최고 규모는 감소했다.
② 2021년의 지진 발생 횟수는 93회이고, 2020년의 지진 발생 횟수는 56회이다. 2021년에는 2020년보다 지진이 93−56=37회 더 발생했다.
③ 2022년과 2023년에는 지진 횟수가 감소했다.
④ 2024년에 일어난 규모 5.8의 지진이 제시된 기간 동안 우리나라에서 발생한 지진 중 가장 강력한 규모이다.

08

정답 ⑤

2024년 50대, 60대, 70세 이상 연령의 전체 흡연율 합은 22.7+14.6+9.1=46.4%로 2024년 연도별 19세 이상 성인의 전체 흡연율인 22.6%보다 높다. 따라서 옳지 않은 설명이다.

오답분석

① 2024년 연령대별 흡연율과 고위험 음주율 자료에서 여성의 고위험 음주율은 연령대가 높아질수록 낮아짐을 알 수 있다.
② 우리나라 19세 이상 성인의 전체 흡연율과 고위험 음주율은 각각 2019년에 26.3%, 13.6%, 2024년에 22.6%, 13.2%로 감소하였다.
③ 조사기간 중 19세 이상 성인의 흡연율은 남성은 2019년에 46.8%, 여성은 2020년에 7.4%로 가장 높다.
④ 2024년 연령대별 고위험 음주율에서 남성은 50대가 26%, 여성은 19 ~ 29세가 9.6%로 가장 높았다.

09

정답 ②

2021년과 2024년의 GDP 대비 국가부채 상위 3개 국가는 각각 다음과 같다.

- 2021년 : 일본(115.9), 영국(110.2), 미국(108.2)
- 2024년 : 일본(120.2), 미국(98.8), 영국(97.9)

따라서 2021년과 2024년의 GDP 대비 국가부채 상위 3개 국가는 동일하다.

오답분석

① 미국과 중국의 경우 2021년에는 중국(70.5)이 미국(70.2)보다 높지만, 2024년에는 중국(73.1)이 미국(75.8)보다 낮다.
③ 2021년과 2024년의 GDP 대비 기업부채 비율이 100% 이상인 국가는 각각 다음과 같다.
  - 2021년 : 홍콩(105.3), 중국(152.9), 일본(101.2)
  - 2024년 : 한국(106.8), 중국(150.2), 일본(119.8)

  따라서 2021년과 2024년의 GDP 대비 기업부채 비율이 100% 이상인 국가는 동일하지 않다.
④ 2024년 GDP 대비 국가부채가 50% 이하인 국가는 한국(44.1), 필리핀(42.2), 멕시코(37.3), 인도(28.8)이다. 그러나 한국의 2024년 GDP 대비 기업부채는 50% 이상이다.
⑤ 2021년 대비 2024년에 GDP 대비 기업부채 비율이 증가한 국가와 감소한 국가는 각각 다음과 같다.
  - 증가 : 한국, 영국, 일본, 필리핀 → 4개국
  - 감소 : 홍콩, 미국, 중국, 브라질, 멕시코, 인도 → 6개국

  따라서 2021년 대비 2024년에 GDP 대비 기업부채 비율이 증가한 국가의 수와 감소한 국가의 수는 같지 않다.

10

정답 ⑤

ⓒ • 2022년 대비 2023년의 연간 매출액 증가율
  : $\frac{1,875-1,284}{1,284}\times 100 \fallingdotseq 46.0\%$
  • 2020년 대비 2021년의 연간 매출액 증가율
  : $\frac{962-885}{885}\times 100 \fallingdotseq 8.7\%$
  따라서 46.0÷8.7≒5.3배이다.
ⓔ • 2020년 견과류 매출액 : 885×0.087≒77억 원
  • 2024년 견과류 매출액 : 2,100×0.412≒865억 원
  따라서 그 차이는 약 865−77=788억 원이다.

오답분석

ⓐ 2022년을 제외한 연도의 캔디·초콜릿, 비스킷, 베이커리의 매출액 비율의 순위는 '캔디·초콜릿 – 비스킷 – 베이커리'로 동일하나, 2022년의 경우에는 '비스킷 – 캔디·초콜릿 – 베이커리' 순으로 다른 연도와 동일하지 않다.
ⓑ 매출액 비율의 증감 추이는 비스킷의 경우에는 '증가 – 증가 – 감소 – 감소'이나, 베이커리의 경우에는 '감소 – 감소 – 증가 – 증가'이므로 증감 추이는 반대이다.

11

정답 ①

운항편의 수치는 여객과 화물을 모두 포함한 수치이다. 따라서 여객에 이용된 운항편이 총 몇 대인지 알 수 없으므로 계산할 수 없다.

오답분석

② 제시된 자료를 통해 확인할 수 있다.
③ 운항편이 가장 많은 요일은 토요일이고, 토요일에 여객은 953,945명, 화물은 48,033톤으로 가장 높은 수치를 보이고 있다.
④ '감소 – 증가 – 감소 – 증가 – 증가 – 감소'로 같다.
⑤ $\frac{21,615}{11,715}\fallingdotseq 1.85$이므로 1.5배 이상이다.

12

정답 ①

2020 ~ 2024년 동안 매년 생산량은 두류가 잡곡보다 많음을 알 수 있다.

오답분석

② 2024년의 경우 잡곡의 재배면적은 208ha로, 서류 재배면적의 2배인 138×2=276ha보다 작다.
③ 두류의 생산량이 가장 많은 해는 2020년이고, 같은 해에 재배면적이 가장 큰 곡물은 미곡이다.
④ 잡곡의 생산량이 가장 적은 해는 2021년이고, 재배면적이 가장 작은 해는 2024년이다.
⑤ 2022 ~ 2024년 동안 미곡의 전년 대비 생산량 증감 추이는 '감소 – 증가 – 증가'이고, 두류의 경우 계속 증가했다.

13

정답 ③

2020 ~ 2024년까지 전체 이혼건수 증감 추이는 계속적으로 증가했으며, 이와 같은 추이를 보이는 지역은 경기 지역 한 곳이다.

오답분석

① 2020 ~ 2024년까지 전체 이혼건수가 가장 적은 해는 2020년이다.

② 연도별 수도권(서울, 인천, 경기)의 이혼건수는 각각 다음과 같다.

- 2020년 : 28+22+19=69천 건
- 2021년 : 29+24+21=74천 건
- 2022년 : 34+35+22=91천 건
- 2023년 : 33+32+28=93천 건
- 2024년 : 38+39+33=110천 건

따라서 수도권(서울, 인천, 경기)의 이혼건수가 가장 많은 해는 2024년이다.

④ 2022 ~ 2024년까지 인천과 서울의 전체 이혼건수 합은 각각 다음과 같다.

- 인천 : 35+32+39=106천 건
- 서울 : 34+33+38=105천 건

따라서 2022 ~ 2024년까지 인천의 전체 이혼건수 합이 더 높다.

⑤ 2020년과 2024년의 전체 이혼건수 대비 수도권의 이혼건수 비중은 각각 다음과 같다.

- 2020년 : $\frac{69}{132}\times100≒52.3\%$
- 2024년 : $\frac{110}{178}\times100≒61.8\%$

따라서 2020년의 전체 이혼건수 대비 수도권의 이혼건수 비중은 50% 이상이다.

14

정답 ⑤

한국콘텐츠진흥원이 시행하는 종목은 3가지이고, 한국원자력안전기술원도 3가지로 같다. 한국콘텐츠진흥원보다 적은 종목을 시행하는 기관은 '한국인터넷진흥원, 영화진흥위원회'이다.

오답분석

① 산업기사 자격시험을 시행하는 기관은 '한국방송통신전파진흥원, 한국광해관리공단, 한국인터넷진흥원, 영화진흥위원회'로 총 4곳이다.

② 한국광해관리공단이 시행하는 기술자격시험 종목은 7가지이다.

③ 한국방송통신전파진흥원에서 시행하는 기술자격시험 종목은 16가지로 가장 많다.

시행기관	기술자격시험 종목 수(가지)
대한상공회의소	15
한국방송통신전파진흥원	16
한국광해관리공단	7
한국원자력안전기술원	3
한국인터넷진흥원	2
한국콘텐츠진흥원	3
영화진흥위원회	2

④ 위탁 시행기관 중 수탁 시작 연도가 가장 늦은 곳은 2013년인 '영화진흥위원회'이다.

15

정답 ①

전국에서 자전거전용도로의 비율은 $\frac{2,843}{21,176}\times100≒13.4\%$를 차지한다.

오답분석

② 제주특별자치도는 전국에서 여섯 번째로 자전거도로가 길다.

③ 전국에서 자전거보행자겸용도로가 가장 짧은 곳은 세종특별자치시이다.

④ 경상남도의 자전거보행자겸용도로는 전국에서 $\frac{1,186}{16,331}\times100≒7.3\%$의 비율을 차지한다.

⑤ 전국 대비 광주광역시의 자전거전용도로와 자전거보행자겸용도로의 비율은 각각 다음과 같다.

- 자전거전용도로 : $\frac{109}{2,843}\times100≒3.8\%$
- 자전거보행자겸용도로 : $\frac{484}{16,331}\times100≒3.0\%$

따라서 자전거전용도로의 비율이 더 높다.

16

정답 ①

하루 평균 총 200잔이 팔린다면, 카페라테는 전체에서 25%, 에스프레소는 6%이므로 각각 50잔, 12잔이 판매된다. 따라서 카페라테는 에스프레소보다 50−12=38잔이 더 팔린다.

17

정답 ③

오늘 판매된 커피 180잔 중 아메리카노는 50%로 90잔이 판매되었고, 매출은 90×2,000=180,000원이다.

18

정답 ④

X고등학교가 Y고등학교에 비해 진학률이 낮은 대학은 C대학과 D대학이다.

오답분석

① X고등학교와 Y고등학교의 진학률 5위 대학은 각각 D대학과 B대학으로 다르다.

② X고등학교와 Y고등학교의 진학률 1위 대학은 C대학으로 동일하다.

③ X고등학교와 Y고등학교의 E대학교 진학률 차이는 26−20=6%p이다.

⑤ Y고등학교 대학 진학률 중 가장 높은 대학의 진학률은 41%, 가장 낮은 대학의 진학률은 9%로 그 차이는 32%p이다.

19

정답 ②

2023년 3분기부터 2024년 1분기까지 차이가 줄어들다가, 2024년 2분기에 차이가 다시 늘어났다.

오답분석

① 한국과 중국의 점유율 차이가 가장 작았던 시기는 2024년 3분기로, 점유율 차이는 15.6%p이다.
③ 2023년 4분기의 한국과 일본, 일본과 중국의 점유율 차이는 10.2%p로 동일하다.
④ 제시된 자료를 통해 알 수 있다.
⑤ 2021년 2분기 중국과 일본의 차이는 25.3%p, 2024년 3분기의 차이는 2.3%p이므로 10배 이상이다.

20

정답 ②

조건에 따른 시간대별 누적 처리량은 각각 다음과 같다.

작업 시작	작업 성능	소요 시간	누적 처리량
오후 3시	초기화 작업	1시간	0TB
오후 4시	시간당 2TB	2시간	4TB
오후 6시	시간당 3TB	6시간	22TB
자정	시스템 점검	3시간	22TB
새벽 3시	시간당 3TB	6시간	40TB
오전 9시	시간당 2TB	5시간	50TB

따라서 시간당 누적 처리량을 바르게 나타낸 그래프는 ②이다.

제4영역 창의수리

01	02	03	04	05	06	07	08	09	10
②	④	③	②	②	③	④	③	①	③
11	12	13	14	15	16	17	18	19	20
④	⑤	③	②	①	②	②	③	④	①

01

정답 ②

작년 비행기 왕복 요금을 x원, 작년 1박 숙박비를 y원이라고 하면 다음과 같은 식이 성립한다.

$-\frac{20}{100}x+\frac{15}{100}y=\frac{10}{100}(x+y)$ ⋯ ㉠

$\left(1-\frac{20}{100}\right)x+\left(1+\frac{15}{100}\right)y=308,000$ ⋯ ㉡

㉠, ㉡을 정리하면 다음과 같은 식이 성립한다.

$y=6x$ ⋯ ㉢

$16x+23y=6,160,000$ ⋯ ㉣

㉢, ㉣을 연립하면 다음과 같은 식이 성립한다.

$16x+138x=6,160,000$

→ $154x=6,160,000$

∴ $x=40,000$, $y=240,000$

따라서 올해 비행기 왕복 요금은 $40,000-40,000\times\frac{20}{100}=32,000$원이다.

02

정답 ④

정수 부분은 ×2+1, 소수 부분은 ×2−0.01인 수열이다.

따라서 (　)=(335×2+1)+(0.17×2−0.01)=671.33이다.

03

정답 ③

전체 평균이 65점이므로 6명의 점수의 합은 65×6=390점이다. 중급 자격증을 획득한 3명의 평균이 62점이므로 3명 점수의 합은 62×3=186점이다. L의 시험 점수 최댓값을 구하라고 하였으므로 L이 고급 자격증을 획득했다고 가정하면 L을 포함해 고급 자격증을 획득한 2명의 점수의 합은 390−186−54=150점이다. 고급 자격증을 획득한 L의 점수가 최댓값인 경우는 고급 자격증을 획득한 다른 1명의 점수가 합격 최저 점수인 70점을 받았을 때이다. 따라서 L이 얻을 수 있는 시험 점수의 최댓값은 150−70=80점이다.

04

정답 ②

정수 부분은 −16, −14, −12, ⋯, 소수 부분은 −0.18, −0.16, −0.14, ⋯인 수열이다.

따라서 (　)=(12−6)+(0.2−0.08)=6.12이다.

05

정답 ②

나래가 자전거를 탈 때의 속력을 $x$km/h, 진혁이가 걷는 속력을 $y$km/h라고 하면 다음과 같은 식이 성립한다.

$1.5x-1.5y=6$ … ㉠

$x+y=6$ … ㉡

㉠과 ㉡을 연립하면 $x=5$, $y=1$이다.

따라서 나래가 자전거를 타는 속도는 5km/h이다.

06

정답 ③

작년 남성 지원자 수를 x명, 여성 지원자 수를 y명이라고 하자. 작년 전체 지원자 수는 1,000명이므로 다음과 같은 식이 성립한다.

$x+y=1,000$ … ㉠

작년에 비하여 남성과 여성의 지원율이 각각 2%, 3% 증가하여 총 24명이 증가하였으므로 다음과 같은 식이 성립한다.

$\frac{2}{100}x+\frac{3}{100}y=24 \rightarrow 2x+3y=2,400$ … ㉡

㉠과 ㉡을 연립하면 $x=600$, $y=400$이다.

따라서 올해 남성 지원자 수는 $600\times(1+0.02)=612$명이다.

07

정답 ④

제시된 수열은 2^1-1^2, 2^2-2^2, 2^3-3^2, 2^4-4^2, 2^5-5^2, …인 수열이다.

따라서 12번째 항의 값은 $2^{12}-12^2=4,096-144=3,952$이다.

08

정답 ③

각 학년의 전체 수학 점수의 합을 구하면 다음과 같다.

- 1학년 : $38\times50=1,900$점
- 2학년 : $64\times20=1,280$점
- 3학년 : $44\times30=1,320$점

따라서 L중학교 학생들의 전체 수학 점수 평균은

$\frac{1,900+1,280+1,320}{50+20+30}=\frac{4,500}{100}=45$점이다.

09

정답 ①

처음 퍼낸 소금물의 양을 xg이라고 하자.

200g의 소금물에서 xg을 퍼낸 후 소금의 양은 $\frac{8}{100}(200-x)$g이므로 다음과 같은 식이 성립한다.

$\frac{8}{100}(200-x)+50=\frac{24}{100}\times250$

$\rightarrow 8(200-x)+5,000=6,000$

$\rightarrow 200-x=125$

$\therefore x=75$

따라서 처음 퍼낸 소금물의 양은 75g이다.

10

정답 ③

<table><tr><td>a</td><td>b</td><td>c</td></tr><tr><td colspan="3">d</td></tr></table>

$\rightarrow a+b+c=d$

따라서 (　　)$=8+11+(-6)=13$이다.

11

정답 ④

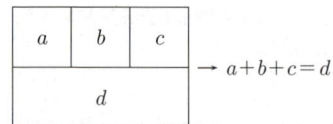

운동장의 전체 길이를 xm라고 하면 다음과 같은 식이 성립한다.

$\frac{1}{2}x+30+\left(\frac{1}{2}x-30\right)\times\frac{1}{3}+40+100=x$

$\rightarrow \frac{1}{3}x=160$

$\therefore x=480$

따라서 운동장의 전체 길이는 480m이다.

12

정답 ⑤

홀수 항은 분자는 +11, 분모는 ×2이고, 짝수 항은 $\left(\frac{10}{3}\right)^1$, $\left(\frac{10}{3}\right)^2$, $\left(\frac{10}{3}\right)^3$, …인 수열이다.

따라서 (　　)$=\frac{41+11}{40\times2}=\frac{52}{80}$이다.

13

정답 ③

수족관의 부피를 1이라고 하면 세 호스가 1분에 물을 채우는 양은 A는 $\frac{1}{6}$, B는 $\frac{1}{18}$, C는 $\frac{1}{36}$이다. 이 세 호스를 동시에 사용하여 물을 채울 때까지 걸리는 시간을 x분이라고 하면 다음과 같은 식이 성립한다.

$\frac{x}{6}+\frac{x}{18}+\frac{x}{36}=1$

$\rightarrow \frac{6x+2x+x}{36}=1$

$\rightarrow 9x=36$

$\therefore x=4$

따라서 은미가 수족관 물을 다 채울 때까지 세 호스를 모두 사용하여 걸리는 시간은 4분이다.

14

정답 ②

나열된 수를 각각 A, B, C라고 하면

$\underline{A\ B\ C} \rightarrow A^B=C$

따라서 $5^3=125$이므로 (　　)$=3$이다.

15

정답 ①

2.0L 병에 48병을 채울 수 있는 양은 $2\times48\times0.75=72$L이다.
이때 새로운 1.8L 병은 1병에 $1.8\times0.8=1.44$L를 채울 수 있다.
따라서 필요한 병의 개수는 $\frac{72}{1.44}=50$병이다.

16

정답 ②

앞의 항에 +2.5, +3.5, +4.5, +5.5, …인 수열이다.
따라서 ( )$=-1+4.5=3.5$이다.

17

정답 ②

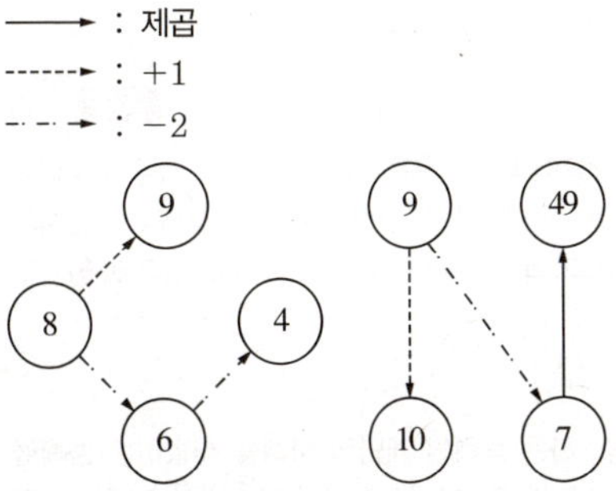

$\therefore$ A$=10-1=9$, B$=8-2=6$
따라서 A−B$=9-6=3$이다.

18

정답 ③

- 다섯 사람이 일렬로 줄을 서는 경우의 수
  : $5!=5\times4\times3\times2\times1=120$가지
- 현호, 진수가 양 끝에 서는 경우의 수
  : $2\times$(민우, 용재, 경섭이가 일렬로 줄을 서는 경우의 수)
  $=2\times3!=2\times3\times2\times1=12$가지

따라서 양 끝에 현호와 진수가 줄을 설 확률은 $\frac{12}{120}=\frac{1}{10}$이므로,
$a+b=10+1=11$이다.

19

정답 ④

- 팀장 1명을 뽑는 경우의 수 : ${}_{10}C_1=10$가지
- 회계 담당 2명을 뽑는 경우의 수 : ${}_{9}C_2=\frac{9\times8}{2!}=36$가지

따라서 구하고자 하는 경우의 수는 $10\times36=360$가지이다.

20

정답 ①

전개도를 접어 입체도형을 만들었을 때 마주보는 면에 적혀 있는 수의 차가 일정한 규칙이다. 왼쪽 전개도부터 마주보는 면의 숫자의 차가 각각 2, 4, 6이다.
따라서 ( )$=5+6=11$이다.

4일 차 기출응용 모의고사 정답 및 해설

제 1 영역 언어이해

01	02	03	04	05	06	07	08	09	10
③	④	④	②	④	③	④	③	②	②
11	12	13	14	15	16	17	18	19	20
②	③	⑤	③	⑤	④	④	③	①	④

01

정답 ③

(다) 문단은 비실명 금융거래의 폐해로 금융실명제 도입의 필요성에 대해 설명하고 있다. 따라서 ③은 소제목으로 적절하지 않다.

02

정답 ④

제시문은 세습 무당 집안 출신의 남자들이 조선 후기의 사회적 분위기에 힘입어 돈을 벌기 위해 소리판을 벌이기 시작하였고, 자신의 명성과 소득을 위해 대중이 좋아할 만한 소리를 발굴하고 개발하였다는 내용을 중심으로 하고 있다. 따라서 글의 중심 내용으로 가장 적절한 것은 ④이다.

03

정답 ④

첫 번째 문단에서 통각 수용기에는 감각 적응 현상이 거의 일어나지 않는다는 내용을 설명하고 있다.

오답분석

① 마지막 문단에서 Aδ 섬유는 직경이 크고 전도 속도가 빠르며, C섬유는 직경이 작고 전도 속도가 느리다고 하였으므로 적절하지 않다.
② 첫 번째 문단에서 통각 수용기는 피부에 가장 많아 피부에서 발생한 통증은 위치를 확인하기 쉽다고 하였으므로 적절하지 않다.
③ 마지막 문단에서 Aδ 섬유에는 기계적 자극이나 높은 온도 자극에 반응하는 통각 수용기가 분포되어 있고, C섬유에는 그에 더해 화학적 자극에도 반응하는 통각 수용기가 분포되어 있다고 하였으므로 적절하지 않다.
⑤ 마지막 문단에서 Aδ 섬유를 따라 전도된 통증 신호가 대뇌피질로 전달되면 대뇌피질에서는 날카롭고 쑤시는 듯한 짧은 초기 통증을 느끼고 통증이 일어난 위치를 파악한다고 하였으므로 적절하지 않다.

04

정답 ②

제시문에 따르면 개념에 대해 충분히 이해하면서도 개념의 사례를 제대로 구별하지 못할 수 있다. 따라서 비둘기와 참새를 구별하지 못했다고 해서 비둘기의 개념을 이해하지 못하고 있다고 평가할 수는 없다.

오답분석

①·④ 개념을 이해하는 능력이 개념의 사례를 식별하는 능력을 함축하는 것은 아니므로 개념을 이해했다고 해서 개념의 사례를 완벽하게 식별할 수 있는 것은 아니다.
③ 개념을 충분히 이해하면서도 개념의 사례를 제대로 구별하지 못할 수 있으므로 개념의 사례를 구별하지 못했다고 해서 개념을 충분히 이해하지 못하고 있다고 볼 수는 없다.
⑤ 개념의 사례를 식별하는 능력이 개념을 이해하는 능력을 함축하는 것은 아니므로 정사각형을 구별했다고 해서 정사각형의 개념을 이해하고 있다고 볼 수는 없다.

05

정답 ④

보기의 '묘사'는 어떤 대상이나 현상 따위를 있는 그대로의 언어로 서술하거나 그림으로 그려서 나타내는 것이며, 본 사람이 무엇을 중요하게 판단하고, 무엇에 흥미를 느꼈느냐에 따라 다르다고 정의한다. 그러므로 보기 앞에는 어떤 모습이나 장면이 나와야 하므로 (다) 다음의 '분주하고 정신이 없는 장면'이 와야 한다. 뒤에는 보기의 구체적 내용인 (라) 다음 부분이 이어져야 한다. 따라서 보기의 문장은 (라)에 들어가는 것이 가장 적절하다.

06

정답 ③

제시문에서 옵트인 방식은 수신 동의 과정에서 발송자와 수신자 양자에게 모두 비용이 발생한다고 하였으므로 ③은 적절하지 않다.

07

정답 ④

회복적 사법이 기존의 관점을 완전히 대체할 수 있는 것은 아니며, 우리나라는 현재 형사 사법을 보완하는 차원 정도로 적용하고 있다.

오답분석

① 응보형론은 범죄를 상쇄할 해악의 부과를 형벌의 본질로 보는 이론이다.
② 기존의 관점이 가해자의 행동 교정에 초점을 맞췄다면, 회복적 사법은 피해자와 피해자의 회복 등에 초점을 두고 있다.
③ 기존의 관점인 응보형론과 재사회화론 모두 범죄를 국가에 대한 거역이고 위법 행위로 본다.
⑤ 응보형론은 지속적인 범죄의 증가 현상으로, 재사회화론은 재범률로 비판을 받는다.

08

정답 ③

제시문의 마지막 문장에서 매체와 자주 접촉하는 사람들을 언급하며 '언어 변화의 여러 면을 바로 이해하는 하나의 핵심적인 내용'이라고 하였으므로 글의 첫 문장으로는 제시문의 내용을 포괄하는 일반적인 상위 진술인 '접촉의 형식도 언어 변화에 영향을 미치는 요소로 지적되고 있다.'가 가장 적절하다.

09

정답 ②

'의리의 문제는 사람과 때에 따라 같지 않습니다.'라고 하였으므로 신하들이 임금에 대해 의리를 실천하는 방식이 누구에게나 동일하다는 ⓒ은 제시문의 내용과 상충한다.

오답분석

㉠ 부자관계는 천륜이어서 자식이 어버이를 봉양하는 데 한계가 없고, 이때는 은혜가 항상 의리에 우선하므로 관계를 떠날 수 없다고 하였다.
㉡ 군신관계는 의리로 합쳐진 것이라 한계가 있는데 이 경우에는 때때로 의리가 은혜보다 앞서기도 한다고 하였다.

10

정답 ②

제시문은 집단 수준의 인과가 필연성을 지닌다는 관점과 개연성을 지닌다는 관점 두 가지를 스트레스와 병의 사례를 통해 설명하고 있다. 각 문단의 핵심 내용을 요약하면 첫 번째 문단은 집단 수준의 인과의 필연성, 두 번째 문단은 집단 수준의 인과의 개연성, 세 번째 문단은 개별자 수준과 집단 수준의 인과를 독립적으로 보는 관점, 마지막 문단은 개별자 수준과 집단 수준의 인과를 연관된 것으로 보는 관점이다. 따라서 글의 서술 방식으로 대비되는 두 가지 관점을 예로 들어 설명하고 있음이 가장 적절하다.

11

정답 ②

제시문은 세종대왕이 한글을 창제하고 반포하는 과정을 설명하고 있다. 따라서 (가) 세종대왕이 글을 읽고 쓰지 못하는 백성들을 안타깝게 여김 – (라) 훈민정음을 만들었지만 신하들의 반대에 부딪힘 – (다) 훈민정음을 세상에 알림 – (나) 훈민정음의 해설서인 『훈민정음 해례본』과 조선 왕조 창업을 노래한 『용비어천가』를 펴냄 순서로 나열되어야 한다.

12

정답 ③

제시문은 동양과 서양에서 서로 다른 의미를 부여하고 있는 달에 대해 설명하고 있다. 따라서 (나) 동양에서 나타나는 해와 달의 의미 – (라) 동양과는 다른 서양에서의 해와 달의 의미 – (다) 최근까지 지속되고 있는 서양에서의 달에 대한 부정적 의미 – (가) 동양에서의 변화된 달의 이미지 순서로 나열되어야 한다.

13

정답 ⑤

태초의 자연은 인간과 균형적인 관계로, 서로 소통하고 공생할 수 있었다. 그러나 기술의 발달로 인간은 자연을 정복하고 폭력을 행사했다. 이는 인간과 자연 양쪽에게 해가 되는 일이므로 힘의 균형을 통해 대칭적인 관계를 회복해야 한다는 것이 제시문의 중심 내용이다. 따라서 글에 이어질 내용으로 그 대칭적인 관계를 회복하기 위한 방법이 적절하다.

14

정답 ③

제시문은 테레민이라는 악기를 두 손을 이용해 어떻게 연주하는가에 대한 내용이다. 두 번째 문단에서 '오른손으로는 수직 안테나와의 거리에 따라 음고를 조절하고, 왼손으로는 수평 안테나와의 거리에 따라 음량을 조절한다.'고 하였고, 마지막 문단에서는 이에 따라 오른손으로 음고를 조절하는 방법에 대해 설명하고 있다. 따라서 글에 이어질 내용으로 왼손으로 음량을 조절하는 방법이 가장 적절하다.

15

정답 ⑤

제시문을 통해 조선 시대 금속활자는 왕실의 위엄과 권위를 상징하는 것임을 알 수 있다. 특히 정조는 왕실의 위엄을 나타내기 위한 을묘원행을 기념하는 의궤 인쇄를 정리자로 인쇄하고, 화성 행차의 의미를 부각하기 위해 그 해의 방목만을 정리자로 간행했다. 이를 통해 정리자는 정조가 가장 중시한 금속활자였다는 것을 알 수 있다. 따라서 빈칸에 들어갈 내용으로 가장 적절한 것은 ⑤이다.

오답분석

①·②·③·④ 제시문의 단서만으로는 추론할 수 없다.

16

정답 ④

합통과 추통은 참도 있지만 오류도 있다고 말하고 있다. 그리고 빈칸 뒤에서 더욱 많으면 맞지 않은 경우가 있기 때문이라는 이유를 제시하고 있으므로, 빈칸에는 합통 또는 추통으로 분별 또는 유추하는 것은 위험이 많다는 내용이 와야 한다. 따라서 빈칸에 들어갈 내용으로 가장 적절한 것은 ④이다.

17

정답 ④

㉠ 파울은 언어가 진화하고 변화한다고 보았으므로 언어를 연구하려면 언어가 역사적으로 발달해 온 방식을 고찰해야 한다고 주장한다. 반면, ㉡ 소쉬르는 언어가 역사적인 산물이더라도 변화 이전과 변화 이후를 구별해서 보아야 한다고 주장하고, 언어는 구성요소의 순간 상태 이외에는 어떤 것에 의해서도 규정될 수 없다고 보았다. 따라서 소쉬르의 관점에서 화자가 발화한 당시의 언어 상태를 연구 대상으로 해야 하며, 그 상태에 이르기까지의 모든 과정을 무시해야 한다고 파울을 비판할 수 있다.

18

정답 ③

첩보 위성은 임무를 위해 낮은 궤도를 비행해야 하므로, 높은 궤도로 비행시키면 수명은 길어질 수 있으나 임무 수행 자체가 어려워질 수 있다.

19

정답 ①

오답분석

② 이론의 핵심 부분들은 정립된 상태이므로 과학자들은 심오한 작은 영역에 집중하게 되고 그에 따라 각종 실험 장치들의 다양화, 정밀화와 더불어 문제를 해결해 가는 특정 기법과 규칙들이 만들어진다. 따라서 문제를 해결해 가는 과정이 주가 된다.
③ 어떤 현상의 결과가 충분히 예측된다 할지라도 그 세세한 과정은 의문 속에 있기 마련이다. 정상 과학의 시기에 과학자들의 열정과 헌신성은 예측 결과와 실제의 현상을 일치시키기 위한 연구를 통해 유지될 수 있다.
④ 정상 과학의 시기에는 이미 이론의 핵심 부분들은 정립되어 있으며 이 시기에는 새로움을 좇기보다는 기존 연구의 세부 내용이 깊어진다. 따라서 다양한 학설과 이론의 등장은 적절하지 않다.
⑤ 과학적 사고방식과 관습, 기법 등이 하나의 기반으로 통일되어 있을 뿐이지 해결해야 할 과제가 없는 것은 아니다. 따라서 완성된 과학이라고 부를 수 없다.

20

정답 ④

(가)는 호락논쟁을 통해 낙학과 호학이 정립되었음을 언급하고 있으며, (나)는 본체인 본성을 중시하고, 마음에 대한 탐구를 주장하는 낙학에 대해 설명하고 있다. 이와 달리 (다)와 (라)는 원리와 규범을 중시하고, 세계에 대한 객관적 인식을 주장하는 호학에 대해 설명하며 이러한 호학은 사대부의 자아 정립과 관련이 있다는 것을 이야기한다. 따라서 글의 구조로 가장 적절한 것은 ④이다.

제2영역 언어추리

01	02	03	04	05	06	07	08	09	10
③	③	①	④	⑤	①	④	①	③	⑤
11	12	13	14	15	16	17	18	19	20
①	②	①	④	②	③	②	④	③	④

01 정답 ③

'저녁에 일찍 잔다.'를 p, '상쾌하게 일어난다.'를 q, '자기 전 휴대폰을 본다.'를 r이라고 하면, 제시된 명제는 순서대로 $p \to q$, $r \to \sim p$이다. 첫 번째 명제의 대우가 $\sim q \to \sim p$이므로 $r \to \sim q \to \sim p$가 성립하기 위해서는 $r \to \sim q$가 추가로 필요하다. 따라서 빈칸에 들어갈 명제는 ③이다.

02 정답 ③

'A세포가 있다.'를 p, '물체의 상을 감지하다.'를 q, 'B세포가 있다.'를 r, '빛의 유무를 감지하다.'를 s라고 하면 제시된 명제는 순서대로 $p \to \sim q$, $\sim r \to q$, $p \to s$이다. 두 번째 명제의 대우와 첫 번째 명제에 따라 $p \to \sim q \to r$이 되어 $p \to r$이 성립한다. 이때 마지막 명제인 $p \to s$가 성립하기 위해 위해서는 $r \to s$가 추가로 필요하다. 따라서 빈칸에 들어갈 명제는 ③이다.

03 정답 ①

명제가 참이면 대우 명제도 참이다. 즉, '유민이가 좋아하는 과일은 신혜가 싫어하는 과일이다.'가 참이면 '신혜가 좋아하는 과일은 유민이가 싫어하는 과일이다.'도 참이다. 따라서 반드시 참인 것은 ①이다.

04 정답 ④

제시된 명제와 그 대우를 정리하면 다음과 같다.

- 마케팅 팀 ○ → 기획 역량 ○
  기획 역량 × → 마케팅 팀 ×
- 마케팅 팀 × → 영업 역량 ×
  영업 역량 ○ → 마케팅 팀 ○
- 기획 역량 × → 소통 역량 ×
  소통 역량 ○ → 기획 역량 ○

이를 연결하면 다음과 같다.

- 영업 역량 ○ → 마케팅 팀 ○ → 기획 역량 ○
  기획 역량 × → 마케팅 팀 × → 영업 역량 ×

따라서 반드시 참인 것은 ④이다.

05 정답 ⑤

오답분석

① 첫 번째 명제와 두 번째 명제로 추론할 수 있다.
② 두 번째 명제의 대우와 첫 번째 명제의 대우, 세 번째 명제로 추론할 수 있다.
③ 세 번째 명제의 대우와 첫 번째 명제로 추론할 수 있다.
④ 첫 번째 명제와 마지막 명제로 추론할 수 있다.

06 정답 ①

제시된 명제를 순서대로 논리 기호화하여 정리하면 다음과 같다.

- 두 번째 명제 : 햇살론 → (~출발적금 ∧ ~미소펀드)
- 세 번째 명제 : ~대박적금 → 햇살론
- 네 번째 명제 : 미소펀드
- 마지막 명제 : (미소펀드 ∨ 출발적금) → 희망예금

네 번째 명제에 따라 미소펀드는 반드시 가입하므로, 마지막 명제에 따라 출발적금 가입 여부와 무관하게 희망예금에 가입하고, 두 번째 명제의 대우[(미소펀드 ∨ 출발적금) → ~햇살론]에 따라 햇살론에는 가입하지 않는다. 또한 세 번째 명제의 대우(~햇살론 → 대박적금)에 따라 대박적금은 가입하게 되므로 첫 번째 명제에 따라 미소펀드, 희망예금, 대박적금 3개에 가입하고, 햇살론, 출발적금은 가입하지 않는다.

07 정답 ④

C, D, F지점의 사례만 고려하면, F지점에서 마카롱과 쿠키를 함께 먹었을 때 알레르기가 발생하지 않았으므로 마카롱은 알레르기 발생 원인이 될 수 없으며, 빵 또는 케이크가 알레르기 발생 원인이 될 수 있다. 따라서 ④는 반드시 참이 아니다.

오답분석

① A, B, D지점의 사례만 고려한 경우 : 빵과 마카롱을 함께 먹은 경우에는 알레르기가 발생하지 않았으므로, 케이크가 알레르기 발생 원인이 된다.
② A, C, E지점의 사례만 고려한 경우 : 케이크와 쿠키를 함께 먹은 경우에는 알레르기가 발생하지 않았으므로, 빵이 알레르기 발생 원인이 된다.
③ B, D, F지점의 사례만 고려한 경우 : 빵과 마카롱 또는 마카롱과 쿠키를 함께 먹은 경우에 알레르기가 발생하지 않았으므로, 케이크가 알레르기 발생 원인이 된다.
⑤ D, E, F지점의 사례만 고려한 경우 : 케이크와 마카롱을 함께 먹은 경우에 알레르기가 발생하였으므로, 쿠키는 알레르기 발생 원인이 될 수 없다.

08

정답 ①

A～E의 진술에 따르면 B와 D의 진술은 반드시 동시에 참 또는 거짓이 되어야 하며, B와 E의 진술은 동시에 참이나 거짓이 될 수 없다.

i) B와 D의 진술이 거짓인 경우
A와 C의 진술이 서로 모순되므로 성립하지 않는다.

ii) A와 E의 진술이 거짓인 경우
A의 진술에 따르면 E의 진술은 참이 된다. 이때 E의 진술에 따르면 B와 D도 거짓을 말한 것이므로 총 4명이 거짓을 말한 것이 된다. 따라서 조건이 성립하지 않는다.

iii) C와 E의 진술이 거짓인 경우
A～E의 진술에 따라 정리하면 다음과 같다.

항목	필기구	의자	복사용지	사무용 전자제품
신청 사원	A, D	C		D

의자를 신청한 사원의 수는 3명이므로 필기구와 사무용 전자제품 2개 항목을 신청한 D와 의자를 신청하지 않은 B를 제외한 A, E가 의자를 신청했음을 알 수 있다. 또한, 복사용지를 신청하지 않았다는 E의 진술에 따라 E가 신청한 나머지 항목은 자연스럽게 사무용 전자제품이 된다. 이와 함께 남은 항목의 개수에 따라 신청 사원을 배치하면 다음과 같다.

항목	필기구	의자	복사용지	사무용 전자제품
신청 사원	A, D	A, C, E	B, C	B, D, E

따라서 신청 사원과 신청 물품이 바르게 연결된 것은 ①이다.

09

정답 ③

세 가지 조건을 종합해 보면 A상자에는 테니스공과 축구공이, B상자에는 럭비공이, C상자에는 야구공이 들어가게 됨을 알 수 있다. 따라서 B상자에는 럭비공과 농구공 또는 럭비공과 배구공이 들어갈 수 있으며, C상자에는 야구공과 배구공 또는 야구공과 농구공이 들어갈 수 있다. 따라서 럭비공은 배구공과 같은 상자에 들어갈 수도 있고 아닐 수도 있다.

오답분석

① 세 가지 조건을 종합해 보면 테니스공과 축구공이 들어갈 수 있는 상자는 A상자밖에 남지 않음을 알 수 있다.
② A상자는 이미 꽉 찼고 남은 상자는 B, C상자인데, 이 두 상자에도 각각 공이 하나씩 들어가 있으므로 배구공과 농구공은 각각 두 상자에 나누어져 들어가야 한다. 따라서 두 공은 같은 상자에 들어갈 수 없다.
④ 농구공을 C상자에 넣으면 배구공이 들어갈 수 있는 상자는 B상자밖에 남지 않게 된다.
⑤ B상자에 배구공을 넣으면 농구공을 넣을 수 있는 상자는 C상자밖에 남지 않게 된다. 따라서 농구공과 야구공은 함께 C상자에 들어가게 된다.

10

정답 ⑤

두 번째 조건에 따르면 여자 사무관 중 1명은 반드시 제외되어야 하므로 1명의 남자 사무관과 3명의 여자 사무관은 한 팀으로 구성될 수 없다. 또한 세 번째 조건과 마지막 조건에 따르면 가훈, 나훈 중 적어도 한 사람을 뽑을 경우 라훈, 소연을 뽑아야 하고, 소연을 뽑으면 모연을 반드시 함께 뽑아야 하므로 전담팀은 남자 사무관 4명으로만 구성될 수 없으며, 남자 사무관 3명과 여자 사무관 1명으로도 구성될 수 없다. 그러므로 전담팀은 남자 사무관 2명, 여자 사무관 2명으로만 구성될 수 있다.
네 번째 조건과 마지막 조건에 따르면 다훈을 뽑을 경우 모연, 보연, 소연을 모두 뽑을 수 없으므로 다훈을 팀원으로 뽑을 수 없다 (∵ 남자 사무관 4명으로만 팀이 구성될 수 없다).
제시된 모든 조건을 고려하여 구성할 수 있는 '하늘' 전담팀은 다음과 같다.
1) 가훈, 라훈, 소연, 모연
2) 나훈, 라훈, 소연, 모연
따라서 전담팀은 남녀 각각 동일한 수 2명으로 구성되며(㉠), 다훈과 보연은 둘 다 팀에 포함되지 않는 반면(㉡), 라훈과 모연은 둘 다 팀에 포함된다(㉢).

11

정답 ①

E의 말이 진실인 경우와 거짓인 경우로 나누어 보면 다음과 같다.

i) E가 진실을 말할 때
E와 C가 범인이므로, B의 말은 진실, A의 말은 거짓이 되고 C, D의 말은 진실이 된다.

ii) E가 거짓을 말할 때
E와 C는 범인이 아니므로, B의 말은 거짓이고, B는 범인이다. 그러므로 A의 말은 진실이고, C의 말과 D의 말은 각각 거짓이 됨에 따라 거짓을 말한 사람이 4명이 되므로 성립하지 않는다.

따라서 거짓을 말한 사람은 A이다.

12

정답 ②

제시된 조건에 따라 부서별 위치를 정리하면 다음과 같다.

구분	경우 1	경우 2
6층	연구・개발부	연구・개발부
5층	서비스개선부	가입지원부
4층	가입지원부	서비스개선부
3층	기획부	기획부
2층	인사운영부	인사운영부
1층	복지사업부	복지사업부

따라서 3층에 위치한 기획부의 문대리는 출근 시 반드시 계단을 이용해야 하므로 ②는 항상 참이다.

오답분석

① 커피숍과 같은 층에 위치한 부서는 복지사업부이다.
③ 경우 1에서 가입지원부의 김대리는 출근 시 엘리베이터를 타고 4층에서 내린다.
④ 경우 2에서 가입지원부의 김대리는 서비스개선부의 조대리보다 엘리베이터에서 나중에 내린다.
⑤ 엘리베이터 이용에만 제한이 있을 뿐 계단 이용에는 층별 이용 제한이 없다.

13

정답 ①

첫 번째 조건에서 원탁 의자에 임의로 번호를 적고 회의 참석자들을 앉혀 본다.

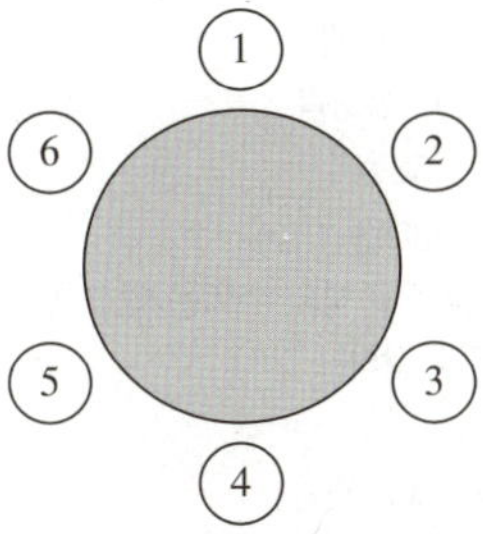

마지막 조건에서 A와 B 사이에 2명이 앉으므로 임의로 1번 자리에 A가 앉으면 4번 자리에 B가 앉는다. 그리고 B 자리 바로 왼쪽에 F가 앉기 때문에 F는 5번 자리에 앉는다. 만약 6번 자리에 C 또는 E가 앉게 되면 2번과 3번 자리에 D와 E 또는 D와 C가 나란히 앉게 되어 세 번째 조건에 부합하지 않는다. 따라서 6번 자리에 D가 앉아야 하고 두 번째 조건에서 C가 A 옆자리에 앉아야 하므로 2번 자리에 C가, 나머지 3번 자리에는 E가 앉게 된다.

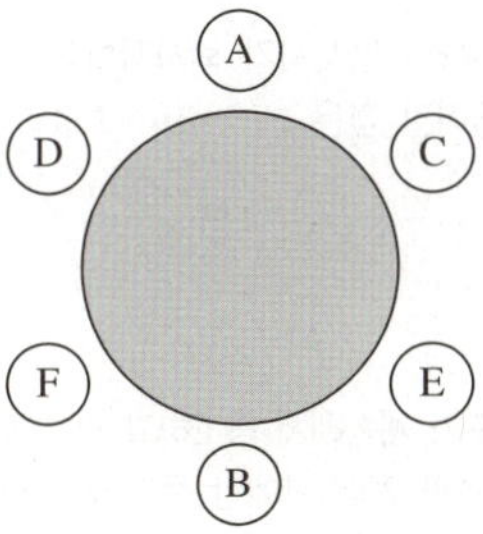

따라서 나란히, 즉 바로 옆 자리에 앉게 되는 참석자들은 선택지 중 A와 D이다.

14

정답 ④

A와 E의 진술이 모순되므로 둘 중 1명이 거짓을 말하고 있음을 알 수 있다.

i) E의 진술이 거짓인 경우
지각한 사람이 D와 E 2명이 되므로 성립하지 않는다.

ii) A의 진술이 거짓인 경우
B, C, D, E의 진술이 모두 참이 되며, 지각한 사람은 D이다.

따라서 거짓을 말하는 사람은 A이며, 지각한 사람은 D이다.

15

정답 ②

제시된 조건을 정리하면 다음과 같다.

i) 첫 번째 방문지가 안압지인 경우

첫 번째	두 번째	세 번째	네 번째
안압지	석굴암 / 첨성대	불국사	첨성대 / 석굴암

ii) 첫 번째 방문지가 석굴암인 경우

첫 번째	두 번째	세 번째	네 번째
석굴암	첨성대	불국사 / 안압지	안압지 / 불국사

따라서 안압지가 첫 번째 방문지일 경우, 세 번째 방문지는 항상 불국사이므로 ②는 세미의 유적지 방문 순서가 될 수 없다.

16

정답 ③

세 번째 ~ 마지막 조건을 기호화하여 정리하면 다음과 같다.

• A or B → D, A and B → D
• C → ~E and ~F
• D → G
• G → E

세 번째 조건의 대우 ~D → ~A and ~B에 따라 D사원이 출장을 가지 않으면 A사원과 B사원 모두 출장을 가지 않는 것을 알 수 있다. 결국 D사원이 출장을 가지 않으면 C사원과 E, F, G대리가 모두 출장을 가야 한다. 그러나 이는 대리 중 적어도 한 사람은 출장을 가지 않는다는 두 번째 조건과 모순되므로 성립하지 않는다. 그러므로 D사원은 반드시 출장을 가야 한다.

D사원이 출장을 가면 다섯 번째, 마지막 조건을 통해 D → G → E가 성립하므로 G대리와 E대리도 출장을 가는 것을 알 수 있다. 이때, 네 번째 조건의 대우에 따라 E대리와 F대리 중 적어도 한 사람이 출장을 가면 C사원은 출장을 갈 수 없으며, 두 번째 조건에 따라 E, F, G대리는 모두 함께 출장을 갈 수 없다. 결국 D사원, G대리, E대리와 함께 출장을 갈 수 있는 사람은 A사원 또는 B사원이다. 따라서 항상 참인 것은 'C사원은 출장을 가지 않는다.'이다.

17

정답 ②

먼저 B의 진술이 거짓일 경우 A와 C는 모두 프로젝트에 참여하지 않으며, C의 진술이 거짓일 경우 B와 C는 모두 프로젝트에 참여한다. 따라서 B와 C의 진술은 동시에 거짓이 될 수 없으므로 둘 중 1명의 진술은 반드시 참이 된다.

i) B의 진술이 참인 경우
A는 프로젝트에 참여하지 않으며, B와 C는 모두 프로젝트에 참여한다. B와 C 모두 프로젝트에 참여하므로 D는 프로젝트에 참여하지 않는다.

ii) C의 진술이 참인 경우
A는 프로젝트에 참여하지 않으며, B는 프로젝트에 참여한다. C는 프로젝트에 참여하지 않으나, B가 프로젝트에 참여하므로 D는 프로젝트에 참여하지 않는다.

따라서 반드시 프로젝트에 참여하는 사람은 B이다.

18

정답 ④

제시된 조건을 정리하면 다음과 같다.

1번째	2번째	3번째	4번째	5번째	6번째	7번째	8번째	9번째	10번째
초밥 가게	×	카페	×	편의점	약국	옷 가게	신발 가게	×	×

오답분석

① 옷가게는 7번째 건물에 있다.
② 편의점은 5번째 건물에 있다.
③ 카페와 옷가게 사이에 3개의 건물이 있다.
⑤ 초밥가게와 약국 사이에 4개의 건물이 있다.

19

정답 ③

우선 E는 반려동물이 없기 때문에 1층과 2층에는 입주할 수 없다. 그리고 5층에는 D가 살고 있기 때문에 남은 층은 3, 4, 6, 7층이다. A는 개를 키우고 있기 때문에 1층이나 2층에 살고 있을 것이고 남은 B와 C가 어느 층에 살고 있을지를 유추해야 한다. B는 A보다 높은 홀수층에 살고 있으므로 3층이나 7층에 살고 있다. 그런데 B의 바로 아래층에 사는 C에게는 반려동물이 없으므로 C는 6층에 살고, B는 7층에 산다. 따라서 E가 입주할 수 있는 층은 3층 또는 4층이다.

20

정답 ④

제시된 조건을 정리하면 다음과 같다.

- A<C<F
- E<□<D
- D<B
- □<A
- D<F<□
- E<□<C or C<□<E

앞	E	A	C	D	F	B	뒤

따라서 C는 6명 중 4번째로 키가 큰 것을 알 수 있다.

제3영역 자료해석

01	02	03	04	05	06	07	08	09	10
①	③	①	③	③	②	④	②	②	①
11	12	13	14	15	16	17	18	19	20
⑤	③	②	⑤	②	⑤	⑤	③	②	③

01

정답 ①

투자안별 투자금액에 대한 연 수익은 각각 다음과 같다.

- A : 1,600×0.11=176원
- B : 1,400×0.1=140원
- C : 1,200×0.09=108원
- D : 800×0.07=56원
- E : 600×0.05=30원

투자방법에 따라 남는 금액의 수익은 없고 투자금액에 대한 수익을 계산하면 다음과 같다.

- A=176원
- B+E=140+30=170원
- C+D=108+56=164원
- C+E=108+30=138원
- D+E=56+30=86원

따라서 A투자안이 176원으로 가장 수익이 높다.

02

정답 ③

매년 각 A, B, C사의 입사자가 퇴사자보다 19명이 많다.
따라서 빈칸에 들어갈 값은 173−19=154이다.

03

정답 ①

이산화탄소의 농도가 계속해서 증가하고 있는 것과 달리 오존전량의 농도는 2022년과 2023년에만 증가하였다.

오답분석

② 이산화탄소의 농도는 2018년 387.2ppm에서 시작하여 2024년 395.7ppm으로 해마다 증가했다.
③ 2019년 오존전량의 농도는 1DU 감소하였고, 2020년에는 2DU, 2021년에는 3DU 감소하였다. 2022년과 2023년에는 증가하였고, 2024년에는 8DU 감소하였다.
④ 2024년 오존전량의 농도는 335DU로, 2018년의 331DU보다 4DU 증가했다.
⑤ 2024년 이산화탄소의 농도는 395.7ppm으로, 2019년의 388.7ppm보다 7ppm 증가했다.

04 정답 ③

2023년 하반기 대출·금융 이메일 스팸 비율은 전년 동기인 2022년 하반기 대비 7.9÷1.9≒4.16배 증가하였다.

오답분석

①·⑤ 제시된 자료를 통해 확인할 수 있다.
② 2022년 상반기와 2024년 하반기의 전체 이메일 스팸 수신량이 제시되지 않았으므로 비율 자료를 통해 비교할 수 없다.
④ 2022년 상반기 대비 2024년 상반기 성인 이메일 스팸 비율의 증가율은 $\frac{19.2-14.8}{14.8}\times 100 ≒ 29.73$%이다.

05 정답 ③

대치동의 증권자산은 23.0−17.7−3.1=2.2조 원, 서초동의 증권자산은 22.6−16.8−4.3=1.5조 원이다. 따라서 대치동의 증권자산이 더 많다.

오답분석

① 이촌동의 가구 수가 2만 이상이려면 총자산이 7.4×20,000=14.8조 원 이상이어야 한다. 그러나 이촌동은 총자산이 14.4조 원인 압구정동보다도 순위가 낮으므로 이촌동의 가구 수는 2만 가구 미만이다.
② 여의도동의 부동산자산은 12.3조 원 미만이다. 따라서 여의도동의 증권자산은 최소 3조 원 이상이다.
④ 압구정동과 여의도동의 가구 수는 각각 다음과 같다.
  - 압구정동 : $\frac{14.4조}{12.8억}$=11,250가구
  - 여의도동 : $\frac{24.9조}{26.7억}$≒9,300가구

  따라서 압구정동의 가구 수가 더 많다.
⑤ 도곡동과 목동의 총자산 대비 부동산자산의 비율은 각각 다음과 같다.
  - 도곡동 : $\frac{12.3}{15.0}\times 100=82$%
  - 목동 : $\frac{13.7}{15.5}\times 100 ≒ 88.39$%

  따라서 목동의 부동산자산 비율이 더 높다.

06 정답 ②

화재 피해액은 매년 증가하지만, 화재 발생건수는 감소도 하고 증가도 한다. 따라서 비례한다고 볼 수 없다.

오답분석

① 화재 피해액은 매년 증가한다.
③ 화재 발생건수는 2023년이 4.9만 건으로 가장 높다.
④ 화재 발생건수는 2023년이 가장 높지만, 화재피해액은 2024년이 가장 높다.
⑤ 화재 피해액은 2022년까지는 2.8천억 원이었지만, 2023년에 4.3천억 원으로 4천억 원을 넘어섰다.

07 정답 ④

합계 출산율은 2018년에 최저치를 기록했다.

오답분석

① 2018년 출생아 수(435천 명)는 2016년 출생아 수(490.5천 명)의 약 0.89배이다.
② 합계 출산율이 일정하게 증가하는 추세는 나타나지 않는다.
③ 2023년 대비 2024년에는 합계 출산율이 0.014명 증가했다.
⑤ 제시된 자료로는 판단할 수 없다.

08 정답 ②

2016년 강북의 주택전세가격을 100이라고 하면, 제시된 자료는 전년 대비 증감률을 나타내므로 2017년에는 약 5% 증가해 100×1.05=105이고, 2018년에는 전년 대비 약 10% 증가해 105×1.1=115.5이다. 따라서 2018년 강북의 주택전세가격은 2016년 대비 약 $\frac{115.5-100}{100}\times 100=15.5$% 증가했다고 볼 수 있다.

오답분석

① 전국 주택전세가격의 증감률은 2015년부터 2024년까지 모두 양의 값(+)이므로 매년 증가하고 있다고 볼 수 있다.
③ 2021년 이후 서울의 주택전세가격 증가율이 전국 평균 증가율보다 높은 것을 확인할 수 있다.
④ 강남 지역의 주택전세가격 증가율이 가장 높은 시기는 2018년인 것을 확인할 수 있다.
⑤ 전년 대비 주택전세가격이 감소했다는 것은 전년 대비 증감률이 음의 값(−)을 가지고 있다는 것이므로 2015년 강남뿐이다.

09 정답 ②

B, C, F, G는 기대수익률과 표준편차가 각기 다른데 조건에서 기대수익률과 위험 수준에 대한 선호도는 고려하지 않는다고 하였으므로 어느 투자 대안이 나은 것인지 평가할 수 없다.

오답분석

① 투자 대안 E는 D와 G에 비해 표준편차가 낮지만 기대수익률 역시 낮으므로 바람직한 대안은 아니다.
③ F의 기대수익률이 가장 높기는 하지만 표준편차 역시 가장 높으므로 가장 바람직한 대안은 아니다.
④ A와 C, B와 D는 동일한 기대수익률을 나타내지만 표준편차가 다르며 제시문에서 표준편차가 낮은 투자 대안이 더 바람직하다고 하였다.
⑤ 각 대안의 기대수익률뿐만 아니라 표준편차 역시 고려되어야 한다.

10

정답 ①

2022년 프랑스의 자국 영화 점유율은 한국보다 높다.

오답분석

② 제시된 자료를 통해 쉽게 확인할 수 있다.
③ 2021년 대비 2024년 자국 영화 점유율이 하락한 국가는 한국, 영국, 독일, 프랑스, 스페인이고, 이 중 한국이 4.3%p 하락하여 가장 많이 하락한 국가이다.
④ 2023년을 제외하고 프랑스 – 영국 – 독일 – 스페인 순서로 자국 영화 점유율이 높다.
⑤ 일본, 독일, 스페인, 호주, 미국이 해당하므로 절반이 넘는다.

11

정답 ⑤

2019년과 2020년에 일본과 한국을 방문한 중국인 총관광객 수는 각각 다음과 같다.

- 일본 : 830,000+450,000=1,280,000명
- 한국 : 1,010,000+1,310,000=2,320,000명

따라서 2019년과 2020년에 일본과 한국을 방문한 중국인 총관광객 수는 동일하지 않다.

오답분석

① 2023년 방한 중국 국적 관광객은 477만 명으로 가장 많다.
② 각각 314만 명, 477만 명, 471만 명, 327만 명으로 매년 300만 명 이상이다.
③ 2019년부터 2023년까지는 계속 증가하였다.
④ 제시된 자료를 통해 쉽게 확인할 수 있다.

12

정답 ③

ⓛ 국가채권 중 조세채권의 전년 대비 증가율은 다음과 같다.

- 2022년 : $\frac{30-26}{26}\times100 \fallingdotseq 15.4\%$
- 2024년 : $\frac{38-34}{34}\times100 \fallingdotseq 11.8\%$

따라서 조세채권의 전년 대비 증가율은 2024년에 비해 2022년이 높다.

ⓒ 융자회수금의 국가채권과 연체채권의 총합이 가장 높은 해는 142조 원으로 2024년이다. 연도별 경상 이전수입의 국가채권과 연체채권의 총합을 구하면 각각 15, 15, 17, 18조 원이므로 2024년이 가장 높다.

오답분석

㉠ 2021년 총연체채권은 27조 원으로, 2023년 총연체채권의 80%인 36×0.8=28.8조 원보다 적다.
㉣ 2021년 대비 2024년 경상 이전수입 중 국가채권과 연체채권의 증가율은 각각 다음과 같다.

- 국가채권 : $\frac{10-8}{8}\times100=25\%$
- 연체채권 : $\frac{8-7}{7}\times100 \fallingdotseq 14.3\%$

따라서 국가채권 증가율이 더 높다.

13

정답 ②

- 김사원 : 전체 경쟁력 점수는 E국이 D국보다 1점 높다. 이때 E국과 D국의 총합을 각각 계산하는 것보다 D국을 기준으로 E국의 편차를 부문별로 계산하여 판단하는 것이 좋다. 부문별 편차는 변속감 −1점, 내구성 −2점, 소음 −4점, 경량화 +10점, 연비 −2점이므로 총합은 E국이 +1점이다.
- 최대리 : C국을 제외하고 국가 간 차이가 가장 큰 부문은 경량화 21점, 가장 작은 부문은 연비 9점이다.
- 오사원 : 내구성이 가장 높은 국가는 B국, 경량화가 가장 낮은 국가는 D국이다.

14

정답 ⑤

국민연금 전체 운용수익률은 연평균기간이 짧을수록 5.24% → 3.97% → 3.48% → −0.92%로 감소하고 있다.

오답분석

① 기간별 연평균으로 분류하여 수익률을 나타내므로 매년 증가하고 있는지 알 수 없다.
② 2024년 1년간 운용수익률에서 기타부문은 흑자를 기록했고, 공공부문은 알 수 없다.
③ 공공부문의 경우 11년 연평균(2014 ~ 2024년)의 수치만 제시되어 있으므로 알 수 없다.
④ 금융부문 운용수익률은 연평균기간이 짧을수록 감소하고 있다.

15

정답 ②

경기도와 강원도의 보전관리지역 지가변동률 대비 농림지역 지가변동률의 비율은 각각 다음과 같다.

- 경기도 : $\frac{3.04}{2.1}\times100 \fallingdotseq 144.8\%$
- 강원도 : $\frac{2.49}{1.23}\times100 \fallingdotseq 202.4\%$

따라서 강원도가 더 높다.

오답분석

① 부산광역시의 경우 전년 대비 공업지역의 지가는 감소하였으나, 농림지역 지가는 변동이 없었다.
③ 전라북도 상업지역의 지가변동률은 충청북도 주거지역의 지가변동률 대비 $\frac{1.83-1.64}{1.64}\times100 \fallingdotseq 12\%$ 더 높다.
④ 대구광역시 공업지역의 지가변동률과 경상남도 보전관리지역의 지가변동률 차이는 $|-0.97-1.77|=2.74\%$p이다.
⑤ 경기도의 경우 전국 평균 지가변동률인 3.14%보다 평균 지가변동률이 3.23%로 더 높지만, 주거지역 지가변동률은 3.47%로 전국 평균인 3.53%보다 낮다.

16

정답 ⑤

서비스 종사자와 기능원 및 관련 종사자의 6건 가입 건수는 각각 다음과 같다.

• 서비스 종사자 : 259×0.041≒10.6건
• 기능원 및 관련 종사자 : 124×0.062≒7.7건

따라서 기능원 및 관련 종사자 가입 건수가 더 적다.

오답분석

① 직업별로 5건 가입한 사례 수를 비교할 때, 사무 종사자 가입 건수는 410×0.189≒77.5건으로 가장 많다.
② 판매 종사자와 서비스 종사자의 3건 가입 건수는 각각 다음과 같다.
  • 판매 종사자 : 443×0.145≒64.2건
  • 서비스 종사자 : 259×0.205≒53건
  따라서 판매 종사자 가입 건수가 더 많다.
③ 전문가 및 관련 종사자의 2건 가입 비율은 20.1%이고, 단순 노무 종사자는 33.8%로 다른 가입 건수보다 비율이 높다.
④ 기계조작 및 조립 종사자의 평균 가입 건수는 3.7건이고, 단순 노무 종사자의 평균 가입 건수는 2.8건이므로 기계조작 및 조립 종사자가 평균적으로 더 많이 가입한다.

17

정답 ⑤

전국의 화재 건수 증감 추이는 '증가 – 감소 – 증가 – 감소'이다. 전국과 같은 증감 추이를 보이는 지역은 강원도, 전라남도, 경상북도, 경상남도, 제주특별자치도로 총 5곳이다.

오답분석

① 충청북도의 화재 건수는 매년 증가하다가 2024년에 감소하였다.
② 매년 화재 건수가 많은 지역은 '경기도 – 서울특별시 – 경상남도' 순서이다. 따라서 매년 화재건수가 세 번째로 많은 지역은 경상남도이다.
③ 2024년 서울특별시의 화재 건수는 전체의 $\frac{6,368}{42,338}\times 100 \fallingdotseq$ 15%이므로 20% 미만이다.
④ 강원도의 2024년 화재 건수는 전년 대비 $\frac{2,364-2,228}{2,364}\times 100 \fallingdotseq 5.8\%$ 감소하였으므로 7% 미만으로 감소하였다.

18

정답 ③

2020년과 2022년의 정규직 신규채용 중 여성의 비율은 각각 다음과 같다.

• 2020년 : $\frac{229}{1,605}\times 100 \fallingdotseq 14.3\%$
• 2022년 : $\frac{251}{2,103}\times 100 \fallingdotseq 11.9\%$

따라서 2020년이 더 높다.

오답분석

① 2024년 정규직 신규채용 중 장애인의 비율은 $\frac{15}{3,361}\times 100 \fallingdotseq$ 0.4%이므로 1% 미만이다.
② 2024년에는 정규직 신규채용 중 고졸인력이 이전지역 지역인재보다 적다.
④ 2021년에는 전년 대비 감소하였다.
⑤ 2021년에 비수도권 지역인재 신규채용은 전년 대비 감소하였지만, 청년 신규채용은 전년 대비 증가하였다.

19

정답 ②

남성 실기시험 응시자가 가장 많은 분야는 건축 분야(15,888명)이고, 남성 필기시험 응시자가 가장 많은 분야는 토목 분야(8,180명)이다.

오답분석

① 영사 분야는 필기·실기시험 전체 신청자와 응시자가 동일하므로 응시율이 100%이다.
③ 필기시험 전체 합격률이 실기시험 전체 합격률보다 높은 직무 분야는 디자인 분야와 영사 분야이다.
④ 여성 필기시험 응시자가 남성보다 많은 분야는 디자인 분야이며, 실기시험 응시자도 여성이 더 많다.
⑤ 건축 분야의 여성 실기시험 합격률은 토목 분야의 남성 실기시험 합격률보다 75.6−70.5=5.1%p 낮다.

20

정답 ③

판매 비중이 큰 순서대로 판매사 4곳을 나열하면 D사, W사, S사, K사 순이다.
이 중 상위 3개사(D사, W사, S사)의 판매액 합계는 전체 판매액 4조 3천억 원의 40%인 43,000×0.4=17,200억 원이다.
따라서 D사, W사, S사의 판매액 합계가 9,100+6,800+1,300=17,200억 원인 ③이 옳다.

오답분석

① D사, W사, S사의 판매액 합계가 전체의 40% 미만이다.
②·④·⑤ D사, W사, S사의 판매액 합계가 전체의 40%를 초과한다.

제4영역 창의수리

01	02	03	04	05	06	07	08	09	10
②	②	③	②	②	①	③	⑤	④	③
11	12	13	14	15	16	17	18	19	20
④	③	①	②	③	④	④	④	①	⑤

01

정답 ②

A와 B의 일급이 같으므로 하루에 포장한 제품의 개수는 A의 작업량인 $310\times5=1,550$개로 서로 같다.

B가 처음 시작하는 1시간 동안 x개의 제품을 포장한다고 하면 다음과 같은 식이 성립한다.

$x+2x+4x+8x+16x=1,550$

→ $31x=1,550$

$\therefore x=50$

따라서 B가 처음 1시간 동안 포장하는 제품의 개수는 50개이다.

02

정답 ②

앞의 항에 $\div4$, $+40$이 반복되는 수열이다.

$\therefore$ A$=40\times4=160$, B$=15+40=55$

따라서 A-2B$=160-2\times55=50$이다.

03

정답 ③

대분수로 변환하였을 때, 정수 부분과 분자, 분모가 각각 $+1$인 수열이다.

따라서 (　)$=(3+1)\left(\frac{3+1}{4+1}\right)=4\frac{4}{5}=\frac{24}{5}$이다.

04

정답 ②

신입이 들어오기 전 팀원 수를 x명이라고 하면 다음과 같은 식이 성립한다.

$\frac{30x+25}{x+1}=29$

→ $30x+25=29x+29$

$\therefore x=4$

따라서 신입이 들어오기 전 팀원 수는 4명이다.

05

정답 ②

열마다 (첫 번째 항)×(두 번째 항)=(세 번째 항)인 규칙이다.

따라서 (　)$=14\div7=2$이다.

06

정답 ①

길이가 40m인 열차가 200m의 터널을 통과할 때의 이동거리는 $200+40=240$m이므로, 열차의 속력은 $\frac{240}{10}=24$m/s이다.

이 열차가 320m의 터널을 통과할 때의 이동거리는 $320+40=360$m이고, 속력은 동일하게 24m/s이다.

따라서 이 열차가 320m의 터널을 통과하는 데 걸린 시간은 $\frac{360}{24}=15$초이다.

07

정답 ③

처음 사탕의 개수를 x개라고 하면 남아 있는 사탕의 개수는 다음과 같다.

- 처음으로 사탕을 먹고 남은 사탕의 개수
  : $\left(1-\frac{1}{3}\right)x=\frac{2}{3}x$개
- 그다음 날 사탕을 먹고 남은 사탕의 개수
  : $\frac{2}{3}x\times\left(1-\frac{1}{2}\right)=\frac{1}{3}x$개
- 또 그다음 날 사탕을 먹고 남은 사탕의 개수
  : $\frac{1}{3}x\times\left(1-\frac{1}{4}\right)=\frac{1}{4}x$개

마지막으로 남은 사탕의 개수는 18개라고 하였으므로 다음과 같은 식이 성립한다.

$\frac{1}{4}x=18$

$\therefore x=72$

따라서 처음 사탕 바구니에 들어 있던 사탕은 72개이다.

08

정답 ⑤

중간 막대의 길이를 $x$cm라고 하면 가장 긴 막대의 길이는 $(x+32)$cm이고, 가장 짧은 막대의 길이는 $(x-16)$cm이다.

2.5m는 250cm와 같으므로 다음과 같은 식이 성립한다.

$(x+32)+x+(x-16)=250$

→ $3x+16=250$

→ $3x=234$

$\therefore x=78$

따라서 가장 긴 막대의 길이는 $78+32=110$cm이다.

09

정답 ④

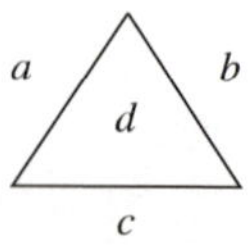

→ $a\times b-c=d$

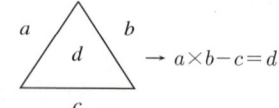

따라서 (　)$=12\times4-28=20$이다.

10

정답 ③

하루 동안 A, B, C가 할 수 있는 일의 양은 각각 $\frac{1}{10}$, $\frac{1}{20}$, $\frac{1}{40}$이다. 4일간 A와 B가 먼저 일한다고 하였으므로, 남은 일의 양은 $1-\left(\frac{1}{10}+\frac{1}{20}\right)\times4=1-\frac{3}{5}=\frac{2}{5}$이다.

C가 남은 일을 혼자서 마무리하는 기간을 x일이라고 하면 다음과 같은 식이 성립한다.

$\frac{2}{5}=\frac{1}{40}x$

$\therefore\ x=16$

따라서 C는 16일 동안 일한다.

11

정답 ④

나열된 수를 각각 A, B, C라고 하면

$\underline{A\ B\ C} \rightarrow A^2+B^2=C$

따라서 ( )$=3^2+4^2=9+16=25$이다.

12

정답 ③

전개도를 접어 입체도형을 만들었을 때 마주보는 면에 적혀 있는 수의 합이 일정한 규칙이다. 왼쪽 전개도부터 마주보는 면의 숫자의 합이 각각 6, 8, 10이다.

따라서 ( )$=10-2=8$이다.

13

정답 ①

B팀이 2쿼터까지 얻은 점수를 x점이라 하면, A팀이 얻은 점수는 $(x+7)$점이다. B팀이 3쿼터와 4쿼터에 얻은 점수를 y점이라 하면, A팀이 얻은 점수는 $\frac{3}{5}y$점이므로 다음과 같은 식이 성립한다.

$x+7+\frac{3}{5}y=75 \rightarrow x+\frac{3}{5}y=68 \cdots$ ㉠

$x+y=78 \cdots$ ㉡

㉡−㉠을 하면 다음과 같은 식이 성립한다.

$\frac{2}{5}y=10$

$\therefore\ y=25$

따라서 A팀이 3쿼터와 4쿼터에 얻은 점수는 $\frac{3}{5}\times25=15$점이다.

14

정답 ②

분자는 1부터 분모의 수에 이를 때까지 $+1$, 분모는 1부터 해당 분모의 수만큼 같은 수가 반복되는, 즉 1, 2, 2, 3, 3, 3, …인 수열이다.

따라서 ( )$=\frac{1}{4}$이다.

15

정답 ③

세 번째 행의 수는 첫 번째 행의 수에 $\times2$, 네 번째 행의 수는 두 번째 행의 수에 $\times2$인 규칙이다.

따라서 ( )$=3\times2=6$이다.

16

정답 ④

노트북 한 대를 판매할 때 받는 수당은 $2{,}000{,}000\times\frac{3}{100}=60{,}000$원이다. 판매하는 노트북의 대수를 x대라고 하면 다음과 같은 식이 성립한다.

$1{,}500{,}000+60{,}000x\geq2{,}500{,}000$

$\rightarrow 60{,}000x\geq1{,}000{,}000$

$\therefore\ x\geq16.66\cdots$

따라서 김사원은 매달 최소 17대 이상의 노트북을 판매해야 한다.

17

정답 ④

첫 번째 날 또는 일곱 번째 날에 총무부 소속 팀이 봉사활동을 하게 될 확률은 1에서 마케팅부 소속 팀이 첫 번째 날과 일곱 번째 날에 봉사활동을 반드시 하는 확률을 제외한 것과 같다.

마케팅부의 5팀 중 첫 번째 날과 일곱 번째 날에 봉사활동을 할 팀을 배치하는 순서의 경우의 수는 ${}_5P_2=5\times4=20$가지이고, 총무부 2팀을 포함한 5팀을 배치하는 경우의 수는 $5!$가지이므로 총 $20\times5!$가지이다.

첫 번째 날과 일곱 번째 날에 마케팅부 소속 팀이 봉사활동을 하는 확률은 $\frac{20\times5!}{7!}=\frac{20\times5\times4\times3\times2\times1}{7\times6\times5\times4\times3\times2\times1}=\frac{10}{21}$이므로 첫 번째 날 또는 일곱 번째 날에 총무부 소속 팀이 봉사활동 하는 확률은 $1-\frac{10}{21}=\frac{11}{21}$이다.

따라서 $a-b=21-11=10$이다.

18

정답 ④

농도 11% 소금물의 양에 대해 다음과 같은 식이 성립한다.

$(100-x)+x+y=300$

$\therefore\ y=200$

최종 소금물의 소금의 양에 대해 다음과 같은 식이 성립한다.

$\frac{20}{100}(100-x)+x+\frac{11}{100}\times200=\frac{26}{100}\times300$

$\rightarrow 2{,}000-20x+100x+2{,}200=7{,}800$

$\therefore\ x=45$

따라서 $x+y=45+200=245$이다.

19

정답 ①

오늘 처리할 업무를 택하는 방법은 발송업무, 비용정산업무를 제외한 5가지 업무 중 3가지를 택하는 조합이다.

즉, ${}_5C_3={}_5C_2=\frac{5\times4}{2\times1}=10$가지이다.

택한 5가지 업무 중 발송업무와 비용정산업무는 순서가 정해져 있으므로 두 업무를 같은 업무로 생각하면 5가지 업무의 처리 순서를 정하는 경우의 수는 $\frac{5!}{2!}=\frac{5\times4\times3\times2\times1}{2\times1}=60$가지이다.

따라서 구하고자 하는 경우의 수는 $10\times60=600$가지이다.

20

정답 ⑤

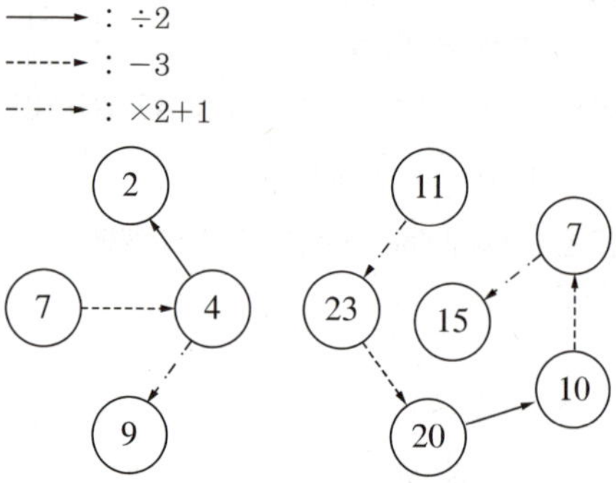

∴ $A=10-3=7$, $B=7\times2+1=15$

따라서 $A\times B=7\times15=105$이다.

시대에듀 All-New 사이다 모의고사 LG그룹 온라인 적성검사

개정10판1쇄 발행	2025년 08월 20일 (인쇄 2025년 07월 09일)
초 판 발 행	2020년 10월 15일 (인쇄 2020년 10월 06일)
발 행 인	박영일
책 임 편 집	이해욱
편 저	SDC(Sidae Data Center)
편 집 진 행	안희선 · 김내원
표지디자인	김도연
편집디자인	유가영 · 고현준
발 행 처	(주)시대고시기획
출 판 등 록	제10-1521호
주 소	서울시 마포구 큰우물로 75 [도화동 538 성지 B/D] 9F
전 화	1600-3600
팩 스	02-701-8823
홈 페 이 지	www.sdedu.co.kr

I S B N	979-11-383-9628-8 (13320)
정 가	18,000원

사~사사
이 이
다~다다

사일 동안
이것만 풀면
다 합격!

LG그룹
온라인 적성검사

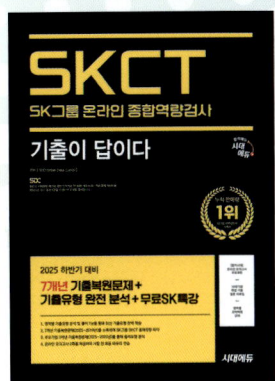

NEXT STEP
시대에듀가 합격을 준비하는
당신에게 제안합니다.
성공의 기회
시대에듀를 잡으십시오.
시대에듀
기회란 포착되어 활용되기 전에는 기회인지조차 알 수 없는 것이다.
– 마크 트웨인 –